메타생각

## 추천의 글

### "이 책을 보는 순간 머리에 '땅' 하는 충격이 왔다!"

기존 책들은 천재들의 발상법이나 창의적 사고가 무엇(what)인지를 소개하는데 그친 반면, 이 책은 그런 창의적 사고를 어떻게(how) 할 수 있는가에 대한 실질적인 방법론을 제시한다. 독특한 내용과 구성으로 첫 장을 넘기는 순간 흥미진진한 메타생각의 세계로 빨려 들어간다. 21세기 필요한 창의성의 새로운 패러다임을 제시하는 이 책을 진심으로 추천한다.
**- 정운찬 (서울대학교 명예교수, 전 국무총리)**

예술을 하는 우리 배우들도 창의적 사고가 매우 절실히 요구된다. 자기계발이나 창의성에 대한 책을 많이 읽어보았지만 이 책은 완전히 새로운 느낌이다. 창의적인 삶에 도전하는 모든 분들께 일독을 권한다.
**- 조재현 (영화배우, 성신여대 융합문화예술대 미디어영상연기과 학과장)**

메타생각은 21세기 창의와 융합의 시대에 부응하는 새로운 교육을 위한 참신한 메시지를 전달하고 있다. 이 책은 상상력을 억압하는 고정관념이나 프레임에서 벗어나 자유로운 생각의 발현을 자극하는 창의력 지침서이다.
**- 임정택 (연세대학교 교수, 연세대 미디어아트 연구소 소장)**

메타생각은 정형화된 틀을 뛰어넘어서 생각하는 방법을 알려주고 있다. 저자는 '자신의 생각을 다시 생각해보는 것'이 그 요령이라고 말하면서 이것을 '메타생각'이라고 부르고 있다. 수학의 즐거움을 느껴본 사람이라면 이 책의 매력을 바로 알아볼 수 있을 것이다. 창의적 사고에 관심이 있는 모든 분에게 이 책을 진심으로 권하고 싶다.
**- 금태섭 (변호사, '디케의 눈' 저자, 새정치추진위원회 대변인)**

이 책을 읽는 독자들은 수학하는 즐거움과 유익함을 새롭게 깨닫는 놀라운 체험을 하게 될 것이다. 수학을 왜 배우는가에 대한 오랫동안의 고민에 대한 답을 알려준 책이다. 수학이 우리에게 주는 최고의 선물은 생각의 힘, 사고의 기술이란 점을 깨닫게 해주었기 때문이다.
**- 오헌석 (서울대학교 교수, 교육학과)**

이 책은 한 마디로 'Amazing!'이다. 책을 단숨에 읽고 우리 아이에게 읽어 보라고 권하였다. 수학 속에 숨어있는 창의적 발상에 대한 모든 것을 이야기하고 있다. 그러나 기존 수학교양서와는 전혀 다른 느낌이다. 저자는 심리학, 인지과학, 뇌과학, 수학 등 여러 분야를 융합시켜 하나의 개념-메타생각을 멋지게 탄생시켰다.
- 김완규 (이화여자대학교 교수, 생명정보학과)

내가 아는 저자는 창의성 세계와 지식융합의 최고의 달인이다. 그와 함께 미국에서 공부하면서 그의 놀라운 사고력이 어디서 나오는지 항상 궁금하였다. 이 책을 읽고 난 후 그것은 좋은 머리로부터 나온 것이 아니라 바로 이 메타생각의 결과물이라는 것을 알게 되었다. 사실 '메타생각'이라는 것이 쉬운 개념은 아니다. 그러나 저자는 이것을 재미있고 쉽게 풀어서 설명하고 있다. 메타생각이라는 새로운 생각의 기법이 우리가 연구하는 경영학에도 충분히 응용될 수 있을 것 같다.
- 박광민 (세종대학교 교수, 호텔경영학부)

학생들에게 예술을 가르칠 때 항상 창의적 사고를 강조해 왔다. 이 책은 비록 수학을 통해서 그 창의적 사고를 설명하고 있지만 우리 예술가들이 정말로 필요한 창의적 발상법에 대한 비법을 담고 있어서 놀랍다. 예술가들에게도 한 번 읽어 보기를 권한다.
- 손희영 (미국 리젼트 대학교 예술대학원 교수)

창의성에 관한 책들을 많이 읽었지만 창조적 연구를 하는 학자의 입장에서는 별 도움이 되지 않았다. 그러나 이 책을 보는 순간 머리에 '땅' 하는 충격이 왔다. 창의적 발상의 과정 속에 '메타생각'이라는 새로운 생각이 숨어 있다는 것을 이 책을 통해 확실히 알게 되었다. 우리같이 전문적인 분야를 연구하는 분들도 이 책에서 많은 것을 얻을 수 있을 것이다.
- 노희석 (Ph.D., 미국 Argonne 국립연구소 선임연구원)

This is a lighthearted-at-times and yet insightful book. Even professional scientists could benefit, in calibrating their perspective on conducting research, from the inspiring ideas gleaned from the book.
- J. Cheh (Ph.D., Scientific Advisor, Intellicon)

# 메타생각

**초판 1쇄 발행** | 2014년 1월 17일
**초판 8쇄 발행** | 2017년 4월 21일
**지은이** | 임영익
**발행인** | 안태환
**펴낸곳** | 리콘미디어
**주소** | 서울특별시 서초구 반포대로28길 39 선우빌딩 5층
**전화** | 1588-7619  **팩스** | 02-6284-0196
**홈페이지** | www.liconmedia.com

**등록** | 2013년 11월 7일 제2013-000208호
**ISBN** 979-11951792-0-6 03190

**기획** | 인텔리콘 연구소
**디자인 및 편집** | 리콘미디어
**기획총괄** | 서명석    **일러스트 및 표지디자인** | 정선미
**책임편집** | 씨오디
**마케팅지원** | (주)그로비스인포텍
**인쇄** | (주)재능인쇄

# META - THINKING
## 메타생각

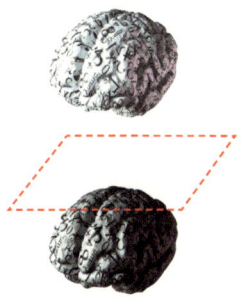

임영익 지음

리콘미디어

이 책을 아버지께 바칩니다.

머리말

## 죽기보다 싫은 것

이것보다 싫은 것이 또 있을까? 가끔 사람들에게 죽기보다 싫은 것이 무엇이냐고 물어보면 '대중 앞에서 연설하는 것'이라고 대답한다. '연설'보다 더 싫은 것은 '지는 것'이라고 말하는 승부사도 있다. 그러나 정말 죽기보다 싫은 것은 '생각하는 것'이라고 한다. '대부분의 사람은 생각하는 것을 죽기보다 싫어한다'라는 버트런드 러셀 (B. Russel)의 말을 인용하지 않아도 충분히 수긍이 간다.

우리는 왜 '생각하는 것'을 이토록 싫어할까? 그에 대한 답은 잠시 미루고 먼저 '생각'에 대해서 생각을 해 보자. 나는 어릴 때 어른들에게 종종 들었던 말이 있다. "녀석아, 생각 좀 하고 살자!" 이런 말을 들으면 일단 기분이 상한다. 이런 기분에서는 생각을 하다가도 생각이 알아서 멈춘다. 도대체 '내가 생각을 안한 것은 또 뭐냐?'라고 되묻고 싶지만 어른들이 나의 실상을 잘 파악한 것이다. 생각은 생각을 '하는 것'이 중요한 것이 아니라 생각을 '잘' 하는 것이 중요하다는 것을 이때는 몰랐다.

생각을 잘하기 위해서는 먼저 '생각의 기술'이 필요하다. 뭐라도 알아야 생각을 할 것이 아닌가? 나는 한마디로 무식해서 생각을 만들어 낼 수 있는 그 무엇이 없었다. 독서를 끔찍이도 싫어해서 더욱 그랬다. 그저 학교에서 시키는 대로 공부한 것이 전부였다. 거기에는 생각의 기술이 없었다. 나의 머리는 생각을 위한 것이 아니고 생존만을 위한 것 같았다.

우리는 보통 주어진 해답이 없으면 생각할 엄두가 나지 않는다. 생각은 고사하고 그 해답을 이해하는 것도 바쁘다. 생각할 기회도 별로 없고 생각의 기술을 따로 배울 수도 없다. 그래서 생각을 '잘' 하는 것은 요원해 보인다. 결국 생각의 기술이 없기 때문에 생각을 잘 할 수 없고, 이것이 생각 자체를 싫어하는 심리를 만들어 낸다.

### 왜 그 생각을 못 했을까?

나는 별 생각 없이 살았고, 별 생각 없이 공부했고, 별 생각 없이 시간을 보냈다. 이것을 정확하게 인식한 것은 고등학교 1학년 겨울방학 무렵이었다. 나는 그전까지는 공부에 별 흥미가 없었다. 특히, 수학에 흥미를 잃은 후에는 다른 공부도 손을 놓아 버렸다. 이렇게 공부하고는 별 인연이 없다고 생각하다가 겨울방학 때 기묘한 경험을 하였다. 화려한 볼펜으로 이리저리 수학을 그림처럼 그려 보다가 이미지를 이용하는 직관적인 생각법을 우연히 알게 되었다.

수학에는 원래 '생각하는 법'들이 많이 숨어 있다. 그러나 수학책을 펼치게 되면 알 수 없는 개념과 낯선 기호들에 당황하게 된다. 수학은 마치 외계인의 언어처럼 보인다. 그래서 처음에는 이 외계 언어에 익숙해지기 위해 무작정 외우고 반복한다. 그러면서 수학에서 '생각하는 법'은 점점 뒷전으로 밀린다. 시험을 위한 테크닉만 머릿속에 산더미처럼 쌓인다. 대학에 가는 순간 수학은 사라져 버린다. 결국 수학 속에는 '생각하는 법'이 없다. 이것이 우리가 경험하는 수학이다. 나는 이런 수학을 완전히 다른 방식으로 접근해 보았다. '나는 왜 그 생각을 못 할까'라는 원초적 의문에서 시작하였다. 내가 생각하는 모든 것을 다시 생각해 보면서 '내가 진짜 모르는 것'을 알게 되었다. 그러나 당시에는 이런 식으로 접근하는 것이 정확하게 무엇인지 몰랐다. 다만 그런 과정을 통해 일단 '이미지로 생각하는 기술' 하나는 얻었다. 이 기술이 새로운 인생의 서곡을 알렸다.

## 메타생각(Meta-Thinking)

대학에 진학한 후 나는 이상한 열정에 휘말렸다. 왜 생각하는 것은 모두 수학이 되는가? 세상은 왜 이렇게 수학적인가? 우리는 수학을 통해 절대적 진리를 얻을 수 있는가? 뭐 이런 장난 같은 질문에서 시작하여 점점 수학에 빠져들었다. 그러나 괴델의 불완전성 정리(incompleteness theorem)를 공부하면서 내 인생은 반전되었다. 이 정리를 설명하자면 '모든 수학적인 논리 체계(공리계)에는 그 논리 자체로는 증명할 수 없는 참인 명제들이 존재하고 그 체계는 스스로 모순이 없음을 증명할 수 없다'라는 것이다. 한마디로 '수학은 완전하지 않다'라는 내용이다. 내가 '나는 거짓말쟁이다'라고 고백한다고 하더라도 그 말이 참인지 거짓인지 따지게 되면 무한 순환의 모순에 빠진다. 수학에 이런 이상한 패러독스(러셀의 패러독스)가 튀어 나오면서 수학의 근본에 대한 논쟁이 시작되었다. 괴델이 이 논쟁에 종지부를 찍었다는 것을 알게 되면서 나의 열정도 식기 시작하였다.

이 무렵 나는 병을 얻어 오랫동안 투병 생활을 하였다. 학교를 휴학하고 이런저런 생각을 하면서 시간을 보내고 있다가 우연히 달마대사와 그 제자 혜가의 일화를 읽게 되었다. 그 내용은 번뇌에 빠진 혜가가 스승 달마에게 질문을 던지면서 시작된다.

"스승님, 저는 마음이 편하지 않습니다. 마음을 편하게 하는 깨달음을 주십시오".

"그래, 내가 너의 마음을 편하게 해 주리라. 어서 그 마음을 가져오라."

"저는 아직 그 마음을 찾지 못 했습니다."

"그런가. 그렇다면 나는 이미 그 마음을 편하게 해 주었노라. 알겠느냐?"

이것이 그 유명한 안심법문(安心法門)의 한 토막이다. 나는 이 안심법문의 진정한 의미를 알지 못한다. 그러나 안심법문 이야기를 읽다가 번쩍 떠오른 생각이 하나 있었다. 지금 생각하는 것을 다시 생각하는 것에 대한 근본적인 구조가 눈에 들어온 것이다. 바로 메타생각이라는 개념이 꿈틀대는 순간이었다. 안심법문은 러셀과 괴델이 가르쳐 준 세계와 '생각 그 자체'의 세계를 연결시켜 주었다. 긴 투병 생활을 마치고 학교로 돌아와 심리학과 뇌과학을 공부하면서 '메타생각'을 조금씩 완성해 나갔다. 그러나 메타생각이 새로운 생각을 폭발시키는 점화장치라는 것을 알게 된 것은 세월이 더 흘러서였다.

### 천재들의 생각법

여기서 일단 내 이야기는 미루고 그림을 한번 감상해 보자. 이 그림은 구글 크롬(google chrome)의 로고이다. 이 크롬의 로고에 있는 빨간색 부분의 면적을 구해 보라고 하면 사람들은 화를 내거나 그냥 포기한다. 수학에 익숙한 사람들도 주어진 정보만으로는 풀 수 없다고 한다. 좀 끈기가 있는 사람은 피타고라스 정리를 이용해서 접근한다. 피타고라스 정리를 이용해서 계산을 하다보면 답을 구할 수 있다. 그러나 한 친구는 이 문제를 보자마자 답을 구했다. 그 친구에게 어떻게 해서 바로 알 수 있었느냐고 물어보니 '그냥 그런 생각'이 들었다고 한다. 대부분의 천재들은 항상 이런 식이다. 그래서 좀 더 생각의 과정을 친절하게 설명해 달라고 부탁을 했다. 그는 수학 공식을 이용해서 풀려고 하다가 '그 생각을 잠시 멈추고' 순간적으로 다른 모양을 상상해 보았다고 한다. 나는 '잠시 생각을 멈추고'라는 부분에 주목하였다.

우리는 일단 생각이 시작되면 그것을 멈출 수 없다. 생각은 관성적으로 움직이는데 '수학 공식으로 푼다는 생각'을 스스로 관찰하지 못하면 그냥 그 생각대로 달려간다. 그래서 발상의 전환이 어려워진다.

발상의 전환은 '자신의 생각'을 다시 '생각해 보는 것'이 필요하다. 바로 이것이 메타생각이다. 그 친구가 '생각을 잠시 멈춘다는 것'이 바로 메타생각의 시작이다. 나는 여러 가지 발상이 가능한 이 문제를 고안하여 '생각의 전환과정'을 실험해 본 것이다(색다르게 푸는 법은 본문에서 다시 설명한다). 메타생각이 무엇인지 감을 잡기를 기대하며 다시 이야기를 계속 이어가 보자.

**낯선 것에 대한 즐거움**

또 세월이 흘러 나는 한 소년을 만났다. 그 소년에게 내가 고등학교 1학년 겨울방학 때 직접 경험했던 이미지 직관 수학을 가르쳤다. 그런데 그것은 수학이라기보다는 생각의 기술이었다. 정확하게 표현하면 수학을 통해 메타생각을 가르친 셈이다. 내가 고등학교 1학년 겨울방학 때 경험했던 그 '이미지 생각법'과 그 '활용'에 대한 것들. 그를 통해 메타생각이 훈련으로 가능하다는 것을 확신하였다.

메타생각은 생각을 생성하고, 모으고, 연결하고, 통합하고, 확장하고, 지배하는 최상위의 생각이다. 메타생각은 자신의 생각에 대해서 다시 생각하는 것부터 출발한다. 자신의 생각을 모니터링 하면 다양한 '생각의 기술'을 자유자재로 활용할 수 있다. 생각의 기술이 'what'이라면 메타생각은 'how'를 가능하게 한다. 생각을 '잘' 할 수 있는 근본적인 힘은 지식에서 나오는 것이 아니다. 머릿속에 있는 지식이나 생각을 새롭게 재구성하는 힘이 필요하다. 메타생각은 생각의 재구성을 도와준다. 결국 이것이 공부를 장악하고 창의적 발상을 가능하게 한다.

 이 책은 이런 메타생각에 대한 모든 것을 담고 있다. 그것은 생각을 '잘'하기 위한 8가지 생각의 기술과 그 활용법을 포함한다. 구체적인 내용은 소년과의 추억을 중심으로 전개된다. 여러분들은 그 추억 속으로 시간 여행을 하면서 그 소년이 되어 나와 함께 메타생각에 대한 대화를 나눌 것이다.

 사실 메타생각을 모두 이해하기 위해서는 우리의 두뇌 구조와 심리 구조를 잘 알아야 한다. 특히, 생각의 방향을 결정하는 '생각의 프레임'에 대한 이해가 필수적이다. 그래서 뇌과학과 심리학을 수학에 녹여서 설명을 하였다. 그러나 이 책은 수학책이 아니므로 꾹 참고 끝까지 수학을 '구경'만 하면 된다. 이 책의 마지막 장을 넘길 때 메타생각을 하고 있는 자신이 눈에 들어오기를 기대한다. 만약 진짜로 눈에 들어왔다면 먼 훗날 이렇게 말할지도 모르겠다.

 "녀석아. 메타생각 좀 하고 살자!"

 어니 젤린스키(E. Zelinski)는 '창의성은 낯선 것에 대한 즐거움'이라고 하였다. 이제 우리는 메타생각이라는 낯선 세계로 여행을 떠난다. 그 낯선 것에 대한 즐거움을 만끽해 보자.

2014년 새해<br>
지은이

차례

머리말  7
일러두기  17

## chapter 1   억울한 남자 ......... 21
1-1. 곰탱이  23
1-2. 거머리  33
1-3. 호기심이 전부다  36

## chapter 2   생각을 못하는 진짜 이유 ......... 41
2-1. 공포증  43
2-2. 모두다 외울 순 없다  49
2-3. 나는 그동안 니가 한 짓을 알고 있다  55
2-4. 식스센스  63
2-5. 이그나이터-감각 점화  66
2-6. 이미지와 패턴  72
2-7. 눈 돌리기-관찰  75

## chapter 3   메타생각의 시작 ......... 83
3-1. 수비타이징  85
3-2. 자동 반응과 탐색 과정  93
3-3. 생각의 2중 스캐닝  96
3-4. 생각의 프레임  106
3-5. 상상 연습  110

## chapter 4 — 누가 그것을 보았나  119

- 4-1. 가을의 전설  121
- 4-2. 생각의 반전  126
- 4-3. 성스러운 불빛  129
- 4-4. 머리의 재구성  132
- 4-5. 개헤엄과 파바로티  138

## chapter 5 — 이미지가 생각이다  147

- 5-1. 본다는 것  149
- 5-2. 수학에서의 착시  154
- 5-3. 분할선  157
- 5-4. 시작은 평행하게!  161
- 5-5. 이미지 연속 기법  163
- 5-6. 회전 상상  167
- 5-7. 공간 상상  172
- 5-8. 도형 죽이기의 참뜻  176
- 5-9. 마루타  180

## chapter 6 — 지우면 다 지워진다  189

- 6-1. 일본의 힘  191
- 6-2. 톱니바퀴  196
- 6-3. 연필이냐? 볼펜이냐?  200
- 6-4. 지우면 안돼  202

## chapter 7 — 발칙한 상상  213

- 7-1. 무엇을 하든지 하지 마라  215
- 7-2. 이것은 그림이다  220
- 7-3. 추상의 눈  225

7-4. 함수의 추억  228
7-5. 마그리트와 아이디어 카트  232

## chapter 8  메타전략 ········ 243

8-1. 가래침  245
8-2. 메타전략1-뽀모도로 테크닉  247
8-3. 메타전략2-포지셔닝  250
8-4. 메타전략3-자기 예측  253
8-5. 여우같은 엄마  257

## chapter 9  미완성이 절정이다 ········ 267

9-1. 암기의 기술  269
9-2. 기억의 원리  273
9-3. 직관기술1  281
9-4. 직관기술2  287
9-5. 창조의 즐거움  292
9-6. 메타의 역습  298

## chapter 10  생각의 기술 ········ 301

## Optional Topics-수학의 기술 ········ 361

에필로그  419
감사의 글  421
참고문헌  424

일러두기

## 1. 이 책의 활용법

이 책은 수학책이 아니다. 이 책은 다양한 생각의 기술과 그것을 활용하는 메타생각을 소개하고 있다. 창의적 사고력을 키우기 위해서 이런 '생각의 기술'을 개념적으로 이해하고 그것에 익숙해지는 훈련을 하는 것이 중요하다. 생각 훈련으로 좋은 것이 '글쓰기'와 '그림 그리기'이다. 글쓰기는 우리가 아는 것을 표현하는 것이 아니라 우리의 생각을 표현하는 것이다. 자유로운 상상을 통해 우리의 창의성이 풍부해 진다. 그림도 마찬가지로 '보는 것'을 표현하는 것이 아니라 '생각'하는 것을 표현하는 것이다. 이런 점에서 글쓰기와 미술만큼 우리의 창의성을 자극하는 것은 없다. 그러나 이 책에서는 '수학'이 등장한다. 수학으로 이야기 마당을 펼치는 이유를 3가지 정도로 요약해 보면 다음과 같다.

첫째는 생각의 기술을 개념적으로 이해하는 데 수학이 가장 좋기 때문이다. 수학은 우리 생각의 결과물을 담고 있다. 따라서 추상적인 '생각의 기술'이 구체적으로 적용되는 사례가 풍부하다. 다양한 수학 사례를 통하여 '생각의 기술'을 개념적으로 쉽게 파악하게 된다.

둘째는 메타생각은 수학을 통하여 쉽게 경험할 수 있기 때문이다. 생각이 막히고 머리가 마비되는 현상이 수학에서 가장 빈번하게 일어난다. 막다른 골목에서 메타생각을 통해 해결책을 찾아내는 경험을 한 번이라도 하게 되면 메타생각의 느낌이 확실해진다.

마지막은 우리가 수학에 긴 시간을 투자하였기 때문이다. 그 긴 시간 속에서 우리는 수학에 '미운 정'이 들었다. 그래서 수학을 다시 보게 되면 만감이 교차할 것이다. 자신의 수학 경험을 반추하면서 생각의 하드웨어와 소프트웨어에 대한 공부를 하면 박진감이 넘친다.

이 책은 총 10장으로 나누어져 있다. 마지막 장인 제10장을 제외하고는 메타생각의 개념을 깨달아가는 이야기로 구성되어 있다. 이 책은 수학적 내용이 등장하지만 수학책이 아니라는 것을 다시 한번 강조한다. 책을 읽을 때는 주인공과의 대화 부분만 따라가도 된다(제1장에서 제9장까지). 중간 중간에 나오는 삽입 글을 읽다 보면 흐름을 놓칠 수도 있다. 따라서 일단 전체 이야기를 소설처럼 읽기를 권한다. 그럼 단번에 모두 읽을 수 있다. 재미가 있다고 생각되면 다시 첫 장으로 돌아와서 모든 내용을 천천히 읽어나가면 된다. 다만 '수학'이 죽어도 싫다면 5장, 6장, 7장에 나오는 수학적인 이야기는 건성으로 읽거나 건너뛰어도 좋다. 이 정도의 수학 알레르기 환자가 아니라면 '피타고라스 정리' 같은 개념은 책을 읽는 도중에 참고서나 인터넷에서 찾아보기 바란다.

마지막 장인 제10장은 실전 훈련 문제들로 구성되어 있다. 이 문제들을 통해 생각의 기술이 어떻게 움직이는지를 감상할 수 있다. 문제를 풀 때는 해답을 가리고 미리 고민을 하는 것이 좋다. 조금이라도 고민을 한 후 해설을 읽게 되면 메타생각이 좀 더 쉽게 다가갈 것이다.

## 2. 학생들을 위한 조언

지금 공부의 세계에 있는 학생들이라면 '창의성'보다는 눈 앞의 수학이 더 걱정일 것이다. 그래서 '생각의 기술'을 수학에 적용하는 실전 수학 기법을 부록(optional topics)으로 따로 소개하였다. 위에서 설명한 방법으로 책을 모두 읽어 본 후에 호기심이 발동하면 부록을 읽어 보기 바란다. 부록의 문제들은 중3 이상의 학생들을 위한 것이지만 '피타고라스 정리'와 '수열'에 대한 기초적인 개념만 있다면 누구나 즐길 수 있다. 다만 '피타고라스 정리'와 같은 개념을 바로 공부하기가 부담스럽다면 이 부분에 대한 문제들은 생략하고 도형이나 다른 부분만 골라서 보기를 바란다.

마지막으로 당부하고 싶은 것은 이 책은 수학책이 아니므로 수학책처럼 공부하면 안 된다는 것이다. 수학은 교과서나 수학 참고서를 통해 충분히 공부할 수 있다. 단지 이 책은 새로운 수학의 눈을 만들어 줄 수 있을 뿐이다. 부록은 '이미지를 이용한 직관적 사고법'을 위한 문제들이 많다. 문제들의 숨은 의미를 이해하도록 노력해야지 문제 자체에 집착하면 안 된다. 문제를 통해 자신의 생각이 움직이는 것을 잘 관찰해보기 바란다. 자신이 모른다는 것을 아는 것이 중요하다. 이것이 바로 메타생각이다.

chapter

1

# 억울한 남자

나에겐 특별한 재능이 없다.
단지 모든 것에 열렬한 호기심이 있을 뿐이다.
● 알베르트 아인슈타인 ●

## 곰탱이

        나는 비를 좋아한다. 사람들은 비가 오는 흐린 날이면 기분이 가라앉고 우울해진다고 한다. 그러나 나는 에너지가 넘치고 새로운 세상이 열리는 느낌을 받는다. 창문을 토닥거리는 빗소리와 향처럼 퍼지는 비 냄새에 도취되어 미친 사람처럼 들뜨기도 한다.

  그날은 아침부터 비가 억수같이 내렸다. 진한 블랙커피를 마시며 창밖으로 펼쳐지는 멋진 세계를 감상하고 있는데 밖에서 시끄러운 소리가 귀를 때렸다. 연구실 문을 벌컥 열고 들어온 한 아주머니. 내 손을 덥석 잡더니 속사포처럼 말을 뱉었다. 나는 무슨 말인지 못 알아듣고 멀뚱히 얼굴만 쳐다보았다. 아주머니는 눈물을 글썽거리면서 자기 아들을 살려 달라고 했다.

  "아들이라고 한 놈 있는데 너무 성적이 안 좋아요. 중3에 올라와서는

완전 바닥을 헤매고 있답니다. 특히 수학을 너무 못해서…. 학습지다, 학원이다, 유명한 과외 선생까지 붙여 줬는데, 이 핑계 저 핑계로 살 살 도망이나 다니고 정말 환장하겠습니다. 분명히 우리 애는 머리는 좋은 것 같은데, 이상하게 수학을 못하네요. 누굴 닮아서 그럴까요?"

'아들이 엄마 닮지 누굴 닮아요?'라는 말이 하마터면 입 밖으로 튀어나올 뻔 했다. 머리는 좋은데 수학을 못한다? 유달리 '머리'를 강조하는 엄마의 긴 하소연을 듣고, 머리가 좋으니까 안 깨질 만큼 머리를 두들겨 패라고 자상하게 충고하고는 문제의 그 학생을 한번 만나 보기로 했다.

다음날도 비는 억수같이 내렸다. 약속 시간에 엄마처럼 벌컥 문을 열고 쳐들어온 그 녀석. 산만한 덩치, 코밑에는 거뭇한 수염. 히죽히죽 웃으면서 코를 킁킁대며 옷에 묻은 비를 툴툴 털어 냈다. 영락없는 곰 새끼! 주위를 두리번거리며 히죽거리는 녀석에게 수학 문제 몇 개를 풀어 보라고 내밀었다. 아니, 그런데 고개를 가로저으며 테스트를 받을 수 없다고 뻗대는 것이 아닌가? 정말 웃기는 놈이군! 선생님이 주는 테스트를 거부하다니 이런 건방진 녀석이 있나?

곰탱이 같은 녀석에게 고함을 버럭 질렀다. 녀석은 마지못해 억지로 몇 개 풀다가 시험지를 구겨 버렸다. 이놈이! 머리를 한 대 후려 갈기니 눈물을 글썽거렸다. 시험지를 보니 엄마가 생각하는 것처럼 그렇게 심각한 수준은 아니었다.

"선생님! 가는 곳마다 테스트한답시고 절 무시하는 것 같아서 너무 싫어요. 수학 못 하는 것도 억울해 죽겠는데, 왜 또 테스트다 뭐다 해서 기를 죽이고 그래요?"

"뭐라고? 녀석아 이건 기죽이려고 하는 것이 아니고 기초 지식을

알아보기 위해서 하는 거야. 얼마나 실력이 있는지 알아야 전략을 짤 것 아니니?"

"하여튼 전 싫어요. 시험도 싫고, 수학도 싫고…. 비가 와서 기분도 영 엉망인데…."

"비도 싫어? 난 비가 오면 날아갈 것 같은데…. 비 멋지게 내린다. 창밖을 한 번 보려무나."

"혼자 많이 비 구경하시고요. 저는 싫습니다. 비도 오는데 무슨 시험이람."

전생에 공부와 무슨 원수라도 졌는지 모두 다 싫다고 하는 이 녀석에게 그럼 꿈이 뭐냐고 물어보니 프로게이머가 되고 싶다고 한다.

"프로게이머라…. 음, 너 게임 잘해?"

"네, 전 우리 반에서 스타크* 최고수에요. 바둑도 잘 두고요."

"그렇군. 그럼 수학 공부하지 말고 그냥 게임방에서 열심히 게임이나 하거라. 훌륭한 게이머로 성공해야지."

그냥 가라는 말에 녀석은 약간 실망하는 기색을 보이더니 문고리를 잡고 주춤거린다.

"그런 식으로 비꼬지 마시고…. 선생님은 수학 도사로 만들어 준다고 들었는데…. 그냥 그 비법이라도 좀 알려 주세요."

"비법? 수학에 비법이 있었단 말이냐? 혹시 그런 비법 찾으면 나한테도 꼭 알려 줘라. 나도 수학 땜에 죽을 맛이다."

비법 같은 것은 없다고 잘라 말하니까 녀석은 얼굴이 창백해지면서 어쩔 줄 몰라 한다.

"그럼 시험이라도 잘 보게 몇 문제라도 찍어 주시면 안 되나요?"

"수학 싫다는 녀석이 성적은 관심이 많군. 넌 너무 기초가 약해서 어려울 것 같은데? 그냥 이번 시험은 포기하고 기초부터 천천히 다지는 것이 어때?"

"안돼요. 어디를 가나 그놈의 기초! 기초! 기초 많이 다졌으니 실전으로 가요. 그냥 외워서라도 이번 시험은 만점받고 싶단 말이에요."

걸음마도 제대로 못하면서 뛰려고 하는 이 녀석의 욕심에 내심 놀랐다.

---

* 스타크래프트(StarCraft) : 실시간 온라인 전략 게임

"그럼 몇 가지만 물어보자. 원래 수학을 못했니?"

"아뇨. 초등학교 땐 제법 했었는데, 최근 들어서 갑자기 수학이 싫어졌어요. 그래서…."

"음, 그러니까 수학이 싫어져서 공부하기도 싫고, 성적도 떨어지고, 수업 시간에 이해도 잘 안 되고…."

"꼭 그런 것은 아니지만, 수학 계산만 보면 짜증 나고…. 한마디로 수학은 끔찍해요. 이해가 되면 암기가 안 되고, 암기가 되면 이해가 안 가고…. 수학을 왜 배워야 하는지 참…."

전형적인 수학 알레르기 증상이었다.

"수학에 재미를 느껴 본 적은 없니?"

"재미요? 재미는커녕 '수학' 소리만 들어도 소름이 끼쳐요. 수학이

라는 과목이 확 사라졌으면 좋겠어요."

"그래, 그 정도란 말이지?"

"네. 선생님, 그 이야기는 그만하고 제발 공부를 좀…."

"나는 원래 너처럼 예의 없고 수학 싫어하는 놈은 상대 안 한다. 하지만 오늘 비도 멋지게 오고 하니까 신기한 것 하나 보여 줄게. 이것만 배워 보고 그래도 재미없으면 게임방에서 게임이나 해라."

"뭔데요?"

"그냥 단순한 거지. 자, 워밍업! 7 곱하기 8은?"

"칠, 팔은 오십육, 56이요!"

"자, 그럼 간다! 56×54는?"

한참 암산을 해 보느라 끙끙대지만 암산이 될 턱이 있나.

"음, 잠깐만요. 연필로 직접 계산해 보면…."

원 샷, 투 샷, 쓰리 샷까지 계산을 하다가 나를 힐끔 보더니 연필을 탁 놓는다.

"쭉 계산해 보면 되는데 뭐가 신기하다는 거죠?"

"쭉 계산? 물론 쓰리 샷으로 한참 계산해 보면 되겠지. 그것 말고 암산으로 계산할 수 있는 초스피드 계산법을 알려 주마. 자, 회전 원 샷이다!"

$$56 \times 54 = 3024$$

"에이, 이런 엉터리가 어디 있어요? 그렇게 하면 안 되고 이렇게 해야 돼요. 잘 보세요."

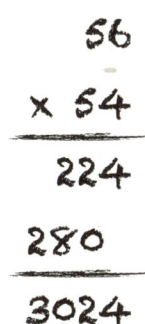

"어라, 답이 똑같네? 에이, 선생님. 답 외우고 있었죠?"
"외운 게 아니야. 잘 봐, 원 샷 스피드 계산법을!"*

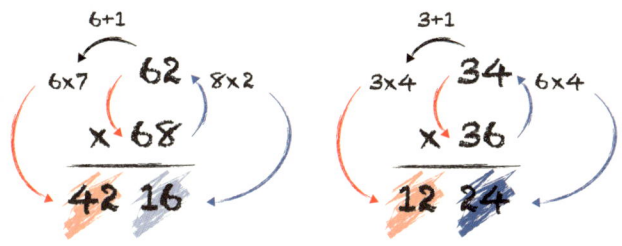

원 샷 스피드 계산법을 몇 가지 간단하게 알려 주었더니 녀석은 고개를 갸웃거리며 이상한 듯 나를 한번 힐끗 본다. 계속 쓰리 샷과 비교하면서 끙끙대는 녀석. 몇 문제 더 검토해 보더니 멍하니 천장만 보고 있다.

"별로 재미없지?"

"재미는 없는데 뭐가 좀 이상하긴 하네요. 그런데 이런 건 시험에 안 나오잖아요. 이런 건 초딩이나 좋아하겠죠. 저는 심오한 수학이 필

---

* 일의 자릿수를 더해서 10이 나오고 십의 자리 숫자가 같으면 빨리 계산된다.

요해요."

심오한 수학이라는 말에 웃음이 터졌다.

"심오한 수학은 이곳에 없다!"

"없다고요? 그럼 실제 학교 수학에 도움 되는 뭐 그런 것은 없나요?"

반격이 만만치 않았다.

"녀석도 참…. 그럼 다른 것 하나 더 보여 줄게. 스피드 계산보다 더 엽기적인 곱셈 마술! 두 자리 숫자 아무거나 두 개만 불러 보거라."

"23 곱하기 12 해보세요."

"23을 작대기로 만들고 12도 만들어 교차시킨다. 각 교점을 세보면 정답은 276."

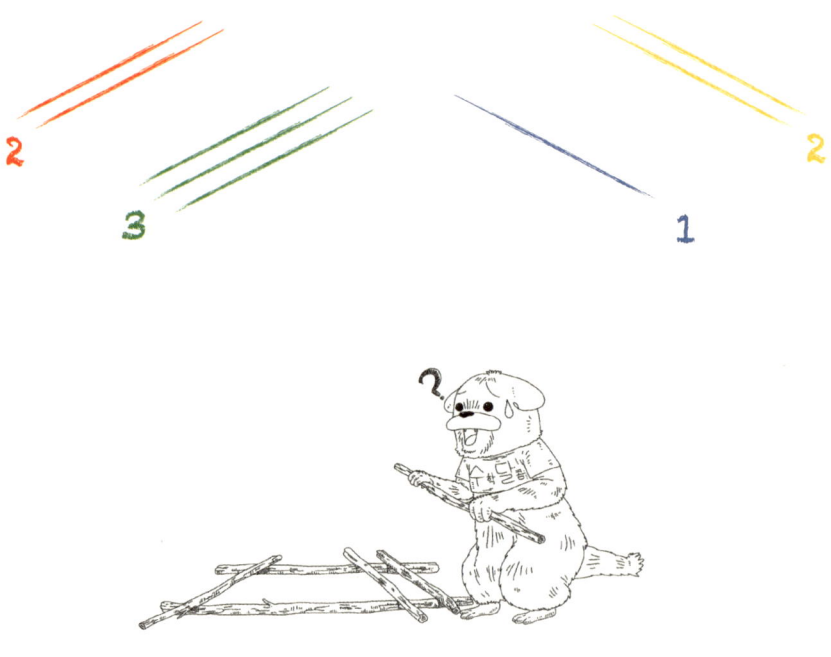

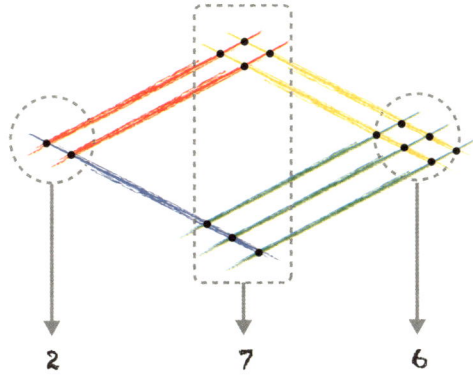

녀석은 직접 곱셈을 하여 확인을 하더니만 표정이 굳어진다.

"억…. 이게 뭐죠? 말도 안돼. 그럼 32×31해보세요."

"각 교차점을 세어보면 992. 확인해 봐."

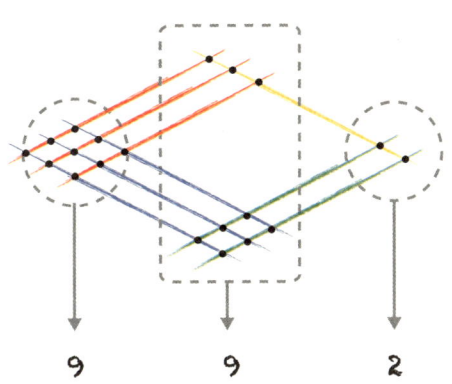

"아…. 이럴 수가!"

"역시 재미없지?"

"아뇨. 이건 좀 재미있네요."

"거짓말!"

"아뇨. 진짜로! 이렇게 곱셈을 하는 법이 다 있네요."

"그래. 그런 것도 다 있지. 몇 문제 줄 테니 혼자서 해 보고, 재미없으면 다른 선생님 소개해 줄 테니 부담 가지지 말고 그냥 편하게 해 봐."

난 그 녀석의 별명을 '젬'이라고 지어 주었다. 과연 이 녀석이 반응을 할까?

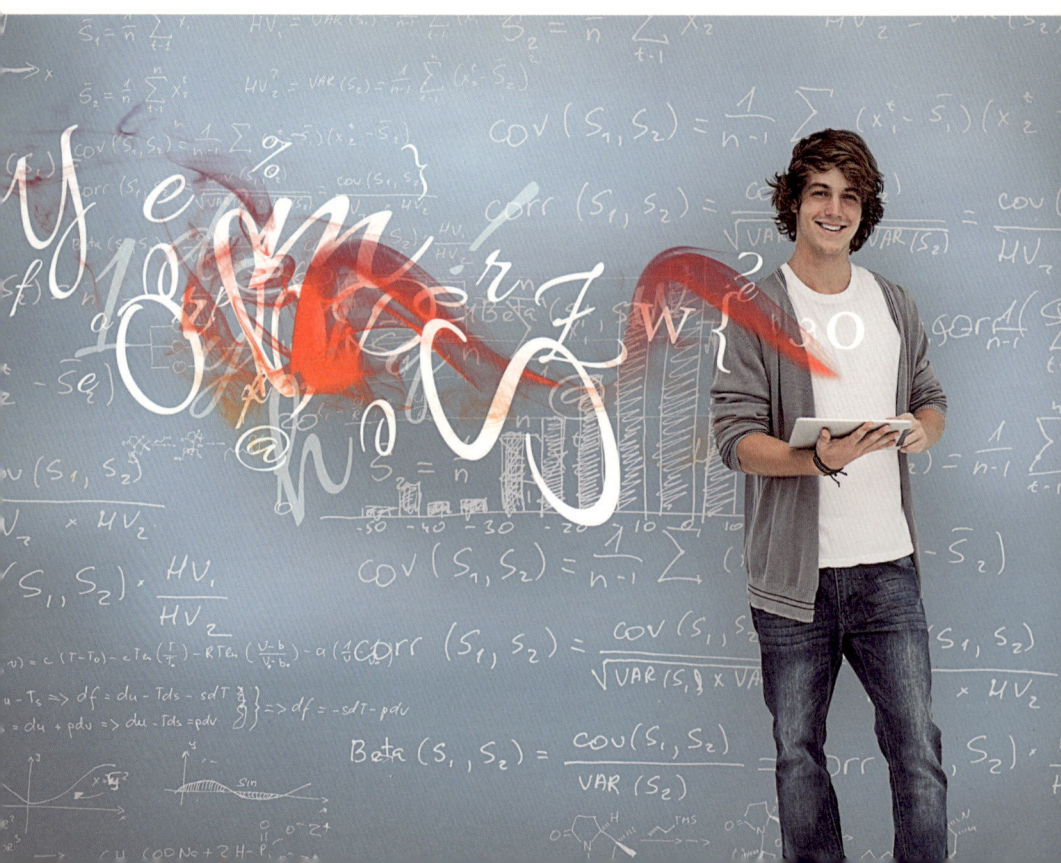

## 거머리

　　　　　　토요일이라 일찍 퇴근해서 영화나 한 편 보러 가려고 막 나가려는데 문이 쾅 열리면서 겜이 헐레벌떡 들어 왔다.
　"선생님, 이건 안 되는데요?"
　"다음 주에 오라고 했는데 왜 벌써 왔니? 선생님 지금 퇴근해야 하는데…."
　"학교 마치고 집에 가는 길인데…. 이 문제 하나가 이해가 잘 안돼요. 설명 좀…."
　역시 마지막 꼬리형이 문제였다. 머리형과 꼬리형의 차이를 비교하면서 간략하게 설명을 해 주었다.* 녀석은 뭔가 속임수가 있다는 눈치다. 이 원 샷 계산법에 반응이 왔는지 자꾸만 내 손을 끌면서 다른 형태도 가르쳐 달라고 했다. 정말 거머리 같은 녀석!
　난 곰탱이 같은 겜에게 다른 선생님을 소개해 주려고 마음먹고 있었다. 그런데 설마 이렇게까지 달라붙을 줄이야. 어차피 이렇게 된 이상 녀석에게 게임 비법이나 실컷 배워 볼까?
　며칠 후, 겜은 약속 시간보다 한 시간이나 늦게 헐레벌떡 들어오며 두툼한 시험지를 탁 내밀었다.
　"헤헤, 이상한 계산 문제 다 풀었습니다. 별로 엽기적이진 않지만 신기하긴 하네요."
　"신기하다니 다행이구나. 뭐가 제일 신기해?"
　"이렇게 빨리 계산하는 법이 있다는 자체가 신기해요. 그런데 학교

---

\* p.402 참조.

시험하고는 별로 연관이 없는 것 같아서….”

"또 시험 타령이군. 그래 사실 시험하고는 상관없어. 다만, 이런 재미있는 세계도 있다는 것을 소개해 준 거지. 네가 수학을 싫어하니 말이다."

"무슨 말인지 알겠어요. 어쨌건 신기해요. 근데 이 원 샷 스피드 계산법의 원리가 궁금한데 설명 좀 해 주세요. 어떤 것은 되고, 어떤 것은 안 되고, 원리가 너무 궁금해요."

"원리? 하하! 원리가 궁금하다고? 절대 가르쳐줄 수 없지."

"안 가르쳐 주신다고요? 왜요?"

"넌 시험에 안 나오는 건 관심 없잖아?"

"네, 사실 별 관심은 없어요. 근데 아무리 생각해 봐도 속임수 같기도 하고…. 무슨 비밀이 있을 것 같은데…. 그냥 궁금해서요. 설명 좀 꼭 부탁! 헤헤."

"옳지! 원리 이야기는 꺼내지도 마라. 그냥 모종의 비밀이라고만 생각해. 자, 그럼 비밀을 알려주마. 단, 약속해라. 절대 다른 친구에게 말하지 않겠다고."

"왜 이야기하면 안 되죠?"

"마술사가 마술하면서 비밀을 마구 발설하고 다니더냐?"

121 x 222 = ?

**피에트 몬드리안** (1872–1944) 서양화가

"자연은 그렇게도 활기있게 끊임없이 변화하지만 근본적으로는 절대적인 규칙에 의해 움직인다."

## 호기심이 전부다

　　　　　　난 자세하게 도형과 이미지를 이용하여 스피드 암산과 작대기 곱셈에 대해서 설명을 해 주었다. 젬은 생각보다 빨리 이해했다.

"그런데 선생님은 이런 것을 어디서 배웠어요?"

"그런 것은 묻지 말고…."

"어쨌건 희한하네요. 다른 것도 알려 주세요."

"마지막으로 색다른 것 하나 보여 줄게. 이 그림에서 A면 하고 B면 색깔 중에 어느 것이 더 진하니?"

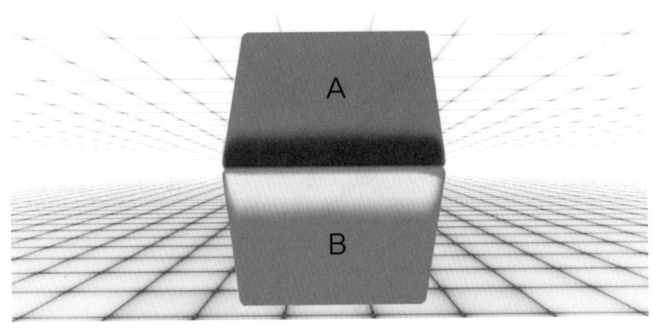

"당연 A죠. 왜요?"

"정말 그럴까? 두 색깔이 똑같다면 어쩔래?"

"무슨 소릴 하세요? A는 진하고 B는 연하죠."

"자 그럼 실험해 보자. 이렇게 연필로 가려 볼까? 자, 색깔이 똑같지?"

　젬은 이마를 한 번 찡그리고는 말이 없다. 그러곤 손가락을 몇 번이나 대 보면서 실험을 한다.

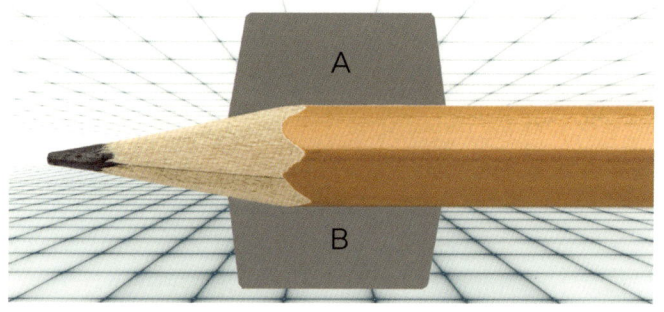

"헉…. 도대체 어떻게 된 거죠?"

"우리 눈이 원래 그래!"*

"마술인가? 뭔 꿍꿍이가 숨겨져 있는 것 같은데…."

"꿍꿍이는 녀석아! 일단 오늘은 여기까지…."

"잠깐, 여기서 그만두면 안되죠. 이거 어떻게 된 건지 설명을 해 주셔야죠."

"그만이라니깐."

"정말 미치겠네. 이유는 말해 줘야지…. 참나, 그건 그렇고 이게 수학하고 무슨 상관입니까?"

"자꾸 따지지 말고, 오늘은 이 정도만 하고 다른 문제도 줄 테니 집에서 풀어 오너라. 다음 기회에 자세히 설명해 줄게."

"다음엔 꼭 알려 주셔야 되요. 집에서 문제 열심히 풀어 볼게요."

나는 녀석에게 원 샷 스피드 계산, 마운틴 수를 간단하게 설명하고 훈련용 문제를 주면서 일주일 동안 모두 풀어오라고 주문했다. 뒤뚱거리고 나가다가 문에 머리를 내밀며 넙죽 인사하는 겜. 감사는 하늘

---

* p.264 참조.

에서 내리는 비에게 하라고 소리치니 한 번 히죽 웃고 우당탕 뛰어 나간다.

몇 문제 재미로 보여준 것에 애착을 보이는 모습에 웃음이 나왔다. 특히 착시 문제에 약이 바짝 오른 녀석이 귀엽기까지 하다. 사실 겜에게 계산의 중요성이나 계산 요령을 설명한 것은 아니었다. 이미 수학 알레르기 증상이 심한 경우에 교과서의 내용을 반복하는 것은 별 의미가 없다. 공부에 대한 태도가 먼저 변해야 한다. 즉 '호기심'을 자극하여 스스로 생각의 재미를 느껴야 한다.

이 스피드 원 샷 계산법을 초등학생들에게 가르쳐 주면 신기해 하면서 연습을 해 보거나 친구들에게 자랑하는 경우가 종종 있다. 아마도 초등 교과 과정이 단순 산술 계산 환경에 많이 노출되어 있기 때문일 것이다. 중학생 이상의 경우에는 관심이 없는 주제라고 생각해서 큰 기대하지 않았는데 중학생인 겜이 즉각적인 반응을 한다는 것이 오히려 더 신기했다. 단순히 호기심만 자극하려고 했는데, 붙들고 늘어지는 겜의 태도에 불길한 예감이 들기 시작했다.

이 곰탱이를 진짜로 지도해야 하나?

두뇌는 모든 것들에 집중할 수 없다.
지루하고 무미건조한 수업은 기억에 남지 않는다.

라우나 엘리슨

chapter

2

# 생각을 못하는 진짜 이유

**머리는 쓰면 쓸수록 좋아진다(용불용설).**

• 장 바티스트 라마르크 •

# 공포증

며칠 후, 녀석은 약속 시간에 정확하게 맞추어 연구실로 찾아왔다.

"선생님, 숙제 다 했습니다. 정말 수학에 이렇게 희한한 것이 있는 줄 몰랐어요. 근데요 선생님, 고백할 것이 있는데 해도 돼요?"

"고백? 죄진 것 있니?"

"그게 아니고 수학에 대해서 말씀드릴 게 있는데…."

"뭔데?"

"사실 수학을 싫어하게 된 이유가 다른 데 있는 게 아니고 성적 땜에 그렇게 되었어요. 전 엄마 말대로 수학 공부를 안 한 게 아니고 숨어서 몰래 공부를 좀 했답니다. 근데 조금만 문제가 응용되면 도무지

공식이나 풀이가 생각이 안 나는 거예요. 그래서 시험만 치면 죽 쑤고, 돌대가리라고 친구들이 놀리는 것 같고…. 그래서 열 받아 겜방에서 스타크를 시작했는데 너무 재미있어서 여기에 푹 빠져 수학을 멀리 하게 된 거예요."

"그랬군. 근데 성적 나쁘다고 하늘이 무너지냐? 배짱을 좀 가져 보지 그래?"

"전 별로 상관없는데 학교 선생님이랑 엄마가 난리를 쳐서…."

"시험 칠 때 왜 자꾸 망치는 것 같니?"

"글쎄요. 그것을 잘 모르겠어요. 그냥…. 모르는 문제가 나오면 머리가 하얘지고…."

"그럼 시험 공포증이 있는 거구나."

"물론 시험이 무섭죠. 그런데 수학에 흥미를 잃고 나니까 수학에 공포감까지 생긴 것 같아요."

"음. 그럼 넌 수학 자체가 정말 싫은 거니?"

"네, 어느 날부터 갑자기 그렇게 된 것 같아요."

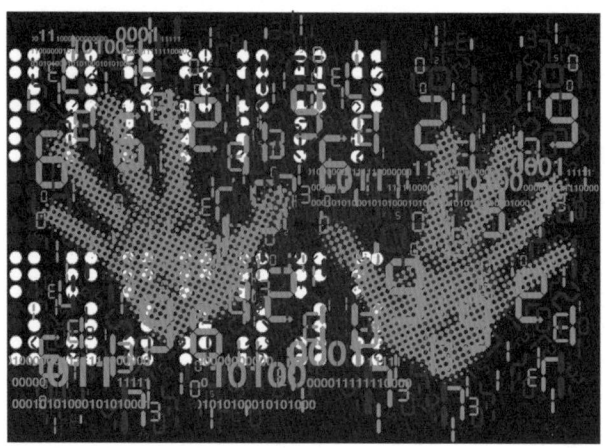

"그렇구나. 혹시 선행 학습을 했었니?"

"네. 작년 방학 때 중3까지 대충 학원에서 배웠죠. 왜요?"

"음…. 그것 때문에 그런 거 아닐까?"

"글쎄요…. 선행 학습할 때 약간 그런 것도 있었지만 그것 때문은 아닌 것 같아요."

"그럼 시험 스트레스가 주범인가? 어쨌든 일단 공포감을 없애는 것이 급선무 같구나."

"그럼 어떻게 해요?"

"공포증이 쉽게 고쳐지겠니? 그냥 쉬운 것부터 열심히 해서 실력을…."

"그런 당연한 소리 하지 마시고 어떻게 안될까요? 꼭 선생님께 수학을 배우고 싶은데…."

"수학을 배우고 싶다고? 그건 안돼."

"왜 전 안돼요? 열심히 공부하고 선생님 말씀도 잘 들으면 되잖아요."

"넌 학교에서도 수학을 배우고, 학원에서도 배우고, 과외 선생님도 있고 이렇게 수학을 많이 하는데 뭐 때문에 수학을 또 배우려 하니?"

"선생님은 특별한 수학을 가르쳐 줄 것 같아서요."

"특별한 수학? 수학이면 다 같은 수학이지. 그런 게 어디 있니? 그리고 넌 성적에만 관심 있잖아. 나한테 배운다고 해서 성적이 오르는 것도 아니란다."

"왜요? 순 엉터리네요. 그깟 성적 하나 못 올려 주나요?"

"그래. 엉터리다. 나에게 그런 능력이 있다면 지구를 떠나야지. 난 단지 너에게 색다른 '생각의 기술'을 알려 줄 수 있을 뿐이란다."

"그게 그거죠."

"어쨌든 수학 공부는 네가 알아서 해야 해. 성적도 마찬가지! 싫으면 말고~."

"알았어요. 도도한 척 그만하세요."

"허허 이놈이. 도도한 척이 아니라 나에게 그런 능력이 없다고 말하고 있는 거지. '생각의 기술'을 터득해서 공부를 잘 할 수 있게 된다면 더 좋은 것이 아니냐?"

"설교는 그만하시고 그냥 제자로 받아 주세요. 그놈의 색다른 것 구경이라도 좀 합시다."

"그 정도라도 고맙게 생각해야지. 욕심은…. 그럼 다음의 규칙 딱 두 가지만 지켜라. 이 두 가지 규칙을 지킬 수 있겠니?"

"음. 이상한 규칙이네요. 사이비 교주 같은데 설마 죽으라곤 하지 않겠죠?"

"하하하. 글쎄 그건 모르지."

"아, 그럼 절 제자로 받아 주시는 거죠?"

"너무 좋아하지 말고, 내 제자가 될 수 있을지는 모르겠지만, 무조건 규칙을 지켜야 한단다. 알겠니?"

"네. 알겠습니다. 그럼 빨리 수학 잘 하는 법…. 아니 색다른 세계로 갑시다."

규칙1: 선생님 하는 말을 무조건 믿는다.
규칙2: 만약 선생님 하는 말이 이해가 안가면 규칙 1을 적용하라.

# 수학 공포증

필자는 대학 시절 소개팅 자리에서 변태 취급을 받았다. 취미가 수학이고 수학이 좋아 죽겠다고 소개했다는 이유에서다. 우리는 대부분 학창 시절에 수학에 대한 불쾌한 기억이 있으며 수학 문제를 보면 기겁을 한다. 이런 심리는 뱀이나 공포영화를 볼 때 느끼는 것과 비슷하다. 실제 그 고통은 불에 화상을 입는 것에 비견된다고 한다. 이쯤 되면 수학은 기피 대상을 넘어 공포의 대상이라 할 만하다. 최근에 이런 수학 공포증에 대한 재미있는 연구 결과가 나왔다.[*]

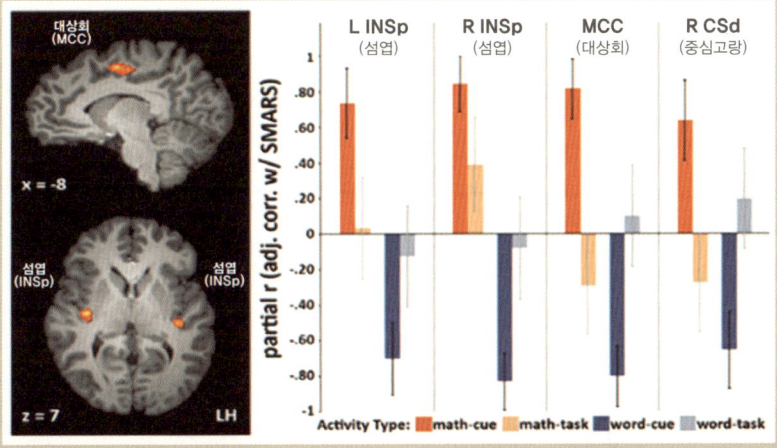

INSp: dorso-posterior insula(섬엽); MCC: mid-cingulate cortex(대상회); CSd: dorsal central sulcus(중심고랑)

미국 시카고 대학 연구팀들은 수학 공포증과 통증이나 위험을 감지하는 뇌영역인 섬엽과의 관련성을 알아냈다. 실험 참가자들에게 수학 관련 문제들과 단어 관련 문제들을 각각 풀게 하고 기능성 자기 공명 영상(fMRI)으로 뇌를 촬영하였다.

---

[*] Lyons I.M. & Beilock S.L., When Math Hurts: Math Anxiety Predicts Pain Network Activation in Anticipation of Doing Math, 2012.

실험 결과는 다음과 같다. 일반적으로 평소 수학에 대한 두려움이 높은 성향을 지닌 사람일수록 수학 문제를 다룰 때 신체적 위협을 감지하거나 신체적 고통을 느끼는 뇌 영역인 섬엽과 대상회의 활동이 더 증가한다(위 그림의 왼쪽 사진 참조). 오른쪽 도표는 특정 뇌 부위들이 단어 문제를 접할 때(청색 막대)보다 수학 문제를 접할 때(갈색 막대) 더 크게 반응한다는 것을 나타낸다. 재미있는 것은 실험 참가자들은 수학 문제를 푸는 과정 자체(연한 갈색 막대)보다 수학 문제를 풀게 된다는 생각 자체에 훨씬 더 민감하게 반응했다는 것이다(진한 갈색 막대). 이는 수학에 대한 두려움이 신체적 위협이나 고통과 직접적으로 연관되어 있다는 것을 나타낸다. 또한 수학에 대한 두려움이 심한 사람일수록 왜 수학과 관련된 상황을 회피하고, 수학 공부를 하기 싫어하며, 심지어 수학과 관련된 직업들을 거부하는지에 대한 이유를 직접적으로 설명해 주고 있다(이런 점에서 그때 소개팅에서 만난 여학생의 심리 상태가 조금은 이해가 된다. 수학을 즐기는 사람은 공포영화나 고통을 즐기는 사람처럼 기이한 사람이 맞나 보다).

## 모두 다 외울 순 없다

"녀석, 급하긴. 먼저 질문 하나 하지. 네 생각엔 수학을 잘 하기 위해선 무엇이 가장 중요하다고 보니?"

"음, 계산과 공식 암기, 그리고 많은 문제를 푸는 것. 히히, 너무 당연한 말인가?"

"물론 네 말이 맞지. 그럼, 넌 왜 수학을 못하니? 계산 연습하고 문제를 많이 풀어보면 될 텐데."

"글쎄, 그게 저도 이상해요. 계산을 원래 못 해서, 아니 싫어해서 그런가요?"

"원래 못한다고? 그럼 널 계산 도사로 만들어 줄 테니 수학 잘 할 자신 있니?"

"음…. 근데 솔직히 계산도 그렇지만 전 응용문제가 나오면 공식 자체가 뒤죽박죽돼서 어떻게 적용해야 할지 모르겠어요. 또 시험 문제를 보면 분명 본 것 같은데 풀이법이 잘 생각나지도 않고, 문제가 조

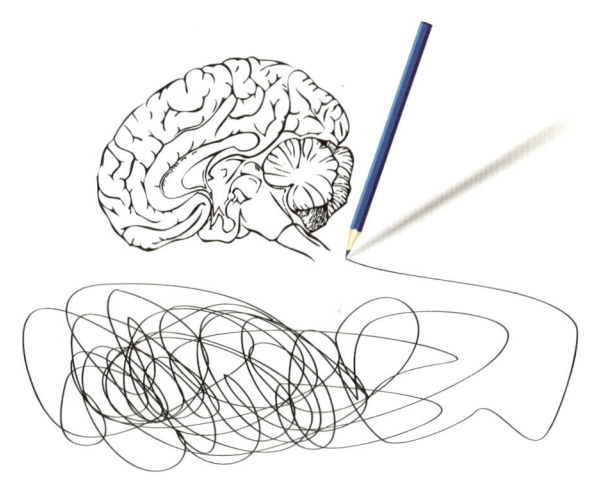

2장 생각을 못하는 진짜 이유 | 49

금만 바꾸어도 헷갈리고….”

"그래? 그럼 다양한 응용문제와 예상 문제 풀이를 전부 다 외워 버리면 간단하잖아?"

"에이, 선생님도. 한두 문제도 아니고 그 많은 문제를 어떻게 다 풀고 외워요? IQ가 1억쯤 되면 몰라도."

"하하. 그래, 바로 그거야. 수학을 모두 외울 수는 없다는 거지. 사실 모두 암기해서 문제를 잘 푼다고 해도 그것만이 수학의 전부가 아니란다. 잘 외우거나 계산을 잘 하면 좀 편할 수는 있겠지만."

"그럼 수학을 잘 하기 위해선 도대체 뭐가 중요한 거예요?"

"너무 충격받지 마라. 수학은 한마디로 머리가 좋아야 한단다."

"엥? 머리? 머리하고 수학하고 별 상관없다고 하던데…."

"하하, 그래? 정말 그렇게 생각해?"

"글쎄요. 머리도 좋긴 좋아야 하겠지만, 그래도 좀 이상한데요. 그리고 엄마는 제가 머리가 좋다고 항상 말씀하시는데."

"엄마가? 엄마야 당연히 그렇게 말씀하시겠지."

"너무 비꼬듯이 말씀하시지 마세요. 전 머리 좋단 말이에요."

"아무리 우겨도 소용없어. 머리 나쁜 학생은 절대 수학을 잘할 수 없어."

"그럼 제가 진짜 머리가 나쁘다는 건가요? 그럼 수학을 포기해야 하나요?"

"아니. 솔직하게 머리가 나쁘다는 것만 인정하면 돼."

"인정하면, 그다음은요?"

"그럼 생각해 봐. 머리가 나빠서 수학을 못한다면, 답이야 뻔하지. 머리 훈련을 해서 좋게 만들면 되지."

"글쎄요…. 그럼 수학을 잘 하려면 머리가 좋아야 하고, 수학 못하는 사람은 모두 머리가 나쁘다는 결론인데 말도 안 돼요."

"하하, 물론 말도 안 되는 얘기일 수도 있지. 인정하기 싫으면 포기하고 그냥 가."

"아, 아뇨. 인정할게요. 제발 그냥 가란 말은 하지 마세요. 근데 정말 IQ하고 수학이 관련 있을까요?"

"IQ라…. IQ가 좋아야 수학 잘한다…. 이런 것을 말하는 것은 아니고."

"좀 전에는 머리 좋아야 수학 잘한다고 하셨잖아요."

"그 머리는 IQ가 아니고…. 설명이 길어지는데…."

"괜찮아요. 자세하게 말씀해 주세요."

머리라는 말에 민감한 반응을 보이는 겜에게 여러 가지 지능이론과 창의성에 대해 설명해 주었다.*

"결국 수학 머리는 IQ하고는 상관없다는 것인가요?"

"상관있고 없고 그런 것은 당장 중요한 것은 아니고 지금 알고 있는 지능의 개념하고는 다른 각도에서 우리 머리를 고찰해 보자는 거야. IQ라는 말에 너무 집착하지 말기 바란다."

"어쨌든 머리를 말씀하시니 불쾌해요."

"네 기분 충분히 안다. 사실 수학 못하는 데 이유가 있냐? 모두가 네 잘못이지. 이렇게 말하면 그만이지만 선생님은 근본적인 문제점을 찾아서 너를 도와주려고 하는 거야."

"위로하지 마세요."

"녀석도. 수학 못하는 게 너의 잘못만이 아니라는 것을 차차 알게

---

* 여기에 대한 내용은 앞으로 계속 등장한다.

될 거야. 힘내라."

"그럼 누구 잘못인데요? 엄마 잘못?"

"엄마가 왜 나오니? 그건 나중에 다시 이야기하고 우선 수학과 머리에 대해서 더 알아보자.

너 아인슈타인 박사 알지? 아인슈타인 박사도 뇌의 일부 정도만 사용하고도 그런 천재가 되었단다. 우리 같은 보통 사람은 정말 뇌의 1%도* 사용하지 않는단다. 엄청난 우리의 뇌를 사용하지 못하고 그냥 낭비하는 셈이지. 우리는 이런 숨은 머리를 계발해서 '생각의 기술'을 익힐 거란다."

"숨은 머리를 계발한다고요? 음, 그럴듯합니다."

"그래. 간단한 원리지. 쉽게 예를 들면… 힘이 없으면 영양가 있는 것 많이 먹고 헬스장에서 근육을 키워서 힘을 만들듯이 공부를 못하면 숨겨진 머리를 단련시켜 '생각하는 머리'를 키우면 되는 거지."

"대충 무슨 뜻인진 알겠는데, 머리를 어떻게 단련시켜요? 뇌는 보이지도 않는데."

"음…. 잘 이해가 안 가지? 그래서 앞으로 뇌과학도 살펴볼 거야."

"뇌과학이라? 수학보다 더 어려울 것 같아요."

"수학보다야…. 일단 뇌과학을 통해서 우리의 두뇌 시스템을 이해하면 좀 더 효율적으로 훈련할 수 있을 거야."

---

* 1%라는 것은 과학적인 것이 아니며 설명을 위해 비유적으로 표현한 것임.

"효율적 머리 훈련이라…. 말은 쉽네요."

"그래 말처럼 쉬워. 운동을 해서 근육을 기르듯이 계속 머리를 굴리면 되지."

"머리를 굴린다고요?"

"그래, 머리를 계속 쓰면서 '생각하는 법'에 익숙해지라는 뜻이야. 하지만 근육 계발을 위한 헬스장은 있어도 머리 계발을 위한 두뇌 헬스장은 따로 없지. 사실 우리는 머리를 굴릴 기회가 별로 없기 때문에 머리 훈련하는 법을 따로 터득해야 한단다."

"그럼 퀴즈나 퍼즐 같은 것을 풀면 되나요?"

"당연히 그런 것도 도움이 되겠지. 그럼 이제부터 따로 시간을 내서 퀴즈나 퍼즐 공부 한 번 해 볼까?"

"아이고 선생님도! 학교 공부할 시간도 없는데 퍼즐이나 풀고 있겠어요? 엄마한테 맞아 죽죠."

"후후, 그렇지. 그런 것은 초등학교 때나 가능하겠지. 사실 어떤 기구나 거창한 학습법이 아니라 매일 보는 수학 그 자체를 통해서 직접 머리를 계발할 수가 있단다. 이제 그것을 너에게 가르쳐 주려고 하는 거다."

# 다중지능이론

IQ는 20세기 초에 프랑스의 비네(A. Binet)라는 심리학자가 고안한 것으로 스탠퍼드 대학교의 루이스 터먼(L. Terman)에 의해 오늘날의 표준화된 지표로 발전 되었다 (스탠퍼드-비네 시스템). IQ는 지능을 수치로 단순화한 장점 때문에 대중적으로 유명해졌다. 그러나 지능의 다양한 면을 모두 표현할 수 없다는 비판 속에서 다중지능이론(multiple intelligence theory)이 탄생하였다. 다중지능이론은 미국 하버드 대학교의

하워드 가드너(H. Gardner) 박사가 만든 이론으로 우리의 지능은 다양한 속성을 가진 독립적인 8개의 형태의 지능이 있고 그것이 유기적으로 작용하여 개인마다 독특한 지능으로 발전된다는 것이다. 가드너 박사는 우리의 지능을 언어, 논리수학, 공간, 자연, 음악, 신체 운동, 대인 관계, 개인 성찰 등으로 분류하였다. 인간을 획일적으로 판단하게 되는 스탠퍼드-비네 시스템에 비해 다양하게 지능을 분류·관찰하면서 교육적으로 유용하게 응용할 수 있다는 장점 때문에 다중 지능이론은 지능이론의 대표 선수로 성장하고 있다.

**하워드 가드너**(1943- ) 하버드 대학교 교수, 심리학자
"가르칠 가치가 있는 것은 여러 방법으로 가르칠 수 있다. 이런 여러 가지 방법으로 우리의 다중지능을 활용할 수 있다."

## 나는 그동안 니가 한 짓을 알고 있다

"수학 그 자체를 통해서요? 수학이 머리를 좋게 해 준다는 뜻인가요?"

"오, 노! 단순하게 생각하지 마라. 오히려 수학을 하면 할수록 머리가 나빠질 수도 있단다."

"왜요?"

"수학은 머리를 이용해서 '생각하는 것'이다. 그런데 어떤 이유에서든지 학생들은 생각을 버리고 공식을 그냥 외우려고 한단다. 그래서 머리가 나빠지는 거지."

"선생님께서 좀 전에 말씀하신 것과는 다르잖아요."

"계속 설명할게. 수학 공부를 하는 과정에서 머리를 이용해서 '생각하는 법'을 배워야 하는데 그냥 덤비다가는 '생각하는 것' 자체를 싫어하게 된단다. 결국 두뇌 계발에 마이너스라는 것이지."

"일리가 있네요."

"그래서 우리 머리를 잘 탐구해서 수학을 통해 머리를 단련시키고, 그 머리를 다시 수학에 적용하는 식으로 선순환 시스템을 만들어 보자는 거지."

"네. 선순환 시스템!"

"너의 수학 인생을 한 번 생각해 보거라. 수학 공부할 때 머리를 진짜로 쓴 적이 있다고 생각하니?"

"머리를 쓴 적이 있었나? 글쎄요."

"수학 공부하면서 넌 그저 외우고 풀고, 외우고 풀고 하는 짓이나 반복했을 게 뻔해. 안 그래?"

"그건 그렇지만 다들 그렇게 하는데 수학 공부 방법이 원래 그런 것이 아니었나요?"

"원래? 원래 그런 것이란 원래 없는 거야. 수학 잘 하는 친구를 한 번 잘 봐. 그 친구들도 단순 반복을 하지만 그 과정에서 '생각하는 법'을 스스로 배워 나간단다. 이것을 다시 이용해 공부의 힘을 키워가는 것이지. 얼핏 봐서는 별것 없는 것 같지만 사실은 어떻게 머리를 이용하는가에 따라 실력이 차이 난단다."

"에이 설마. 범생이 녀석들은 밥만 먹고 공부만 하니깐 잘하는 거죠."

"하하하. 그럼 너도 미친 듯이 공부만 하면 되잖아. 무슨 걱정이냐."

"참나, 선생님도! 공부를 열심히 하는 그 자체가 잘 안 되니깐 그렇죠."

"자식아, 그러니깐 선생님이 그 이유를 말하고 있는 것 아니니? 입 아프니 그만하고, 서론은 이쯤 하자. 아직은 무슨 말인지 잘 모르겠지만 내막을 차차 알게 될 거야. 일단 문제 하나 줄 테니 잘 듣고 대답해 봐.

화살 5개를 1, 3, 5, 7, 9점이 있는 과녁에 쏘아서 모두 맞추었다고 가정해 보자. 그럼 우리가 얻을 수 있는 점수를 다음에서 모두 골라 보거라."

① 1점 ② 16점 ③ 20점 ④ 27점 ⑤ 47점

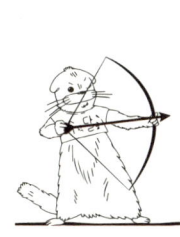

"글쎄요. 좀 어려운데요? 그냥 계산을 해 보면 안 될까요?"

"계산? 그래, 계산을 해 보면 되지. 가능한 경우의 점수를 모두 계산해 볼래? 아마 한 시간은 족히 걸릴 거야. 하지만 단순 계산을 하지 않고도 구하는 방법이 있지."

"계산 없이요? 어떻게요?"

"잘 들어! 다섯 발을 쏘았고 모두 과녁에 맞았다. 과녁 점수가 모두 홀수이니 총 점수의 합은 홀수지? 그렇다면 답은?"

"아, 그렇군요. 그럼 답은 27점이 될 것 같네요."

"그럼 1점과 47점은 왜 안되지?"

"그거야 다섯 발 모두 9점에 적중해도 45점이니깐 불가능하고, 1점은 당연히 안 되고…."

"그래 바로 그거야. 그렇게 머리를 굴리면 돼. 계산을 하려고 하는 것이 아니라 되도록 계산을 피하려고 '생각을 하는 것', 이것이 바로 수학의 핵심이지."

"아, 네…. 생각!"

"위 예제에서는 계산을 한 것이라기보다는 아이디어를 이용한 것 같지?"

"그렇게 볼 수도 있겠네요."

"이 문제를 푸는 아이디어 기법을 홀짝의 힘이라고 하는데 '패러티(parity) 아이디어'라고도 한단다. 단순한 아이디어 기법-홀짝 아이디어를 기억해 두어라. 아름다움은 단순함에 있다. Simplicity-홀짝!"

"네. 심플리시티! – 훌쩍!"

"다시 돌아가서 수학의 시작과 끝이 바로 '생각하는 것'이라는 사실을 깨닫고 평소에 머리를 열심히 굴려서 '생각의 기술'을 터득해 보자는 거야."

"네, 이제 좀 알겠어요. 바로 계산하기 전에 다른 각도로 생각해 보라 이거군요."

"그렇지. 항상 머리를 한 번 굴려보는 것. 혹시 다른 맥점이 있는지를 찾아보는 것! 바로 이것이 수학의 묘미이고 생각 훈련인 것이지. 우리가 살아가면서 언제 이런 머리 굴리기를 해 보겠니? 엄마에게 용돈 타내려고 잔머리 굴릴 때 말고는."

"그건 그렇네요. 그래도 수학은 계산을 해야 하잖아요? 방정식 풀 때는 더더욱."

"그래, 물론 계산을 해야지. 하지만 문제를 보자마자 계산부터 하려는 태도! 바로 이게 문제야. 이런 식으로 계속 공부를 하면 네 머리가 수학에 휘말려 드는 거야. 그냥 공식을 배우고, 외우고, 기계적으로 문제를 풀고, 또 풀고…. 심지어 풀이법까지 외우고 예상 문제도 외우고, 계속 이 짓을 반복하면 할수록 수학은 점점 더 괴물로 바뀌어 너의 몸을 칭칭 감아서 질식시켜 버리고 말걸?"

"좀 섬뜩한데요?"

"그래, 섬뜩하지. 슈퍼컴퓨터인 우리의 뇌를 이용하기는커녕 계속 스스로 괴롭히고 있으니 웃기는 거지. 그 이름도 찬란한 수학 공부에서 말이야. 그래서 그동안 머리를 안 굴려서 머리가 나빠졌다는 것을 눈 딱 감고 인정하고, 수학 머리 계발과 생각의 기술 터득에 온 힘을 다 쏟아 보자꾸나."

"네네…. 충분히 알겠습니다. 그럼 빨리 '생각의 비법'을 알려주세요."
"그런 비법이 숨어 있다가 갑자기 하늘에서 뚝 떨어지는 것이 아니다. 일단, 문제를 하나 더 보자. 여기 다섯 장의 카드가 있다. 동시에 두장씩 여러 번 뒤집어서 모두 뒷면으로 만들어 보거라."

젬은 열심히 뒤집어 보지만 해법을 찾지 못하고 포기한다.*
"나중에 따로 해 볼 테니 수학으로 넘어가요."
"녀석도. 이게 수학이지 뭐니?"
"이런 장난 같은 것 말고 방정식 뭐 이런 것 없나요?"
"방정식? 정 원한다면! 방정식 $\frac{1}{x}=1$이 있다. 이 방정식을 만족하는 홀수를 모두 구해 보거라."
"음, 홀수라…. $\frac{1}{3}, \frac{1}{5}, \cdots$. 앗, 계속 홀수를 넣어도 안되는군요. 답이 없는 것 같은데, 1은 되는군요. 그럼 1이 답인가요?"
"굿! 훌륭한데."
"에이 시시해요. 뭐 이런 문제를 못 푸는 사람이 어디 있어요?"
"그렇지? 내가 널 너무 무시했나? 그럼 방정식 $\frac{1}{x}+\frac{1}{y}=1$을 만족하는 홀수의 해를 모두 구해 보거라."

---

*두 장씩 계속 뒤집어 본다. 어떤 두 장을 택해도 상관없다. 모두 뒷면으로 만들 수 없다는 불길한 생각이 들기 시작한다. '불가능'하다는 느낌을 가지는 것 자체가 수학적 발견이며, 이 과정이 바로 '시행착오'라고 하는 생각의 기술이다.

"통분해 보면…. 잘 안되는데요. 답이 없는 것 같은데."

"그래. 사실 이 방정식의 해는 존재하지 않는다. 여기서 해가 없다는 것을 증명해 보거라."

"증명요? 에이, 그만할래요. 시험에도 안 나오는 이런 문제는 풀기 싫습니다."

"싫다고? 그럼 여행을 포기하는 거니?"

"아니 그런 것은 아니고…. 집에서 숙제로 해 올게요. 이것 말고 다른 것 이야기해 주세요."*

---

* 이 문제는 겜이 몇 주나 지나서야 풀어왔다. 사실은 10초 내에 풀 수 있는 문제이다. 여러분들은 바로 풀 수 있는가? 첫 번째 원리-simplicity. 이것은 생각의 기술에 숨어 있는 기본 원리이다. p.69 참조.

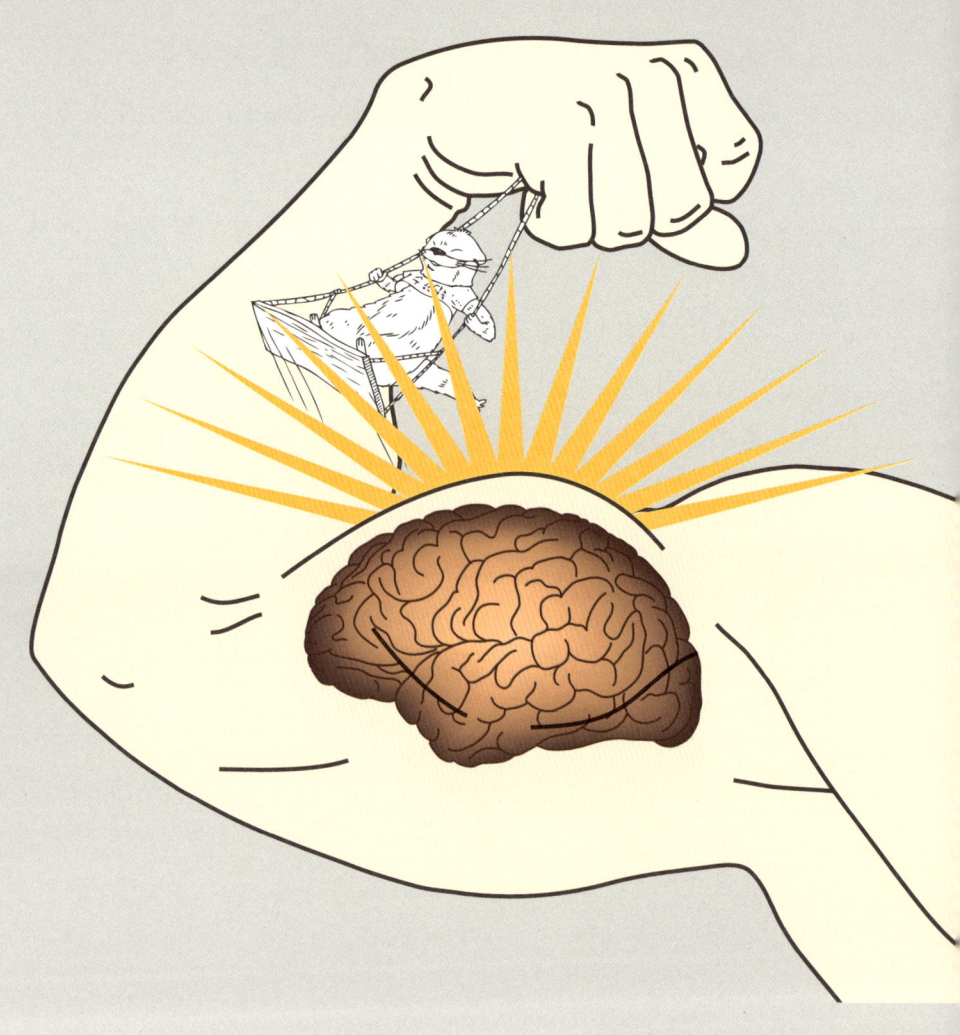

평균 수준의 지능이라도 자극을 받을 경우 IQ가
눈덩이 커지듯 높아지는 효과가 나타날 수 있다.
지능이 높아지는 경험을 한 번이라도 해 보면 이것이 유인이 돼서
계속 지적 자극을 추구하게 되고 그 결과 IQ는 상승 행진을 계속하게 된다.

윌리엄 디킨스 (미국 브루킹스 연구소)

## 식스센스

"알았다. 그런데 좀 전 문제는 반드시 풀어와야 한다. 본격적으로 훈련에 들어가기 전에 우선 수학의 재미를 좀 느껴야겠지?"

"재미라…. 좋은 말이죠…. 가끔은 수학이 재미있을 때도 있죠. 재미만 느끼면 다 되나요?"

"재미만 있어도 반은 성공이지만 재미 붙이기와 동시에 수학 감각을 길러야 해. 수학 감각이란 냄새를 맡거나 음식을 먹으면서 맛을 느끼는 것과 비슷한데, 일단 수학의 맛을 느끼고 단박에 처리할 수 있는 센스라고 해 두지."

"수학 감각이라."

"너 스타크 고수가 될 때 정해진 공식 외워서 잘한 게 아니잖아? 스타크에선 뭐가 가장 중요하다고 생각하니?"

"음…. 재빠른 손놀림과 감각이죠."

"그럼 그 손놀림과 감각은 어디서 온다고 생각하니?"

"글쎄요. 계속 반복한 결과가 아닐까요?"

"그렇지, 반복이지. 그런데 수학은 단순 반복만으론 잘 안 된단다. 그래서 잠자는 수학 감각을 깨우는 것부터 시작해야 되는데 이상한 것은 재미를 못 느끼면 수학 감각이 잘 안 생긴다는 거야. 반복을 해도 억지로 하는 것에 불과하기 때문에 처음부터 재미있는 인터넷 게임과는 전혀 다르지. 하지만 게임처럼 수학도 일단 재미와 맛을 들이면 감각이 단번에 살아난단다."

"그럼 재미가 먼저예요? 감각이 먼저예요?"

"사실 서로 맞물려 있지. 수학은 감각이 생기지 않으면 아무리 시간을 쏟아부어도 잘할 수 없고, 잘할 수 없으니까 재미가 없어지고, 재미가 없으니까 성적이나 올리려고 억지 공부나 하게 되고, 억지 공부를 하니까 감각이 안 길러지고, 이렇게 계속 악순환이 되는 것이지."

"그렇지만 수학을 재미로만 할 수는 없는 노릇이잖아요."

"네 말이 백번 맞지만 지금 우리 여행의 1차 목적은 흥미 유발과 감각 기르기란다. 감각에 대한 다른 예를 들어 볼게. 콜라하고 소주가 있다면, 넌 소주 먹겠니? 당연히 콜라를 마실 것 아냐? 또 봐, 피자랑 빈대떡 중에서 넌 뭐가 좋아?"

"빈대떡은 먹어본 적이 별로 없고, 피자는 무지 좋아해요."

"좋아, 또 하나. 너, 클래식이 좋아, 가요가 좋아?"

"클래식은 잠 와서 싫어요!"

"바로 그거야. 사람마다 좋아하는 것이 다르지. 음악뿐 아니라 다른 것도 마찬가지지. 이런 차이는 사람마다 그것을 느끼는 감각이 다르기 때문이란다. 지나가는 꼬마 붙잡고 생마늘에 된장을 척 발라서 깻잎에 싸서 줘 봐라. 고맙다고 잘 먹겠니?"

"음…."

"감각이 없다면 들어오는 정보는 무의미한 거지."

"네, 이젠 대충 알겠는데, 그럼 재미를 붙이고 수학 감각을 기르면 수학 머리가 좋아지나요?"

"대충 그 정도로 이해해라. 그런데 이것이 말처럼 쉬운 것은 아니야. 특히 너처럼 수학을 바퀴벌레보다 더 싫어하는 혐오증 환자에게는 잠자는 감각에 불을 확 질러서 정신을 번쩍 들게 해야 한단다. 자극적이고 엽기적인 것들을 보면서 자꾸 머리를 감동시켜야 되는 것이지. 쇼킹한 영화나 그림을 보면 뇌리에 팍 박히지? 바로 그거야. 수학의 재미는 저절로 생기는 게 아니야. 재미는 게임에나 있지, 수학은 처음부터 재미있거나 맛있는 것 하고는 아주 거리가 멀지. 우리 스스로 머리에 자극을 주면서 그렇게 유도해야만 한단다."

"그렇군요! 머리에 자극을 주어야 한다면?"

"심장에 전기 쇼크를 주어 죽은 사람을 다시 살리는 것 봤지? 잠자는 감각을 확 깨워 버리면 일단 호기심이 붙고 조금씩 재미가 생긴단다. 재미와 감각이 한번 맞물리기 시작하면 머리가 폭발하기 시작하지. 그래서 지금부터 이 감각, 청·시·미·후각 같은 감각 말고 수학을 보고 맛있다고 느낄 수 있는 감각, 즉 수학 미각을 기르는 훈련을 하게 될 거야."

"네. 그렇군요."

## 이그나이터igniter – 감각 점화

"근데 이 수학 미각이라는 것이 진짜 있나요?"

"일단 그런 것이 있다고 믿고 해보는 거야. 너 그때 원 샷 계산법을 보고 신기하게 생각했지? 신기하게 느끼는 것도 또 하나의 수학 미각이라고 할 수 있지. 우리의 혀가 김치의 독특한 맛을 느끼듯이 감각이 생기면 수학의 독특한 느낌을 진짜로 느낄 수 있단다. 또한 단순 계산을 뛰어넘어 기발한 풀이법을 단박에 알아내는 것도 이 감각 덕분이라고 생각하면 돼."

"알았어요. 재미는 억지로라도 붙여 볼게요. 그런데 감각은 어떻게?"

"일반적으로 수학 감각이 처음부터 탁월한 사람이 드문 것처럼 감

각이 완전히 없는 경우도 매우 드물단다. 노래의 경우를 보더라도 가수처럼 잘 부르는 학생이 많아야 반에서 한두 명 정도인 것처럼, 완전 음치도 반에서 몇 명 안 되잖아. 음치처럼 수학도 감각이 처음부터 전혀 없는 사람을 '수치*'라고 하는데, 이런 수치는 아주 드물고 이런 징조가 있는 학생은 처음부터 수학에 재미를 느끼기가 어렵고 감각을 살리는 것도 힘들지. 하지만 정말 특별한 음치를 빼고는 그냥 노래 연습을 하면 누구나 어느 정도 노래를 부르고 즐길 수 있듯이 수치만 아니면 수학 감각을 살려서 계발할 수 있지. 그리고 넌 이 수치가 아니니 걱정 마라."

"수치가 아니라니 집안의 수치는 면했네요. 히히."

"결국은 모든 것이 훈련이다. 타고난 것이 약하면 훈련을 통해서 강하게 만든다. 이것을 명심해라."

"모든 것이 훈련이다. 좋은 말씀!"

"까불지 말고. 감각은 그 정도로 이해하고 우리 뇌를 탐구해 보자. 혹시 두뇌 이론 중에 좌뇌·우뇌 이론이라고 알고 있니?"

"음, 들어본 적은 있는 것 같은데 내용은 잘 몰라요."

"이것은 스페리 박사가 발견한 것인데 이것으로 노벨상을 탔지. 이 이론에 의하면, 우리의 뇌는 좌뇌와 우뇌로 나누어져 있고 각기 다른 뇌 기능을 담당한다는 거야. 좀 더 자세하게 말하자면, 좌뇌는 계산과 논리를 우뇌는 공간 지각과 직관 같은 것을 담당하지."

"아, 그렇군요."

"그럼 수학을 잘하려면 좌뇌와 우뇌 중에 어느 것이 더 중요할까?"

---

* 수치(數癡, innumeracy) : 수 감각이 매우 무딘 사람을 뜻함. '수맹'이라고도 한다.

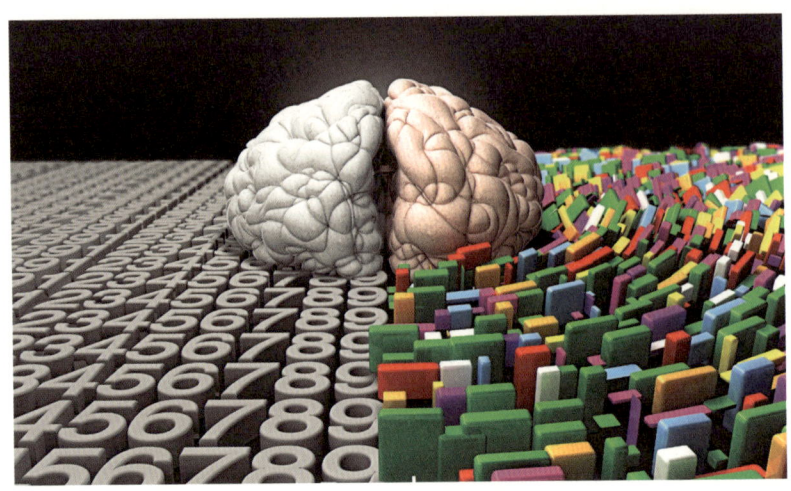

"당연히 좌뇌가 중요한 게 아닐까요?"

"그래. 좌뇌가 중요하지. 근데 앞으로 우리가 만날 수학에서는 좌뇌보다 우뇌가 더 중요하단다. 이 우뇌를 잘 이용해서 수학 감각을 키우고 새로운 수학의 눈을 만들어 가면서 숨겨진 수학 머리를 계발할 거야."

"그럼 좌뇌를 사용하지 말고 우뇌만 사용하란 뜻인가요?"

"좌뇌를 사용하지 말라는 뜻이 아니고 수학의 기본을 담당하는 좌뇌에 우뇌의 힘을 결합해보자는 거야. 노래의 예를 보면 노래 가사와 리듬을 처리하는 뇌가 각기 다르단다. 이처럼 좌뇌 우뇌가 동시에 작동하여 조화를 이루기 때문에 우리는 노래를 몇 번만 들어도 쉽게 따라 부를 수 있는 거야. 수학도 기계처럼 돌아가는 좌뇌와 환상의 우뇌를 조화시킨다면 갑자기 머리 아니 수학 머리가 좋아진다는 거지. 좀 어렵지? 어쨌든 잠자는 머리를 확 깨워서 이 수학 미각을 키워 보자꾸나."

"무슨 말인지는 잘 모르겠지만 좀 신기하네요."

"그래 계속 신기한 것을 경험하게 될 거야. 자, 이제부터 차근차근 체크해 보자꾸나."

> **Tip**
>
> $\frac{1}{x} + \frac{1}{y} = 1$
>
> 양변에 $xy$를 곱하면 $y + x = xy$.
> 두 홀수를 더하면 짝수이고 두 홀수를 곱하면 홀수이므로 위 식을 만족하면 홀수 해는 없다.

# 좌뇌·우뇌 이론

　인간의 두뇌는 좌우로 분리되어 각기 다른 기능을 담당하면서 서로 유기적으로 연결되어 있다. 이것이 미국의 과학자 스페리 박사(R. Sperry)가 주장한 좌뇌·우뇌 이론의 요지다. 1960년대 미국에서는 간질병 환자를 치료하기 위해 좌뇌와 우뇌를 연결하는 뇌량을 절단하는 수술을 했다. 스페리 박사는 뇌량 절단 수술을 받은 환자들을 심도 있게 연구하여 좌뇌와 우뇌의 독특한 기능을 밝혔다(이 공로로 그는 1981년 노벨생리의학상을 수상하였다). 좌뇌는 언어와 논리를 지배하고 우뇌는 시각·공간 정보 처리를 맡고 있다. 이와 같이 서로 다른 기능을 하는 좌뇌와 우뇌는 뇌량을 통해 서로 연결되어 조화롭게 두뇌 활동을 한다.

　좌뇌·우뇌 이론에 항상 감초처럼 따라 다니는 이 뇌량에 관하여 최근에 흥미로운 연구가 있었다. 중국과 미국 학자들의 공동 연구 결과*에 의하면 아인슈타인은 좌뇌와 우뇌를 연결하는 뇌량이 유달리 발달했다고 한다(천재의 상징 아인슈타인의 뇌는 영구 보존되어 있고 아직도 연구되고 있다). 재미를 빼면 아인슈타인의 뇌량 구조 따위가 우리 인생에 무슨 의미가 있겠냐고 반문할 수도 있다. 사실 무슨 의미가 있겠는가? 다만 좌뇌, 우뇌가 조화를 이뤄야 한다는 면에서 아인슈타인의 뇌량 발달은 우리에게 중요한 메세지를 주고 있다.

---

\* W. Men et al., The Corpus Callosum of Albert Einstein's Brain: Another Clue to His High Intelligence?, Brain, 2013.

# 인간의 두뇌 구조

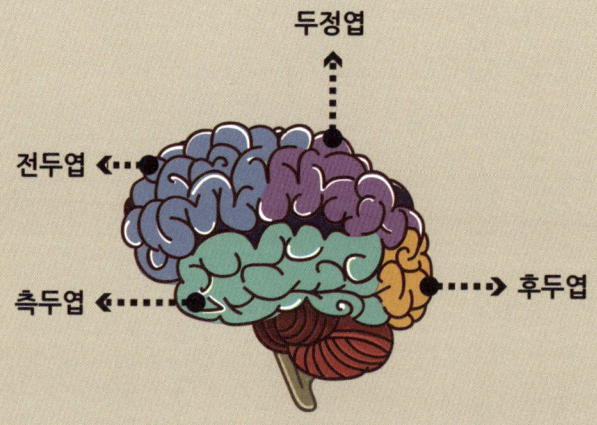

**전두엽** (이마엽, frontal lobe)
기억력, 사고력 등을 주관하고 다른 연합 영역에서 들어오는 정보를 조정하고 행동을 조절한다. 또한, 계획을 세우거나 결심을 하는 등 목표 지향적인 행위를 주관한다.

**두정엽** (마루엽, parietal lobe)
일차 체감각 기능, 감각 통합과 공간 인식 등에 관여한다. 입체·공간적 사고와 인식 기능, 계산 및 연상 기능 등을 수행하며, 외부에서 들어오는 정보를 조합하는 역할을 한다.

**측두엽** (관자엽, temporal lobe)
청각 정보의 처리를 담당하며 인지 기능과 기억 기능을 조절한다. 왼쪽 측두엽은 말을 이해하는 데 필수적이며, 얼굴과 같은 대상의 재인식 과정에도 관여한다.

**후두엽** (뒤통수엽, occipital lobe)
시각 중추가 있어서 눈으로 들어온 시각 정보를 이용해 물체의 모양이나 위치, 운동 상태 등을 분석한다. 시각 정보를 분석하고 통합하는 역할을 수행한다.

## 이미지와 패턴

"자, 그럼 패턴 인식부터 시작하자. 이 훈련을 통해 패턴을 보는 감각을 길러 볼 거야. 쉽게 얻을 수 있는 수학 감각이니깐 말 그대로 감각적으로 하면 돼. 자 문제 나간다. 잘 듣고 대답해. 2, 4, 6, 8, 10, 다음 수는?"

"12요."

"그럼, 1, 5, 9, 13, 다음은?"

"응, 가만 보자. 4씩 올라가니까 17이죠."

"그래, 좋아. 이건 단순한 규칙인데 잘했어. 그럼 그렇게 생각하게 된 과정을 설명해 볼래?"

"네. 처음 문제는 짝수의 배열이라는 것을 알고 있었고, 두 번째 문제는 차근차근 빼보니 4씩 더해지는 규칙인 것을 알았죠."

"그렇지. 단순 계산을 해 보면 누구나 알 수 있는데, 유치원생도 이 정도는 할 수 있어. 그런데 이런 계산 과정이 바로 좌뇌에 의해서 이행되는데 단순하게 너의 좌뇌가 습관처럼 작동했다고 보면 된단다. 그럼 다음 문제의 규칙은? 1, 1, 2, 1, 2, 3, 1, 2, 3, 4…."

"음, 글쎄…. 잘 모르겠는데요."

"잘 봐. 1, (1, 2), (1, 2, 3), (1, 2, 3, 4),…. 이런 식으로 숫자가 배열되니까 다음 수는 1이지? 그 다음은 2고?"

"아, 그렇군요. 그런데 계산하고 별 상관이 없는 것 같은데요?"

"후후, 바로 그거야. 계산하곤 상관없이 숫자가 배열된 공간적인 상태를 보고 알아내는 거지. 그런데, 수학에 등장하는 패턴이라는 것은 단순 계산이나 눈으로 보고 바로 알 수 있는 일차원적인 것도 있지만 다른 공간적 시스템이나 논리 구조까지도 결합되어 있는 경우가 대부분이야. 이런 경우는 눈으로 보고 바로 알 수 있는 것이 아니란다. 패턴 인식 훈련에서는 부분과 전체의 공간적인 모습과 숨겨진 논리 구조를 볼 수 있는 '생각의 눈'을 만드는 것이 포인트! 이것을 도와주는 것이 바로 우뇌지만, 그냥 그런 것이 수학에서 더 중요하다는 인식만 하면 일단 성공이다.

한 문제 더 줄게.

1, 1, 2, 1, 1, 2, 3, 2, 1, 1, 2, 3, 4, 3, 2, 1, 다음 숫자는?"

"음, 헷갈리는데…. 아! 알았어요, 1!"

"그럼 규칙은?"

"1, 121, 12321 ….

이렇게 숫자 무더기가 커졌다 작아졌다 하면서 하나씩 늘어나는데요."

"오케이, 우뇌 작동 성공! 이것을 이름하여 이미지 사고법*이라고 하는데 이미지를 생각하면서 공간적인 분포를 체크하는 거지. 아직 계산이 등장한 단계는 아니야."

"근데 문제만 보고 우뇌를 써야 할지, 좌뇌를 써야 할지 어떻게 알아요?"

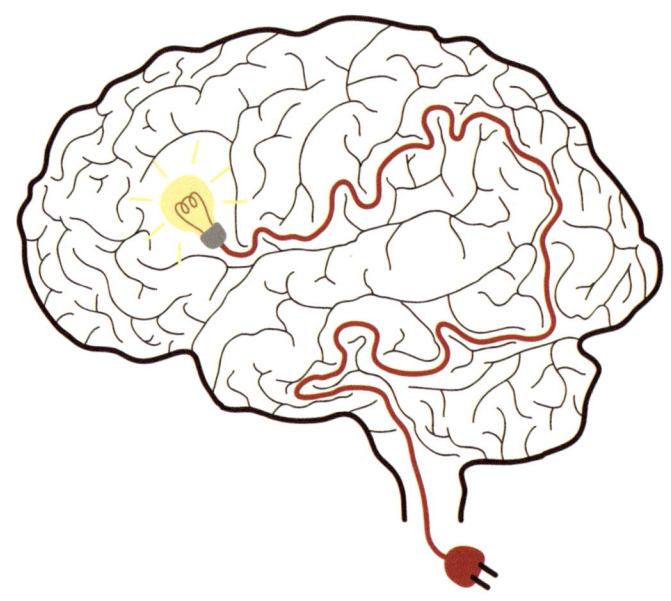

세계에서 가장 훌륭한 미개척 지역은
우리의 양쪽 귀 사이에 있는 두뇌이다.

**빌 오브리언(하노버 보험 대표)**

---

\* 이미지와 패턴을 이용하여 직관적으로 생각하는 것이다(생각의 기술).

## 눈 돌리기 – 관찰

"그러니까 더더욱 감각 기르기 훈련을 해야 하는 거야. 좌뇌로 먼저 해 보고 우뇌로 빨리 이동시키는 것이지.* 연습하다 보면 이것이 순식간에 되고 평소에 좌뇌로 계산을 하듯이 습관처럼 우뇌를 작동시킬 수 있단다. 그러나 너무 좌뇌, 우뇌 따지지는 말고 전체적인 원리만 잘 보거라. 시각적으로 규칙이나 패턴을 찾는 연습이 중요하다는 것만 명심해.

자, 그럼 좌뇌, 우뇌 동시 사용 문제 나간다. 다음 숫자를 모두 더하면?"

"음…. 그냥 계산을 해 보면 되겠는데, 우뇌를 이용하려면…. 제법 어려운데요."

---

* 편의상 나눈 개념으로 좌뇌 우뇌의 역할이 완전하게 양분되지는 않는다. 뇌의 각 부위들은 서로 연결되어 있고 조화롭게 협동한다. 다만 우뇌는 직관적인 이해와 미묘한 뉘앙스를 구별하는 데 도움을 주는 것은 분명하다.

"좌뇌, 우뇌 이런 것 신경쓰지 말고 숨겨진 패턴이 있는지 먼저 관찰한다. 눈을 잘 돌려 보면 보여."

"아. 뱀처럼 구불 구불 하게 배치되었군요."

"그래. 지그재그 규칙에 따라 (1 2 3), (1 2 3)이 반복되는 것을 쉽게 알 수 있겠지. 1+2+3=6이고 이런 6이 아홉 덩어리가 있으니깐 6×9=54지. OK?"

"우와! 그렇게 규칙을 찾으면 쉽게 되는군요."

"하하, 쉽지? 공간 인식의 포인트는 무턱대고 계산하기 전에 눈을 돌리면서 재빨리 공간적 배열 상태를 관찰하고 규칙이나 패턴을 알아

내는 거야. 이것이 몸에 붙으면 복잡한 규칙도 한눈에 확 들어오지."

"별것 아니네요. 평소에도 수학 공부할 때 그런 것 많이 하는데…."

"그래 따지고 보면 별것도 아니지. 평소에 수학 공부하면서 이미 많이 경험했을 거야. 이제부터는 개념적으로 패턴 인식이 무엇인지 잘 이해하면서 문제를 분류하기 바란다. 특히 이런 것을 통해 무엇을 얻고자 하는가를 잘 생각하면서…. 다른 이야기를 해 보자. 살인 사건이 나면 형사들이 사건 현장에 도착해서 제일 먼저 하는 일이 뭐라고 생각해?"

"살인 사건요? 글쎄요. 시체를 살펴보나요?"

"시체를 볼 수도 있겠지만 눈동자를 굴리면서 그 주위의 공간 배치와 사물들의 배열 상태를 살피고, 사건이 일어난 순간을 영화처럼 상상한단다. 그러고 나서 예리한 감각으로 혹시 단서가 될 만한 증거물들을 찾아 눈을 두리번거리지."

"어떻게 그렇게 잘 아세요? 혹시 전직이? 히히."

"엉뚱한 생각하지 말고, 중요한 것은 하나하나 분석하는 것이 아니고 눈동자를 굴리면서 전체를 한눈에 확 집어넣는다는 것이야. 이미지 학습에서는 본다는 것이 매우 중요하단다. 명심해! 눈동자가 돌면 머리가 따라 돈다!"

"네. 눈을 돌리자!"

"여기서 키포인트는 관찰! 단순히 보는 것이 아니다. 눈을 돌리면서 부분 부분을 보다가 다시 전체를 관찰하고 다시 부분으로 돌아가고 계속 반복하다가 결국 숨겨진 패턴을 알게 되는 것이지. 부분과 전체를 오가며 눈을 돌린다. 관찰!"

"네…. 관찰!"*

### 셜록 홈즈의 관찰

홈즈: 왓슨, 자네는 눈으로 보기는 해도 관찰을 할 줄 몰라. 보는 것과 관찰하는 것은 전혀 달라.
왓슨: 나도 관찰력 좋다네.
홈즈: 자네는 홀에서 이 방으로 올라오는 계단을 매일 봤겠지?
왓슨: 그렇지.
홈즈: 몇 번이나 계단을 오르고 내렸나?
왓슨: 수백 번?
홈즈: 그래. 그럼 계단이 몇 개인줄 아는가?
왓슨: 몇 개냐고? 그야 모르지.
홈즈: 바로 그거야. 자네는 관찰하지 않았어. 하지만 눈으로 보기는 했지. 요지는 바로 이걸세. 나는 계단이 몇 개라는 것을 알고 있어. 나는 눈으로 보면서 동시에 관찰을 하거든.

- 《보헤미아의 스캔들》, 아서 코난 도일 -

---

* 관찰을 통해 미처 생각하지 못한 실마리를 얻을 수가 있다. 관찰은 창조적 생각의 시작이다.

# 레니의 달걀

한 사진가 지망생이 유명한 노사진가를 찾아가 제자가 되기를 청하였다. 문하생을 받은 그 노사진가는 제자에게 흰 달걀 하나를 내밀고 사진을 찍어보라고 하였다. 평소대로 달걀을 찍어 스승에게 보여 줬지만 스승은 다시 찍어오라고 하였다. 결국 제자는 스승이 만족할 때까지 3년 동안 달걀 사진만 찍게 되었다. 3년이 지나자 제자는 흰 달걀이 촬영 대상이 아니라 생명이 담긴 알로 보이기 시작했다.

그때가 돼서야 스승은 "내가 가르치려 한 걸 당신 스스로 알게 되었으니 이젠 나의 곁을 떠나시오."라고 말했다. 얼마 후 노사진가는 세상을 떠났고 사진가 지망생은 스승보다 더 유명한 사진가가 되었다.

— 《잘 찍은 사진 한 장》, 윤광준, 2002 —

위 에피소드는 사진을 좀 찍는다는 사람들 사이에서 떠도는 전설적인 사진 수련 방법이다. 그런데 우리가 아는 유명한 예술가 중에는 실제로 이런 수련을 한 사람이 있다.

이탈리아의 빈치라는 이름의 마을에 레니 알바노라는 소년이 살았다. 레니의 스승 베로키오는 레니에게 날마다 달걀만 반복해서 그리게 했다. 레니는 어느 날 "어째서 달걀만 반복해서 그리게 합니까?"라고 불평을 늘어놓았다. 스승은 이렇게 대답했다. "어느 달걀도 똑같이 생긴 것은 없다. 또 같은 달걀이라도 보는 위치에 따라 달리 보이고, 빛에 따라 달리 보이는 법이다. 너에게 달걀만 자꾸 그리라고 한 것은 사물의 모습을 관찰하는 능력을 키워주기 위한 것이다." 레니는 스승의 깊은 뜻을 깨닫고 열심히 관찰 훈련을 하였다. 이 꼬마가 자라서 바로 그 유명한 레오나르도 다빈치('빈치 마을의 레니'라는 뜻)가 되었다.

기발한 아이디어는 물론이거니와 수학의 규칙과 패턴도 이런 관찰을 통해 알게 된다. 관찰은 예민한 눈을 만들어 주고 사고 실험을 할 수 있는 길을 열어 준다. 습관처럼 수학을 관찰하면서 끊임없는 질문을 해야 한다.

### 잃어버린 강의 노트
# 영원한 치즈

> **훈련**

그림처럼 치즈 귀퉁이(꼬마 삼각형)를 잘라서 먹었다.
그런데 여전히 치즈의 면적이 줄지 않고 그대로이다.
어떻게 이런 일이 가능할까?

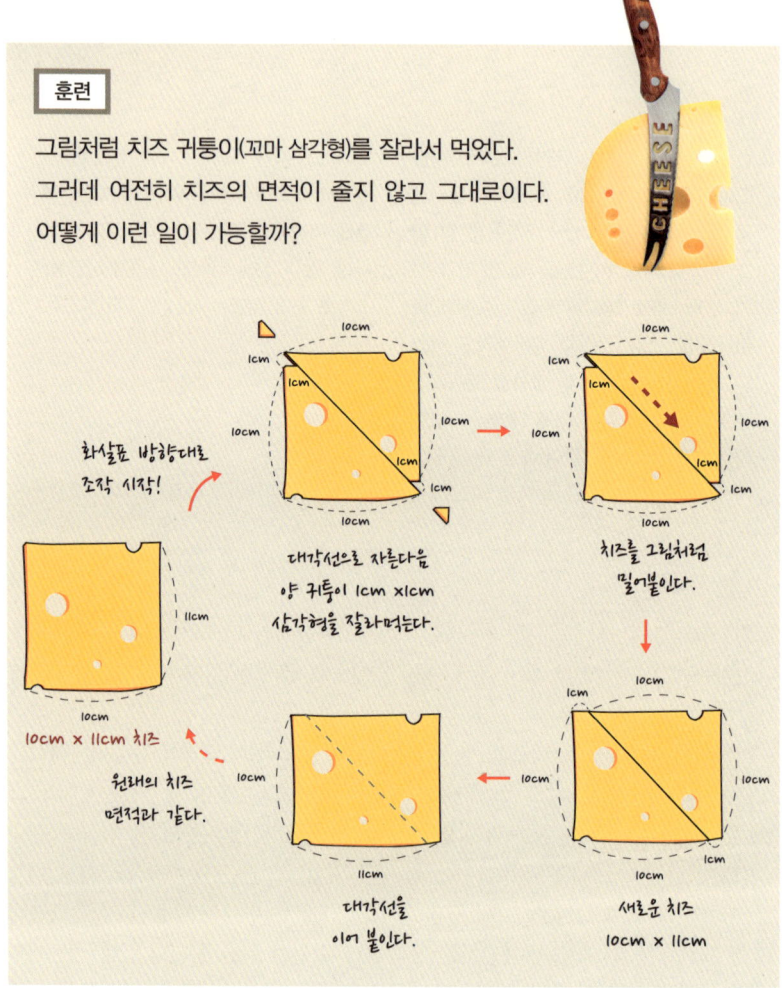

> **해설**

자세히 보아야 한다. 가로가 10이고 세로가 11이므로 대각선의 기울기가 1이 아니다. 따라서 그림과 같은 꼬마 삼각형(귀퉁이)을 만들 수 없다. 즉 눈속임에 불과하다 (영원한 치즈가 어디 있으랴?).

chapter

3

# 메타생각의 시작

미래의 시작은
언제나 즐거운 상상에 있다.
● 미야자키 하야오 ●

## 수비타이징 subitizing

"패턴 인식이 무엇인지 좀 알겠지?"

"네. 관찰을 통해 숨겨진 규칙을 찾는 것! 그런데 이것이 수학에 도움이 되긴 되는 거죠?"

"도움이 되는 정도가 아니란다. 패턴 인식은 앞으로 계속 만나겠지만 수학의 전부라고 할 만큼 중요한 것이지. 수와 식을 잘 다루고 방정식 함수를 요리하는 것도 중요하지만 그 이면에는 항상 패턴을 찾는 행위가 숨겨져 있단다. 수학은 패턴을 찾아서 추상화하는 것을 중요한 이념으로 삼고 있다."

"좀 어려운 말이네요."

"언젠가는 깨닫게 될 거야. 일단은 패턴 인식이 중요하다고 인정하거라. 패턴 인식에 앞서 수학과 관계되는 뇌의 메커니즘에 대해서 좀 더 공부해 보자."

"메커니즘? 뭐 그런 것까지 공부를 해야 할까요?"

"우리 뇌가 작동하는 원리를 잘 이해하면 공부에 조금이라도 도움이 될 것이다. 여기서 좀 쉬면서 초콜릿 하나 먹고 가자."

"앗! 맛난 거!"

젬은 지루한 설명을 듣다가 지쳤는지 초콜릿을 한 움큼 입에 털어 넣는다. 쩝쩝거리고 먹는 모습이 귀엽다.

"그만 먹고 문제 하나 풀어 보자. 최대한 빨리 답하거라. 여기 뿌려 놓은 초콜릿이 총 몇 개니?" ❶

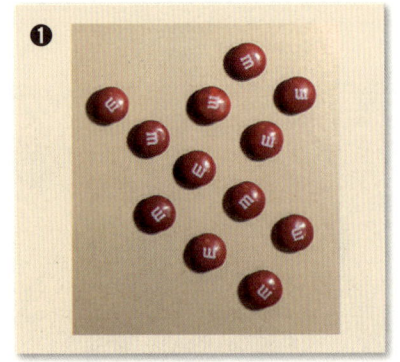

"음…. 보자. 정답은 열두 개요."

"잘했다. 하나씩 세어서 구했니? 어떻게 세었는지 말 해 보렴."

"하나씩 세기는요. 무식하게…. 이렇게 무더기로 나누어서 4개, 5개, 3개씩 세고 모두 더했죠." ❷

"옳거니…. 네가 한 것이 바로 패턴 인식이란다."

"선생님도….이게 무슨 패턴 인식입니까? 당연히 이렇게 해서 계산하는 거죠."

"허허 참…. 일단 몇 개 더 먹거라. 다시 두 번째 문제 나간다. 여

기 초콜릿이 몇 개인지 세어 보거라." ❸

"음…. 같은 문제 아닌가…. 역시 열두 개요."

"잘했다. 그럼 어떻게 답이 나왔지?"

"이렇게 세면 되지요."❹*

"처음 문제와 차이가 뭐라고 생각하니?"

"음. 같은 문제인데…. 좀 다르군요."

"그렇지, 같은 문제인데 다르게 묶었지? 이렇게 묶는 것을 그룹 나누기 혹은 클러스터링(clustering)이

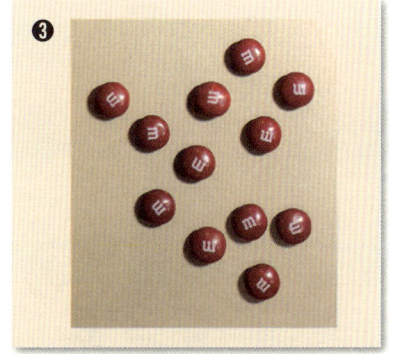

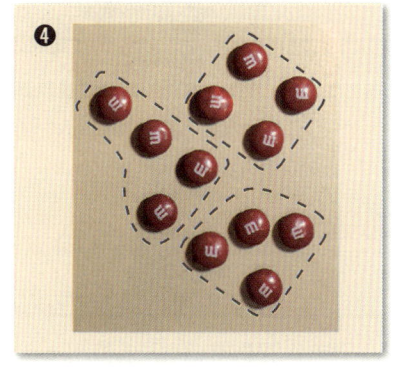

라고 한단다. 우리말로는 묶음 만들기라고나 할까? 누가 시키지도 않았는데 두 번째 문제에서는 첫 번째 문제와 다르게 묶었지? 클러스터링을 한 후에 그런 묶음이 3개 있으니 12가 나온 거고."

"당연한 말씀! 이게 뭐 어쨌다는 거예요? 쏘 왓?"

"잠시만 참고 계속 들어 보거라. 여기서 우리 뇌가 작동하는 방식을 좀 더 살펴보자. 분명 처음 문제를 통해 이미 학습을 하였음에도 불구하고 두 번째 문제에서는 다른 방식을 이용하였다. 하나의 위치가 살짝 바뀌었을 뿐인데 말이다. 이것을 통해 미묘한 변화에 뇌의 작동 방

---

\* 실험해 보면 두 문제 모두 위와 같은 방법으로 묶어서 계산하는 사람도 있고, 2개씩 세는 사람도 있다.

식이 자동으로 변하고 있는 것을 알 수 있다. 우리의 특별한 의식과 상관없이 말이다."

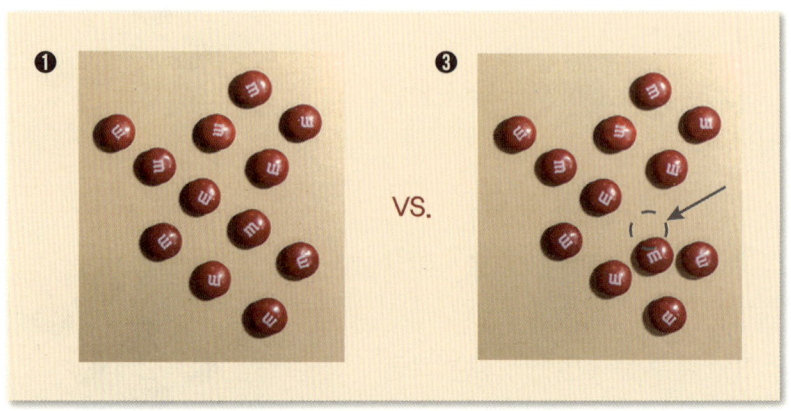

"그렇네요. 뇌가 알아서 움직이는 거군요."
"그런 셈이지. 우리는 이미 학교에서 배운 수학적 기법이 어느 정도 머릿속에 자리 잡고 있기 때문에 전략적으로 개수를 세게 된단다."
"그렇죠. 머리를 좀 이용한 것 같은데요."
"여기서 더 재미있는 것은 한 무더기 속에 있는 4개의 돌은 하나씩 세지 않아도 단번에 4개로 인식한다는 것이지."
"그렇죠. 4개라는 것은 눈으로 보면 즉시 알 수 있죠."
"그렇지. 숫자를 세는 것이 아니고 보는 것이란다. 이런 것을 수비타이징이라고 한단다."*
"수비…. 말이 어렵네요."

---

\* 여러 개의 사물을 하나씩 숫자를 세지 않고 바로 눈으로 개수를 알아내는 능력. 한 번에 보고 알 수 있는 강력한 수리 능력이지만 한편으로는 3개, 혹은 4개 정도 밖에 볼 수 없으므로 한계이기도 하다.

"수비타이징(subitizing)이라는 것은 보는 순간 지각할 수 있는 원초적 수리 능력인데 우리는 3개 혹은 4개 정도까지 한 번에 볼 수 있단다. 위 문제를 푸는 과정을 다시 분석해 보자. 우리의 뇌는 초콜릿을 보고 자동으로 초콜릿을 4개씩 클러스터링 한 뒤 의식적으로 유사한 묶음을 만들었다. 그리고 곱셈의 원리를 이용해 4×3=12라는 답을 얻게 되었고."

"말씀을 듣고 보니 그런 면이 있었네요."

"결국 위의 두 문제도 본질적으로 패턴을 이용한 것이나 마찬가지라는 것을 알겠지? 쉽게 계산하기 위해서 머리를 굴려 묶음으로 만들어 버린 거지. 부지불식간에 말이야. 지난번에 배운 '마운틴 배열'이나 '스네이크 배열'은 자동적으로 클러스터링 된 것이 아니다. 그 문제는 주의를 집중해서 의식적으로 두뇌 속에서 만들어 낸 반면에 이 초콜릿 문제는 '자동화 반응'을 이용해서 2차적으로 살짝 '탐색 과정'을 추

수비타이징 게임 – 애니팡

가한 것이지. 이 내용은 다음에 다시 설명해 줄게. 일단 이 정도는 이해하겠지?"

"네."

"우리 뇌의 수비타이징 능력은 기껏해야 3개 혹은 4개 정도이고 그 이상은 의식적인 개수를 세는 뇌로 바뀐다는 것을 잘 기억해 둬."

"그래서 4개 짜리 묶음으로 클러스터링하는 것이 편하게 느껴지는군요. 그냥 보면 아니깐요."

"그렇지, 특히 우리 뇌의 자동 클러스터링 과정은 거의 원초적인 것인데 이 능력이 수학에서 도움이 되기도 하고 방해가 되기도 한단다."

"방해가 된다고요? 그건 또 무슨 뜻이죠?"

"왜냐하면 사물을 보면서 숨겨진 패턴을 찾아야 하는 경우, 우리 뇌가 자동으로 클러스터링 해버리면 일종의 착시를 유발할 수 있단다. 이것이 수학적 패턴을 찾는데 결국 장애물이 된다는 거지.

예를 들어 볼게. 다음 초콜릿의 개수를 세어 볼래?"

"보자. 음…. 3개, 5개, 묶어나가면…."

"그만! 오래 생각해 볼 것도 없다. 각 줄에 4개씩 있으니 총 16개잖아!"

"앗! 그렇군요."

"3개씩 5개씩 뭉쳐서 보이는 것 때문에 시간이 더 걸렸을 것이다."

"아! 이제 알겠어요. 자동적으로 머릿속에서 3, 5개씩 클러스터링 되니까 한 줄에 4개씩으로 묶어야 된다는 생각이 안 드는군요!"

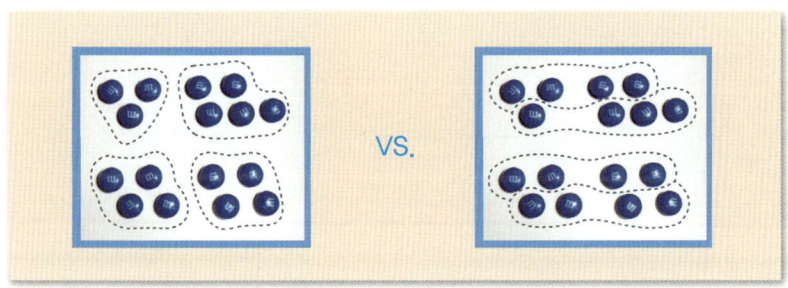

3장 메타 생각의 시작 | 91

"그렇지. 지금까지 머리가 어떻게 움직이고 어떻게 사물을 지각하는지 대충 알아보았다. 결론적으로 눈에 보이는 패턴을 찾는 경우에는 큰 어려움이 없단다. 그러나 수학적 논리 패턴이나 추상 패턴은 우리의 두뇌 속에서 재구성을 해서 그 의미를 찾아야 하기 때문에 단순하지는 않아. 우리의 눈을 이기는 '생각의 눈'을 길러야 한단다. 눈 위의 눈!"

"어렵지만 재미있네요."

"초콜릿 문제는 여기서 마무리하자. 자동 클러스터링과 수비타이징! 이것을 잘 기억하거라."

"옛 썰!"

## 자동 반응과 탐색 과정

"이제 미루어 두었던 자동 반응과 탐색 과정에 대해서 살펴볼 차례다. 여기 숫자 5개가 있어. 가장 이상한 놈을 골라보거라."

"이상한 놈이요? 3이 이상하네요."
"왜?"
"혼자 색깔이 빨간색이라서."
"그럼 다른 가능한 답은?"
"음. 2도 가능성이 있네요."
"왜?"
"혼자 짝수이니깐요."
"그럼 9도 이상하지."
"왜요?"
"다른 수는 모두 소수인데 그놈만 혼자 합성수야."*
"네. 그렇게 보니 그렇네요."

---

* 소수와 합성수는 p.391 참조.

"여기에는 2가지 교훈이 담겨 있단다. 첫째 교훈은 이 문제를 통해 우리 뇌가 반응하는 모습을 간접적으로 알 수 있다는 것이지. 우리 뇌는 외부에서 정보가 들어오면 가장 강렬한 것에 먼저 반응을 한단다. 이것을 즉각 반응 또는 **자동 반응**(automatic response)이라고 불러 보자."

"저는 색깔에 자동 반응을 하였군요."

"그렇지. 색깔이 주의를 끌면서 우리의 자동 반응을 유도하였던 것이지. 이 개념과 대비되는 것으로 의식적인 과정이 있다. 뇌에 들어온 정보에서 숨겨진 의미를 발견하기 위해 의식적으로 생각하는 과정이다. 이것을 **탐색 과정**(exploratory process)이라 불러 보자. 자동 반응 이후에 생각을 한 번 더하는 절차, 즉 세부적인 관찰을 통해 규칙이나 패턴을 찾는 과정이 바로 탐색 과정이라고 보면 된단다."[*]

"네, 그렇군요. 생각하는 것은 전부 탐색 과정이군요."

"반드시 그런 것은 아니지만 일단 그렇게 이해하거라. 우리의 생각 훈련은 이 탐색 과정을 자동 반응화 되도록 유도하는 것도 포함되어 있단다."

"알 듯 말 듯합니다. 결국 패턴을 기억하라는 것인가요?"

"패턴을 자꾸 보면 패턴 자체가 당연히 기억이 되겠지. 탐색 과정에서 찾은 규칙이나 패턴이 기억되면서 다른 구조와 연결이 되고 비슷한 유형을 보면 패턴을 바로 알아볼 수 있는 뇌구조가 만들어진단다. 그렇게 되면 그것을 다시 보자마자 알아챌 수 있을 정도로 거의 자동

---

[*] 특별한 주의 집중 없이 자동적으로 처리하는 과정을 자동 반응이라고 하고 의식적인 추리 과정이 필요한 것을 탐색 과정이라 한다. 대니얼 카너만(2012년 노벨경제학상 수상)은 이것을 각각 시스템1, 시스템2라고 명명하였다. 생각의 작동 프로세스를 구분하기 위해 만든 개념이다.

반응화 되지."

"음. 추리한 것을 자동 반응이 되도록 기억하는 거군요."

"그런 셈이지. 공부하는 입장에서 중요한 것은 뇌가 움직일 때 그것이 자동 반응인지를 확인한 후 탐색 과정을 한 번 더 거치는 태도를 습관화하는 것이지."*

"네. 습관화!"

"지금까지 패턴 인식과 관련하여 자동 클러스터링, 수비타이징, 자동 반응과 탐색 과정 등을 살펴보았다. 잘 정리하거라."

"간단한 문제 속에서 엄청 어려운 내용을 공부했네요. 그런데 다른 교훈은 또 뭐죠?"

"아 다른 교훈? 그 이야기와 관련해서 역발상으로 넘어가보자."

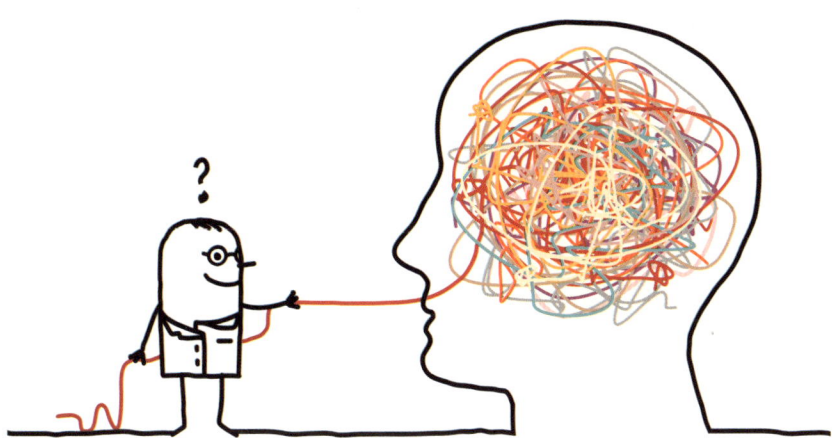

* 이것이 바로 메타생각이다. 앞으로 계속 등장할 것이다.

## 생각의 2중 스캐닝 scanning

"역발상? 이건 또 뭐죠?"
"먼저 퀴즈를 하나 맞추면 전진한다."
"윽, 또 문제요?"
"아니, 문제가 아니고 퀴즈야. 일 더하기 일은 얼마?"
"쳇, 당연히 2죠."
"땡! 틀렸어. 답은 중노동. 그럼 이 더하기 이는?"
"음, 덧니요!"
"땡! 틀렸다. 4지."
"에이, 선생님 맘대로네요?"

"물론 선생님 마음이지. 후후. 이것이 바로 자유 발상에서 나오는 역발상이라는 것이다. 우리는 항상 고정 관념이나 습관에 길들여져 새로운 것을 생각하기 어렵다. 역발상은 이것을 깨는 것이다.

우리가 문제를 보는 순간 그 문제의 형식이나 내용이 하나의 정보로 작용하고, 이것이 생각의 프레임(frame:틀)을 만들기 때문에 자신도 모르게 생각이 그 틀에 따라 움직이게 된단다."

"아! 자동 반응이군요?"

"그렇게 볼 수도 있지만 여기서는 다른 각도에서 보는 것이지. 생각의 시스템에 대한 것으로 자동 반응과 탐색 과정을 모두 살펴보고 있는 것이란다."

"정말 산 너머 산이군요."

"어렵게 생각 말고 그냥 쉽게 발상을 바꾸는 법에 대한 이야기라고 보면 돼. 좀 유식하게 말하면 생각의 프레임에서 탈출하는 것이 역발상! 간단하게 말하면 '뒤집기'!"[*]

"뒤집기?"

"그래. 생각의 길을 완전히 전환하는 것이란다. 이것을 시도하는 순간 엄청나게 머리가 굴러가게 되어 뇌 근육이 통통하게 만들어진단다. 또한 이것을 통해 기발한 아이디어를 스스로 만들어 내는 기쁨도 누릴 수가 있지. 사실 우리 인간은 논리니 수학이니 하는 것 이전에 직관적으로 사물의 실체를 알아낼 수 있는 능력과 머릿속으로 저 우주보다 더 멋진 자신만의 우주를 창조할 수 있는 상상력을 이미 가지고 있단다."

---

* 이것은 생각의 기술이다(역발상).

"네. 인정!"

"역발상 훈련을 통해 이런 능력을 깨우고 다시 수학을 통해서 더 체계적으로 계발해 보자는 거지. 물론 수학은 결국 다양한 공식을 외워서 적용해야 하는 것이지만, 단순히 공식만 적용하는데 익숙해지면 생각의 전환이 어렵고 처음 보는 문제를 만나면 앞이 캄캄해지면서 헤매게 된단다. 네가 그동안 힘들어했던 이유가 바로 여기에 있는지도 몰라."

"음, 그래서 응용문제가 어려웠구나!"

"우리의 목표가 '생각의 기술'을 깨닫는 것이니깐 지금부터 하는 역발상 훈련이 수학과 별 상관없다는 생각이 들더라도 재미있게 해보자꾸나.

자, 그럼 문제 하나 쏜다.

$(x-a)(x-b)(x-c)(x-d)\cdots(x-z)$를 계산하면 얼마지?"

"으악, 이건 복잡한 식인데 어떻게 구해요?"

"역발상을 이용해 봐. 시간을 좀 주지."

"음…. 그러니까…. 앗, 답은 0이다."*

"오케이! 그럼 다음 문제. 방정식을 푼다. 잘 들어. 변, 변, 이항하기, 곱하기 다음 나누기,… 다음은?"

"나누기 다음? 빼긴가? 잘 모르겠는데요."

"네가 눌 차례지, 난 누었으니."

"엥? 말도 안 되는 문제잖아요."

"그래 말도 안 되지. 말장난 같지만 이 말장난이 바로 머리 훈련에

---

* 전체식 중간에 … $(x-x)$ …가 나오므로 답은 0이 된다.

도움이 되는 거란다. 대충 이해됐다면 본론으로 들어가서 가장 이상한 놈을 고르는 문제를 다시 한 번 보자. 우리는 여기서 여러 가지 답을 살펴보았지."

"네. 색깔, 홀짝, 소수 이런 관점에서 살펴보았죠."

"또 다른 각도에서 생각해보면 7도 이상한 놈이다."

"왜요?"

"다른 숫자는 모두 곡선이 있지만 7은 직선만 있잖아."

"그렇게 보니깐 7은 직선으로 이루어졌군요. 그걸 생각 못 했네요."

"그런데 이 문제의 답을 5라고 한 녀석이 있었다. 어떻게 생각해?"

"글쎄요…. 5가 이상해요? 특별히 이상한 게 없는데…."

"그렇지? 그러니깐 답이 5라는 것이지."

"무슨 말씀이신지? 이상한 놈을 고르라면서요…."

"잘 생각해 보거라. 모든 숫자가 나름 이상하지. 그런데 이 5라는 숫자만 정상이지? 그러니깐 정말 이상한 거지. 역발상!"

"아하! 그렇군요. 역발상!"

"그렇지! 바로 그거야. 1차 자동 반응과 2차 탐색 과정을 거쳐서 다시 돌아와 전체를 보게 되면 다른 면이 보이게 된단다. 그래서 이 문제의 멋진 답은 7이고 더 멋진 답은 5인 것이지."

"음, 그럴 수도 있겠네요."

"너무 심각하게 생각하지 말고 위트와 유머라고 생각하면 돼."

"네, 그냥 엉뚱한 생각이군요."

"일단 거꾸로 생각해 본다는 느낌만 가지면 누구나 즐길 수 있단다. 습관 탈출 훈련의 하나인데 생각의 차원을 변화시키면 창의적 사고로 연결이 쉽게 돼. 수학 문제를 풀 때도 역발상 기술을 적용하면 새로운 아이디어가 샘솟는 것을 맛볼 수 있단다."

 성냥개비 5개로 원을 만들라는 문제의 역발상적 아이디어

"역발상은 할 만하네요. 그럼 역발상은 생각의 프레임을 바꾸면 되는 것이군요. '생각'과 '생각의 프레임'은 다른 것인가요?"

"아! 좋은 질문이구나. 생각과 생각의 프레임은 출발부터 다르다. 이야기가 어려워지는데 역발상하고 연결해서 살펴보자꾸나. 먼저 수학을 예로 들면, 문제에는 반드시 출제자의 어떤 의도가 숨겨져 있단다. 출제자는 문제에 적용되는 룰과 원리를 숨겨두고 우리는 그것을 찾아내게 된단다. 일종의 게임이라고 생각하면 돼. 그런데 문제를 풀 때 출제자의 룰이나 문제 자체가 만드는 어떤 고유한 형식 속에 우리의 생각이 빨려 들어가게 마련이지. 그래서 문제를 푸는 사람은 그 문제가 만드는 고유한 생각의 틀 속에 갇히기 때문에 그 문제 밖으로 빠져 나오기가 쉽지 않아. 그런데 발상을 전환하려면 나의 생각을 지배하는 어떤 틀 밖으로 빠져나와 그 틀 안에 있었던 생각에 대해서 다시 생각할 수 있어야 한단다. 그것을 '메타생각'이라고 하는 것이지."

"어? 메타? 정말 무슨 소리를 하는지 점점 미궁에 빠지고 있는 것 같아요."

"좀 어려울 거야. 메타생각은 나중에 설명해 줄게. 일단 미궁 이야기가 나왔으니 미궁에 빠진 미로 게임 예를 먼저 들어 보자.

어릴 때 많이 놀던 미로 퀴즈 알지? 미로에 들어가서 탈출구를 찾는 과정을 보면 우리는 습관적으로 입구에서 출발하여 탈출구를 찾아간단다. 가능한 길을 하나씩 탐색하면서 시행착오를 겪다가 갑자기 미궁에 빠질 때가 있지. 미궁에 빠지면 탐색 작업을 중간에 멈추고 미로 밖에서 전체를 보게 되고 드디어 미궁에 빠져 헤매고 있는 자신의 모습을 발견한단다. 이 단계가 되면 출발점이 아니라 탈출구에서 역으로 길을 찾는 방법으로 전환하게 되지. 누가 설명을 해 주지 않아도 미로 문제를 몇 번 풀다 보면 누구나 이런 전략을 짜게 된단다."

"결국 그럼 역발상이라는 것이 정답에서 거꾸로 생각하는 것이군요."

"그건 하나의 예에 불과하고, 생각의 전파 과정을 비유하자면 그렇다는 것이지. 즉 생각은 곧바로 연기처럼 피어오르는 것이 아니고 어떤 생각의 프레임을 사용하게 되는데 이 프레임에 의해 생각은 관성적으로 달려가게 되어 있어. 마치 기차가 레일 위를 달리는 것과 같지. 미궁에 빠졌을 때 생각에 대한 생각을 다시 해야 하는 이유가 여기에 있단다. 자신이 달리는 생각의 레일 자체를 보기 위함이지. 이것이 바로 생각을 한 번 더 스캐닝하는 메타생각의 시작이다."

"생각을 한번 더 스캐닝한다. 조금은 알겠는데 역시 복잡하네요."

"일단 메타생각은 그 정도로 하자꾸나. 결국 역발상이라는 것은 자

신이 어디쯤 가고 있다는 것을 스스로 볼 수 있어야 가능한 것이란다. 이런 점에서 역발상을 생각의 프레임에서 탈출한다는 식으로 표현할 수 있는 거지."

"음…. '생각에 대한 생각'이라는 말이 '생각의 프레임'을 보는 것이군요."

"그렇지. 자신이 무엇을 모르고 무엇을 알고 있는가를 스스로에게 질문을 하면서 그것을 통해 생각의 좌표를 알아내게 되고, 그 좌표의 도움을 받아서 행로를 바꿀 수 있단다.

정리하자면, 생각에 대한 생각은 메타생각이고, 생각의 프레임은 생각이 흘러가는 시스템이란다. 그 시스템 속의 구체적인 행로가 생각이다. 결국 생각의 프레임을 살피는 것도 메타생각인 거구."

"메타생각, 생각의 프레임, 생각의 좌표, 아! 머리 아프다."

"아직 감이 안 오지? 그럼 좀 더 쉬운 예를 들어 볼게."

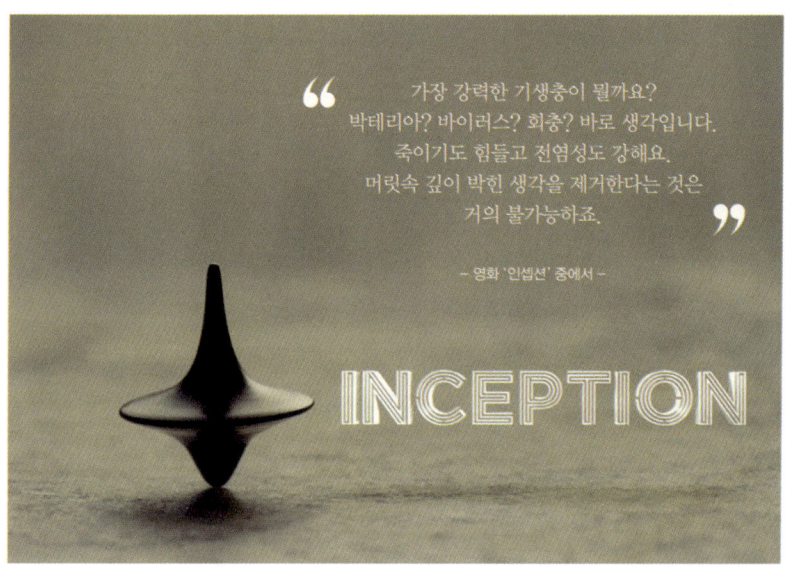

## 우산과 지렁이

피곤한 하루를 마무리하고 깊은 잠에 빠졌다. 누가 업어 가도 모를 지경이다. 이렇게 한참 자고 있다가 갑자기 벌떡 일어나 몽유병 환자처럼 창가로 달려간다. 예보에도 없던 비가 억수같이 내리고 있다. 깊은 잠에 빠져 있어도 나의 세포 하나하나는 비를 느낀다. 모든 세포가 깨어나면 나도 잠에서 깨어나 비를 향해 달려간다. 비를 좋아한다면 이런 경험을 한 번쯤은 해 보았을 것이다. 나는 어린 시절에 비가 오는 날이면 너무 기분이 좋아 비를 그대로 맞으며 돌아다니곤 했다. 요즘은 겁이 많아서인지 비가 오면 우산을 꼭 들고 나간다. 비가 멈추면 우산은 사라진다. 비 올 때마다 우산을 사고 또 잃어버린다.

나에게 우산은 특별한 존재이다. 비가 오면 우산은 움직이는 집이 된다. 아늑하고 정겨운 집. 이 집에 부딪치는 빗소리는 자연의 교향곡이다. 그런데 바람이 심하게 부는 날이면 이 집이 뒤집혀 진다. 폭풍우 속에서는 우산이 맥을 못 춘다. 그래서 바람에 뒤집히지 않는 우산을 만들어 보기도 하였다(그런 우산이 이미 나와 있다는 것을 요즘 알았다).

우리는 일상에서 불편함을 느낄 때 그것을 해결하기 위해 여러 가지 아이디어를 생각해 본다. 생각으로만 끝날 때가 많지만 상상 자체가 즐겁기도 하다. 흔해 빠진 우산에도 기발한 아이디어 제품이 많이 있다. 그 중에도 '세워지는 우산(standing umbrella)'*이 재미있다. 우산 끝에 다리가 달려 있어서 직장이나 커피숍에서 자기 자리 옆에 우산을 세울 수가 있다. 우산을 잘 잃어버리는 나에게는 획기적인 아이디어로 다가왔다.

우리는 아이디어 넘치는 사람이 되고 싶어 한다. 그래서 항상 '창의적으로 생각하는 법'을 갈망한다. 그러나 창의적 생각법을 어떻게 배울 것인가에 대해서는 소홀하다. 사

---

* 일본의 디자이너 츠보이 히로나오 작품 http://www.archieli.com/design/self-standing-umbrella

실 단순한 아이디어를 생각하는 것조차 어디에서 쉽게 배울 수 있는 것은 아니다. '생각의 기술'은 하나의 지식 속에 담겨진 것이 아니기 때문이다. 그러나 '생각 하는 것'이 무엇인지를 개념적으로 잘 이해한다면 책이나 일상생활을 통해 조금씩 발전시켜 나갈 수 있다. 특히, '역발상의 기술'은 일상생활 속에서도 충분히 즐기면서 연습할 수 있다. 친구들하고 잡담을 하면서 재치있게 말하는 것에도 이 기술이 숨어있다.

창조는 발상의 전환이며, 발상의 전환은 곧 관점의 전환이다. 이것을 통해 생각의 프레임에서 빠져 나오는 것이다. 그러나 이것이 어려운 이유는 관점의 각도가 너무 많기 때문이다. 그러나 '역발상'은 개념적으로 이해하기 쉬운 생각의 기술이다. 좀 과장되게 표현하면 관점을 180° 돌려서 보는 것이다. '생각 뒤집기'의 기술이다. 생각이 막히면 '생각 자체'를 뒤집어 버리면 된다. 이것이 힘들면 생각의 '대상'을 뒤집어도 된다. 자신이 생각하는 것을 다시 생각해 보면서 '휙' 뒤집어 보는 것이다.

왼쪽 페이지에 있는 파란 우산을 잘 관찰해 보자. 우산이 뒤집혀 있다는 것을 혹시 눈치챘는가? 바람에 뒤집어진 것이 아니라 그렇게 디자인 된 것이다.* 이 우산의 모양이 일상적인 우산과 반대일 뿐 아니라 우산을 접고 펴는 방식도 반대이다. 완전한 역발상의 결과물이다. 그래서 뭐?(쏘 왓)라고 말하기 전에 찬찬히 생각을 해 보자. 이 역발상 우산은 바람이 불어도 잘 뒤집어지지 않는다(왜?). 더 놀라운 것은 우산을 접을 때 비에 젖은 바깥 쪽 부분이 안으로 들어가기 때문에 우산 표면에는 물기가 없다. 하얀 비닐봉지로 우산을 감쌀 필요가 없고 옷이 물에 젖을 걱정도 덜어 준다. '뒤집기'의 위력이 놀랍고 대단할 뿐이다. 이 우산의 이름이 'Unbrella'인데 그것도 다분히 역발상적이다.

마지막으로 비가 오면 생각나는 지렁이 문제를 풀어보자. 지렁이를 밟으면 꿈틀댑니다. 왜 꿈틀댈까요?(물론 아파서 그렇겠죠. 함부로 밟지 마세요. 그런데 인터넷을 보면 '제대로 안 밟아서'가 진짜 정답이라네요.)

---

* 일본의 디자이너 카지모토 히로시 작품 http://h-concept.jp/fs/hshop/c/unbrella

## 생각의 프레임<sup>frame</sup>

"가위와 열쇠가 그림처럼 끈으로 묶여 있어. 가위와 열쇠를 가장 빨리 분리하는 방법을 찾아보거라."

"아하! 이거는 역발상. 가위로 잘라 버린다!"

"잘했다. 그런데 이것이 역발상이냐?"

"그럼요. 얼마나 기발합니까? 난 역시 천재야."

"기발 좋아하네. 정말 평범한 생각이야."

"설마요…."

"못 믿겠다면 친구들에게 실험해 보거라. 이것은 역발상 훈련이 아니고 생각의 프레임을 설명하기 위한 것이야. 이 문제를 보자마자 자른다는 생각이 먼저 떠오르는 이유는 가위가 그것을 암시하였기 때문이지. 안 그래?"

"그렇죠. 가위 때문에…."

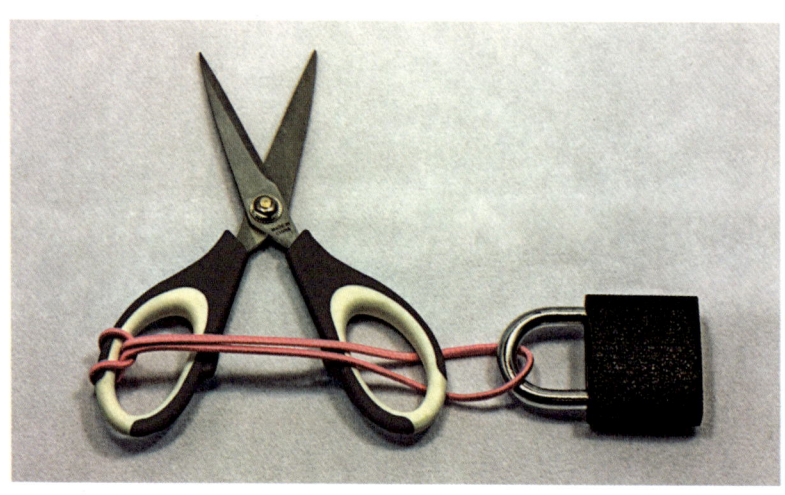

"이것이 바로 우리의 생각을 한 쪽으로 몰고 가는 프레임이라는 것이야. 주어진 정보가 의미가 없더라도 생각의 함정을 만들 수 있단다. 이것을 다르게 표현하자면 '나도 모르게 생각의 프레임 속에 잠긴다'라고 하는 거야. 결국 이런 프레임 속에 들어오면서 '자른다'라는 아이디어는 자동 반응식으로 생기는 거지. 따라서 '자른다'는 생각은 역발상이 아니고 누구나 생각하는 평범한 발상이란다."

"그렇군요. 신기하네요. 그럼 가위가 함정이면 다른 방법이 있나요?"

"당연히 많이 있지.* 다른 아이디어가 떠오르니?"

"음…. 이 문제는 집에서 생각해 볼게요. 어쨌든 프레임에 대해서는 감이 조금씩 오네요."

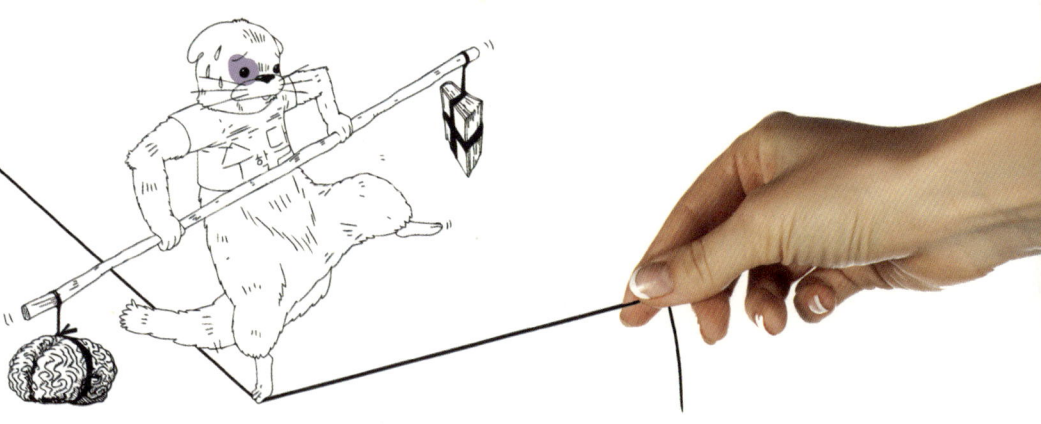

---

* p.109 참조.

"그럼 우리의 생각 과정을 다시 정리해 보자. '이상한 놈을 골라라'는 문제에서 처음에 색깔에 대한 자동 반응이 있었다. 그 이후 탐색 과정이 시작될 때 우리의 생각은 자연스럽게 수학적 프레임 속으로 빨려 들어왔지."*

"그렇군요. 7이라고 생각하는 것은 그런 수학적 프레임이 아니군요."

"바로 그렇지. 바로 그런 생각의 프레임(수학적 틀) 때문에 7이 이상하다는 것을 발견하기 어렵단다. 이제 생각의 프레임 개념을 이해하겠니?"

"이제 분명해지는군요. 그렇게 프레임을 생각하면서 자기 생각의 좌표를 알아내는 것이군요. 그래서 메타생각이라고 하는구나."

"그렇지. 결론적으로 자신이 왜 그렇게 생각을 하는지를 생각하는 것(그 프레임 자체를 살피는 것)이 메타생각이란다. 생각의 프레임은 '자

---

* 자동 반응을 제거한 후 탐색 과정을 시작할 때, 생각은 '수학적 프레임' 속에 놓여진다. 문제 자체가 '수'로 나열되어 있기 때문에 수학적 프레임이 만들어지는 것이다.

른다'라는 생각을 유도하는 큰 시스템으로 보면 된다."

"아. 다시 헷갈리네요."

"아직은 개념적으로 어렵겠지만 대충 감은 올 거야."

"그럼 이 문제에서 가장 이상한 놈은 바로 선생님이네요."

"그게 무슨 말이니?"

"가장 이상한 놈을 고르라고 했는데 모든 숫자가 이상하니까 문제가 이상한 거죠. 그러니 그 문제를 낸 선생님이 가장 이상한 거죠."*

"…."

---

* 이 문제에서 답이 여러 개 나오는 본질적인 이유는 문제 자체가 애매하기 때문이다. 이런 애매한 문제를 푸는 것은 '확산적 사고' 훈련에 도움이 된다. 실제 수학 문제는 질문이 명쾌하며 '수렴적 사고'를 유도하는 경우가 대부분이다. 이것을 다른 각도에서 보면 질문 속에 모든 힌트가 들어 있다는 것을 알 수 있다. 질문에 빈틈이 생기면 답도 여러 개 등장하기 마련이다. 우리는 이 원리를 잘 이해하고 수학 문제에서 질문이 어떤 식으로 전개되는지 주의 깊게 관찰해야 한다. 이 경우에도 메타생각이 강력한 도움을 준다.

## 상상 연습

"마지막으로 상상과 창의성에 대해서 알아보자."
"선생님 제발. 또 창의성입니까?"
"녀석도. 창의성이 생기면 좋은 거지. 따지기는…. 앞에서 살펴본 생각의 프레임이라는 개념을 확대 적용해 보면서 '상상'에 대해서 알아볼 것이다."
"상상은 그냥 하면 되지. 뭐 특별한 것이 있습니까?"
"그냥? 그냥하면 망상이지. 정말 기발하고 의미있는 상상은 상상하는 것만큼 쉬운 것이 아니야. 우선은 많은 지식이 머릿속에 있어야 한단다."
"그럼 책을 많이 보면 되는 것이군요."
"그렇지, 지식이라는 것은 생각의 자원 같은 것이고 이런 자원을 얻는 것이 공부를 하고 책을 읽는 것의 1차적 목표이기도 하단다. 그런데 이 지식은 우리의 밥이면서도 독이 될 수도 있어."
"왜요?"
"밥인 이유는 충분히 알겠지? 독인 이유는 생각의 프레임하고 관계가 있어. 우리가

상상을 전개할 때도 우리 뇌 속에 있는 어떤 기억(지식 등)에 의존하게 되는데 이 기억들이 생각의 프레임을 만들어 버린단다. 즉 상상을 할 때도 무의식적으로 레일이 만들어져 상상의 폭이 줄어든단다."

"네? 잘 모르겠는데요."

"음. 일단은 그냥 그렇게 믿거라. 규칙 1!
상상 연습을 할 때는 마음 가는 대로 자유롭게 하고 그것을 그림으로 표현해봐야 한단다."

"그림을 그린다고요?"

"아니, 그냥 낙서한다고 생각하거라. 낙서는 마음가는 대로 그냥 표현하는 것이라서 상상하는 것이 그대로 나타난다. 그런데 자신이 낙서한 것을 잘 보면, '상상'을 표현하는 것이 어렵다는 것을 알게 된단다. 그럼 고민을 하면서 다시 그리게 되고 이것을 반복하다 보면 자신의 빈약한 상상력에 놀라게 되지."

"낙서는 별 재미 없는 것 같아요."

"처음에는 부담없이 그냥 해 보고 약간 익숙해지면 훈련이라고 생각하고 의식적으로 연습하거라. 이 연습을 하다 보면 생각의 프레임을 만드는 자신을 발견하게 되고 그것을 깨닫게 되면 그 프레임을 깨는 법도 알게 된단다."

"음. 좀 전에 배운 역발상과 유사하군요."

"그렇지, 상상력 훈련을 지금 여기서 꺼내는 이유를 알겠지? 처음에 설명한 관찰부터 역발상, 그리고 여기서 말하는 상상 훈련은 잠자는 수학 머리를 깨울 뿐 아니라 창의성의 세계로 가는 초석이라는 것도 명심하거라. 이제 마지막 퀴즈 하나. 예쁘고 귀여운 뱀 한 마리를 상상해 보거라."

"네, 징그러운 뱀 한 마리."

"뱀이 배가 고파서 먹이를 찾아 헤매다가 먹이가 없어서 자기 꼬리를 먹기로 했단다. 꼬리를 조금 먹어 보니 생각보다 맛있어서 계속 삼키기 시작했다. 그렇다면 과연 자기 자신을 다 먹을 수 있을까?"

"자기 꼬리를 먹는다고요?"

"그래. 이 문제는 집에 가면서 마음껏 상상해 봐."

말도 안 되는 훈련용 문제를 두툼히 받아 들고서 의기양양하게 문을 나서는 젬.

# 구조화된 상상

창조는 그것이 수학이든 예술이든 항상 '자유로운 상상'을 바탕으로 한다. 우리는 상상을 통해 무엇이든 자유롭게 창조할 수 있다. 그러나 특별히 창조를 위한 것이 아닐지라도 우리는 무엇이든 상상할 수 있고 상상을 즐길 수 있다. 그런데 이런 자유로운 상상조차도 기존 지식과 자신의 경험에 의해 크게 지배를 받는다.

심리학자 워드(T. Ward)는 대학생을 상대로 상상력 실험을 하였다. 실험에 참가한 사람들에게 수억 광년 떨어진 행성에 생명체가 있다면 어떤 모습일지를 자유롭게 상상해서 그림으로 그리게 하였다. 오른쪽 그림이 실험 결과 중 일부이다. 이 그림 속 생명체는 상상을 통해 자유롭게 창조된 것이지만 우리가 보던 생명체와 비슷하다는 느낌이 든다. 점선 속 그림처럼 이상한 생명체도 있었지만 이런 상상은 매우 드물었다. 워드는 이 실험을 통해서 자유로운 상상조차도 기존 지식이나 경험에 의해 영향 받는다는 것을 보여 주었다. 그는 이것을 구조화된 상상(structured imagination)이라고 하였다.

어떤 문제를 해결하거나 창의적 발상을 할 때도 이와 같은 현상을 많이 볼 수 있다. 단순한 상상이 구조화되듯이 '생각'이라는 것도 구조화된다. 사실 생각은 '단순한 상상'보다 훨씬 강력하게 어떤 시스템의 지배를 받게 된다. 왜냐하면 생각은 그 생각을 만들어 주는 지식과 경험이 반드시 필요하기 때문이다. 또한, 생각은 주어진 문제나 질문이 만들어 내는 암시적인 시스템 속에서 관성적으로 움직이는 속성이 있다. 이렇게 생각의 흐름을 지배하는 시스템을 생각의 프레임이라고 한다.

미국의 언어학자 조지 레이코프(G. Lakoff) 박사는 사람들에게 '지금부터 코끼리를 생각하지 말라.'라고 했다. 그러나 사람들은 모두 코끼리를 생각했다. 박사의 말이 떨어지는 순간 이미 코끼리는 생각 속으로 들어와 있었다. 레이코프 박사는 이 이야기를 통해 우리 인식의 딜레마를 지적하였다. 이것을 바탕으로 그는 우리가 세상을 인식하는 방식이나 방향이 어떤 생각의 구조물에 의해 결정된다고 하는 프레임(frame) 이론을 전개하였다. 이 이론은 언론과 정치 분야를 전제로 탄생된 것이지만 지금은 모든 분야로 확대되었다. 이와 비슷한 것으로 프레이밍(framing) 효과가 있다. 프레이밍 효과는 같은 내용의 질문이라도 형식이 바뀌면 그 문제의 해석이나 의사 결정이 바뀌는 심리적 현상이다. 대니얼 카너먼(D. Kahnemen)과 아모스 트버스키(A. Tversky)는 인간의 심리가 질문의 형식(틀)에 의해 좌우되는 '프레이밍 효과'를 토대로 새로운 경제학의 지평을 열었다(이 공로로 2002년 노벨경제학상을 수상함).

위에서 등장하는 여러 이야기들은 우리 생각을 좌우하는 기묘한 구조물의 실체에 대해서 어떤 메시지를 주고 있다. 이 책(메타생각)에 등장하는 생각의 프레임도 결국 이런 구조물에 대한 것을 이야기하고 있다. 생각의 프레임은 생각의 흐름을 원초적으로 지배하는 보이지 않는 시스템이며 매우 포괄적인 개념이다. 메타생각은 자신의 '생각에 대한 생각'이다. 그것은 자신의 생각과 생각의 프레임에 대한 포착이다. 이것을 통하여 우리는 구조화된 상상과 생각을 더욱 자유롭게 만들어 갈 수 있게 된다.

잃어버린 강의 노트
# 달걀 자르기

| 훈련 | 달걀이 하나 있다. 이 달걀을 부엌칼로 단칼에 잘랐다. 그런데 내용물이 흘러나오지 않았다. 어떻게 자른 것일까?

| 해설 1 |

달걀을 얼려서 자른다.

| 해설 2 |

달걀을 말려서 자른다.

| 해설 3 |

달걀을 삶아서 자른다.

여러분들은 또 다른 답이 있는가?

### 또 다른 답

칼을 충분히 가열한 후 단번에 자른다(접촉면이 익어서 내용물이 그대로 유지된다).

### Tip

달걀하면 역시 콜롬버스의 달걀 이야기를 빼놓을 수 없다. 콜롬버스는 사람들이 신대륙 발견이 별것 아니라고 빈정대자 그들에게 달걀을 세워 보라고 했다. 사람들은 이리 저리 굴려 보았으나 달걀을 세우지 못하자 콜롬버스는 달걀 끝을 조금 깨서 책상에 세워 버렸다. 우리가 어릴 때부터 들어온 이 이야기는 창의성에 대해서 많은 것을 가르쳐 준다. 창의적 아이디어는 '발상의 전환'이 필요하다. 이것을 우리는 관점의 전환(change of viewpoint)이라고 하며 이는 중요한 생각의 기술이다. 사실 달걀 세우기 문제는 관점의 전환이 필요 없다. 달걀은 물리학적으로 균형점이 있기 때문에 오로지 끈기만 있으면 세울 수 있다. 중국에는 '춘분에는 달걀을 세울 수 있다'라는 옛말이 있다. 달걀 세우기가 춘분(equinox)에만 가능한 이유는 잘 모르겠다. 그러나 달걀은 무조건 세워진다. 콜롬버스의 달걀은 이런 지식적인 생각을 뒤집는 것(역발상)에 묘미가 있다.

기발한 생각은 갑자기 떠오르는 것이지만 메타생각과 관점의 전환을 통해 의식적으로도 가능하다. 달걀 자르기 문제에 소개된 여러 가지 답을 다시 한번 살펴 보자. 마지막 생각은 '칼을 충분히 가열한 후 단번에 자른다'는 것이다. 이 아이디어는 '관점의 전환'으로 설명된다. 달걀을 자른다는 질문은 하나의 프레임으로 작용한다. 그래서 생각의 각도는 '달걀'을 향한다. 이 때 생각의 각도를 전환해 보자. 구성 성분을 모두 분해분석(analysis)한 후 시각을 칼로 옮긴다(분해분석, 관점의 전환). 이렇게 해서 색다른 아이디어가 탄생되는 것이다.

달걀을 세워 보는 건 어떨까?
http://www.learner.org/jnorth/tm/mclass/Egguinox.html

chapter

4

# 누가 그것을 보았나

수학은 인간에게 뭔가 새로운

감각을 하나 더 갖게 하는 것 같다.

• 찰스 다윈 •

## 가을의 전설

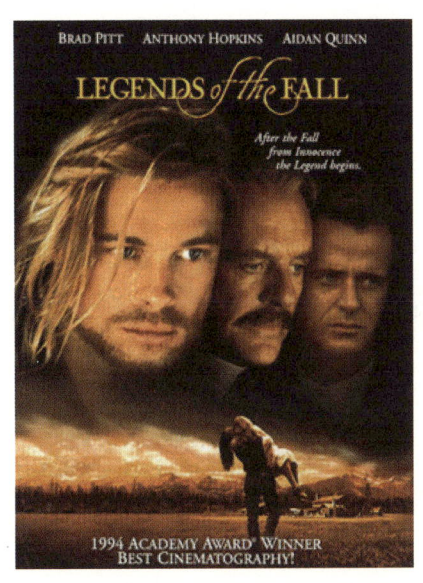

오래전에 브래드 피트 주연의 가을의 전설*이라는 영화가 상영되어 한국의 영화 팬들을 사로잡은 적이 있었다. 그 영화에는 나중에 주인공의 아내가 되는 한 인디언 소녀가 잠깐 등장한다(물론 별로 중요한 인물은 아니지만). 이 인디언 소녀가 교육을 받아야 할 나이가 되었을 때 딱 두 과목만 선택해서 배우게 된다. 놀랍게도 그 두 과목은 역사와 수학이었다. 그 무질서한 시절에도 미국은 수학을 중요하게 생각했다는 것이 정말 신기하였다.

지금 미국 학생들은 대부분 수학을 싫어하고 실력도 형편없는 수학 둔재들이라고 생각하기 쉽다. 수학 교육과정을 보면 미국의 수준이 한국보다 낮은 것은 분명하다. 그러나 미국은 AP과정**이 발달되어 있어 높은 수준의 수학을 미리 공부하는 학생들도 많다. 이렇듯 수준별로 공부하는 시스템이 잘 짜여 있어서 우리나라의 상황과 단순 비

---

\* 오래된 영화(1994년 작품)라 적절하지 않은 예시일 수도 있다. 그러나 아름다운 영화라 가볍게 추천하는 정도로 봐 주시길.

\*\* AP(advanced placement)과정은 재능이나 도전 의식이 있는 학생들에게 대학 수준의 학습을 추구할 수 있는 기회를 제공하는 것이다.

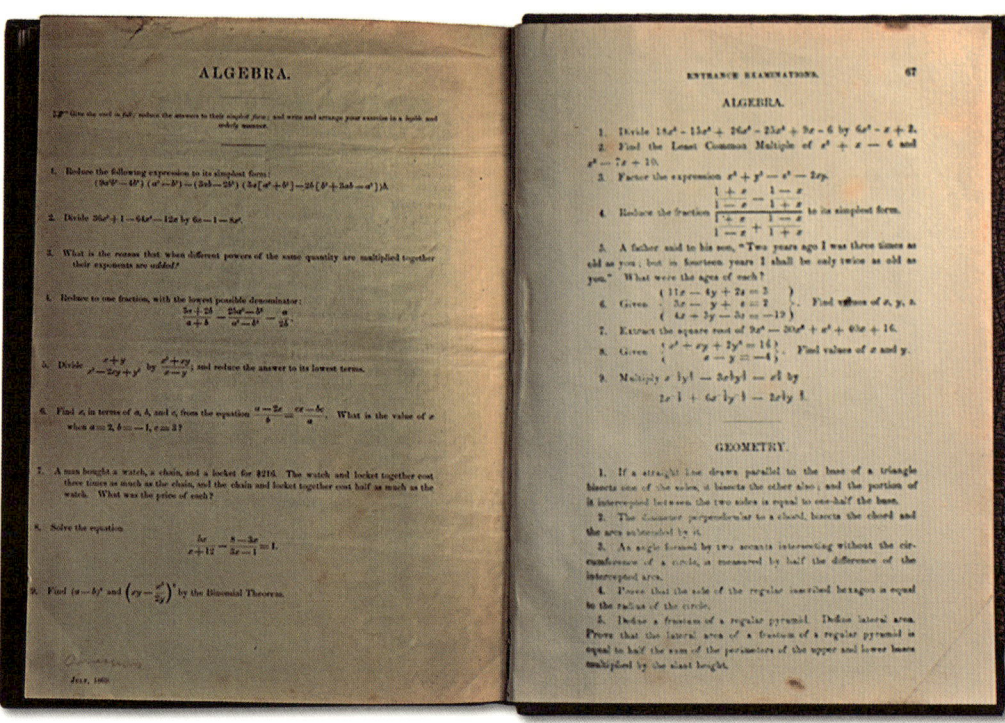

1869년 하버드 대학교 입시문제　　　　1876년 MIT 입시문제*

교를 하기는 어렵다. 그리고 미국 학생들도 대부분 수학을 어렵다고는 생각하지만 수학을 인생의 괴물로 생각하는 경우는 드물다.

　우리나라는 모든 학생들이 수준 높은 수학을 미리 배우지만 그 즐거움과 유익함을 모르는 경우가 많고 대학교에 진학한 후에는 수학책을 던져 버린다. 미국은 분위기가 좀 다르다. 미국 명문대인 예일대의 경우 문과 이과 구분 없이 모든 학생들이 수학을 필수과목으로 이수해야 한다. MIT의 경우도 이과는 물론이고 문과 학생도 수학을 두

---

* http://libraries.mit.edu/archives/exhibits/exam-entrance1876/index.html

장쩌민(전 중국 주석)

과목이나 이수해야 하고 심지어 물리, 화학도 필수적으로 공부해야 한다. 왜 미국은 서부 개척 시절부터 이토록 수학에 집착해 왔을까? 유럽의 전통을 이어받은 입장에서 미국이 수학을 강조하는 것은 당연해 보이기도 하지만 미국의 전 대통령 클린턴이 연두교서에서 수학의 중요성을 역설하면서 미국을 수학 강국으로 만들겠다고 강조한 것을 보면 미국은 수학을 단순한 전통 이상으로 생각하는 것 같다.

미국뿐 아니라 대부분의 강대국은 수학을 학문적인 면에서 뿐만 아니라 실용적인 면에서도 부국강병의 핵심으로 생각해 왔다. 19세기 프랑스의 나폴레옹은 '수학은 국력'이라고 외칠 정도였고 미국의 제20대 대통령 가필드는 피타고라스 증명법을 새로 발견하기도 하였다. 중국의 전 주석 장쩌민은 중학교 순시에서 느닷없이 오각별 문제를 풀라고 해서 온 중국이 수학 열풍에 사로잡히기도 했다. 강대국 지도

자들의 수학 사랑은 대단해 보인다.

여기서 우리나라 수학 교육 상황을 다시 한번 살펴보자. 이공계로 진학하려는 학생들은 고교 시절에 기본적인 수학 개념을 터득하지 못하면 대학교에서 전공 과목을 제대로 공부할 수 없다. 필연적으로 이과 학생들은 수학이라는 언어를 무조건 공부해야 된다. 그런데 문과 학생은 골치 아픈 수학을 왜 해야 하는가? '시험과목에 있으니깐 그냥 하는 거지' 이렇게 별로 고민하지 않고 시키는 대로 공부를 하면 마음은 편하다. 하지만 이런 식으로 접근하면 수학을 통해 아무것도 얻지 못한다. 공부는 시험을 위한 것에 불과하고 시간 낭비로 이어지기 쉽다. 그래도 이 정도는 다행이다.

진짜 심각한 것은 아무 생각 없이 수학을 공부하다 보면 머리 사용법을 잊어버린다는 것이다. 시험에 쫓기면서 무작정 수와 식을 먹다 보면 식(式) 중독에 걸릴 수 있고, 수학이라는 단어만 보아도 우리 뇌는 작동을 멈추어 버린다. 머리가 왕성하게 자라는 시절에 엉뚱한 곳

에 힘을 쏟다가 머리 계발의 기회를 잃어버리게 되는 것이다.

우리가 학교에서 온 정성을 기울이는 수학은 하나의 기술이나 기능에 가깝다. 수학적 힘을 기른다는 것은 이런 기능을 연마하여 과학이나 기술뿐 아니라 심지어 인문 사회 과학에까지도 깊숙하게 침투된 수학을 다룰 수 있는 기초를 기르는 것과 같다. 외국어로 치면 읽고 쓰기 위한 문법을 익히는 것이라고 보면 된다. 그러나 수학 공부의 진정한 가치는 '사고력'과 '창의성'의 계발에 있다. 이것은 자신의 전공과 상관없이 학창 시절 그렇게 정성을 다하는 수학이 우리에게 주는 최고의 선물이다.

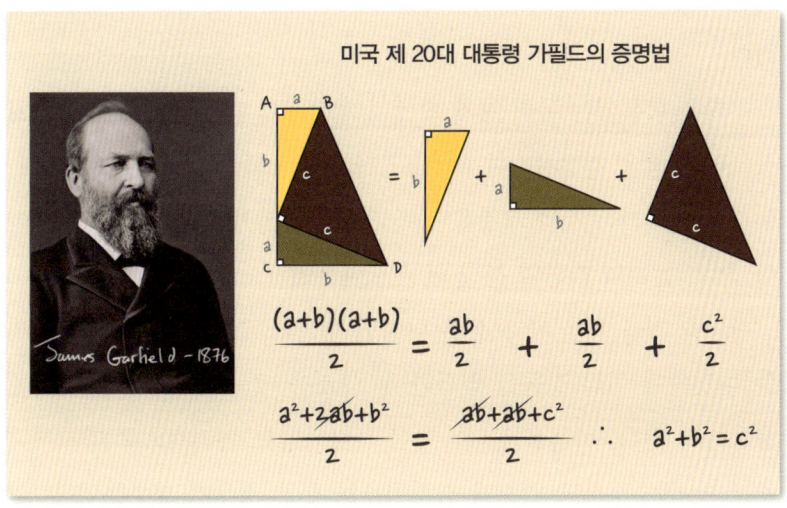

## 생각의 반전

나는 고등학교에 올라와 갑자기 어려워진 수학에 당황한 나머지 초반부터 집합과 명제 부분을 열심히 공부했었다. 이 부분을 공부하면서 삼단논법, 수학적 귀납법 등 논리적인 형식 체계를 알게 되었고, 그 치밀한 논리에 매료되었다. 그런데 이런 논리가 수학적 원리 혹은 생각의 기술을 터득하는데 큰 도움이 되지 않는다는 것을 나중에 깨달았다. 수학은 논리고, 논리적 사고가 수학을 강하게 만든다고 굳게 믿었지만 이 형식적 논리와 추상적인 체계 때문에 수학이 점점 더 지루하고 재미없는 과목으로 변해 갔다. 차가운 수식과 형식에 매몰되어 흥미를 잃어버리면서 직관적인 접근법도 함께 잊어버렸다.

수학은 빈틈없는 논리 체계 속에서 계산식이 암호처럼 나열되어 처음부터 사람을 긴장시킨다. 그러나 여기에는 어떤 함정이 숨어 있다. 논리적 체계라는 것과 그것을 뽑아내는 직관적 발상은 별개라는 것이다. 이런 논리와 직관의 분리 현상은 바둑에서도 쉽게 볼 수 있다.

바둑을 처음 배울 때 보통은 다양한 행마와 수법을 암기한다. 우리는 머릿속에 이런 것들을 입력한 후 그것을 재구성해서 실전 바둑에 응용하게 된다. 바둑을 둘 때 착점 하나하나를 논리적으로 따지거나 추론을 하는 경우도 있지만 감각적으로 두는 경우가 대부분이다. 익숙해지면 맥점들이 하나의 패턴으로(이미지화된 것) 보이게 되는데 머릿속에서 그것을 여러가지 패턴으로 재구성해 보고 그 이미지대로 수를 둔다. 왜 그렇게 두었냐고 질문한다면 편의상 논리적인 설명을 할 뿐이다.

　다시 수학으로 돌아가 보자. 수학 문제를 풀 때 우리는 기억 속에 담긴 수학적 결론, 정리 등을 회상하여 서로 연결한다. 이 연결 과정은 매우 감각적이고 이미지와 패턴을 통해서 일어나는 경우가 빈번하다. 처음부터 수학을 패턴으로 익힌 후, 잘 분류하여 기억 속에 저장하여 그 패턴을 감각적으로 연결하는 연습을 하면 새로운 두뇌를 사용하는 느낌이 든다.

　이처럼 바둑과 수학은 어떤 면에서 뇌가 작동하는 메커니즘이 비슷하다. 직관적인 생각은 이미지와 패턴을 이용한다. 이미지와 패턴은 계산보다 쉽고 논리보다 빠르다. 수학 공부를 할 때는 엄밀한 논리보다 직관적 사고법이 앞서도록 노력해야 한다. 수학에 흥미를 잃고 머리 마비 증세가 오기 전에 직관적 사고법을 병행하기 바란다. 이것은 잠자는 두뇌를 사용하기 때문에 수학뿐 아니라 모든 공부 영역에서도 강력한 힘을 발휘한다. 이 사고에 익숙해지면 극적인 생각의 반전을 경험할 수 있다. 생각의 반전은 인생의 반전이다.

**앙리 푸앵카레** (1854-1912) 수학자

"우리 수학자들이 무엇을 증명할 때는 논리를 사용한다. 그러나 뭔가를 발견할 때는 직관을 이용한다. 직관이 없는 수학자는 문법만 통달한 소설가와 같다."

## 성스러운 불빛

학창 시절을 돌아보면 필자는 수학을 아주 잘하는 학생이 아니었고 수학을 좋아하는 마니아도 아니었다. 고1 때 담임 선생님께서는 내가 진로를 결정할 때, 수학을 못하니 문과로 가라고 말씀하실 정도였다. 이런 상황이었으니 그 어려운(?) 고등학교 수학을 하는데 얼마나 마음고생이 심했겠는가?

앞 장에서 밝혔듯이 나는 고교 수학 첫 부분인 집합과 명제 부분에서 이미 수학에 대한 흥미를 잃었다. 흥미가 없는 수학은 단맛 없는 초콜릿이다. 그냥 입 안에 들어온 음식을 씹어 넘겨야만 하는 의무감만이 나를 괴롭혔다. 특히 수와 식 단원에서 인수분해의 덫에 걸려 절망의 끝자락까지 갔었다. 우리 반에는 인수분해에서 방황하는 학생들이 많이 있었는데 한 수학 선생님이 노트에 백 번씩 쓰고 외우라고 해서 순진한 마음에 그대로 따라하기도 하였다.

정말 반복에 의해서 외운 것은 쉽게 풀렸다. 그러나 조금만 문제가 복잡해져도 스스로 응용을 못하였고, 용케 푼다고 해도 정확한 이유도 모른 채 그저 기계적으로 외운 공식 몇 개와 풀이에 의존하여 풀곤 하였다. 수학이 가진 실용성이니 창의성이니 하는 말들은 지구가 아닌 다른 혹성에서 울려 퍼지는 메아리 같았고, 수학은 그저 마음대로 대학을 선택하지 못하게 하는 못된 검열관 같았다.

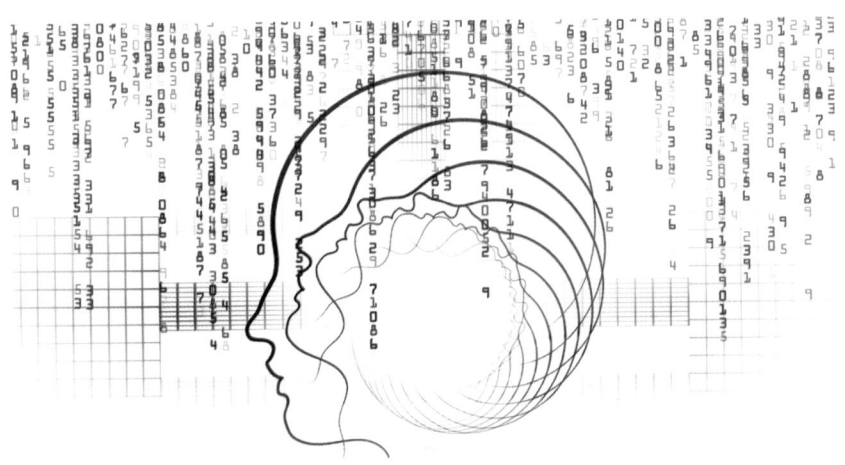

이런 최악의 상황 속에서 맞이한 고1 겨울방학. 도저히 믿기지 않는 기적의 체험을 하면서 새로운 생각의 눈이 생겨났다. 나는 추운 겨울 동안 집에 곰처럼 웅크리고 앉아서 매일 이상한 훈련을 하였다. 그것은 '이미지로 접근하는 생각 훈련', 바로 그것이었다. 함수식 하나하나의 변수를 변화시키면서 움직이는 형태를 수 없이 그려 보고 그것을 관찰하였다. 집 안에는 누런 연습 종이가 산더미처럼 쌓여갔다. 지금의 스프링 연습 노트 수백 권을 소진시켰을 정도로 엄청난 분량의 그림이었다.

한 번 그려본 그림(함수의 그래프 같은 것들)은 눈에 아른거리고 주변 사물은 수학 문제처럼 피어 올랐다. 꿈속에서도 계속 이미지는 움직이고 가끔은 문제가 풀리기도 하였다. 수학 문제를 보면 계산하기 전에 벌써 이미지들이 머릿속에서 살아 움직이기 시작했다. 그때의 느낌은 지금도 생생하다. 숨어있던 다른 뇌가 움직이는 그런 이상한 느낌. 그러나 유쾌하고 시원한 느낌. 한 줄기 성스러운 불빛이 번쩍 나타난 느낌.

## 머리의 재구성

세월이 한참 흘러 미국으로 유학을 가기 직전에 우연히 많은 학생들을 상대로 강의를 하게 되었다. 이때 직접 경험했던 이미지 기법을 선보이게 되는데 그 방법을 선호하는 마니아 제자들이 몇 명 생겼다. 여기에 신이 나서 좀 더 체계적으로 접근하는 방법을 연구하던 중 수학 계산에 따라 우리 두뇌가 각기 다른 시스템을 이용한다는 논문을 보고 깜짝 놀랐다.

숫자를 처리하고 인식할 때 언어처럼 인식하고 처리하는 모드와 이미지로 처리하는 모드가 함께 있다는 것이 과학적으로 증명된 것이다. 초창기 필자는 이미지를 이용하거나 직관적으로 수학에 접근할 때 다른 두뇌를 사용할지도 모른다는 막연한 추정 속에서 연구하고 있었다. 하지만 그것은 매우 개인적이고 주관적인 느낌에 불과하였고 다른 머리의 사용이라는 것도 개념적으로 모호하였는데 이 부분이 명쾌해지는 순간이었다.

우리 두뇌는 2가지 모드를 가지고 태어났고, 이미지로 처리하든 어림짐작으로 셈을 하든 언어를 처리하는 좌뇌 대신에 다른 뇌 회로를 이용하여 생존에 필요한 최소한의 숫자를 처리하였을 것이다. 그런데 어떤 이유로 이미지 처리 모드는 우리 관심에서 멀어졌고 기존 교육

체계상에서 이 모드의 필요성과 중요성이 잊혀지면서 결과적으로 우리는 이 능력을 잘 활용하지 못하게 되었다.

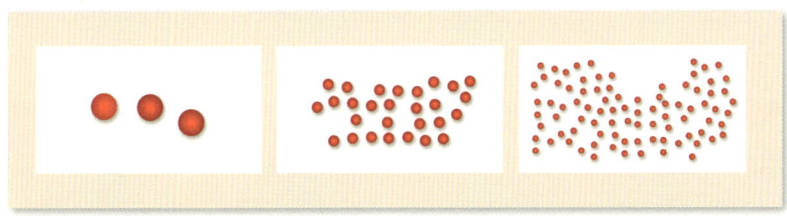

앞에서 나온 수비타이징(subitizing)이라는 것도 수를 하나씩 세는 행위가 필요없이 '보자마자 알 수 있는' 원초적 수리 능력이다. 이것은 태어나면서부터 우리 두뇌에 장착된 일종의 내장 프로그램으로 보면 된다. 그런데 왜 이런 종류의 수리 능력이 우리의 뇌에 따로 자리 잡고 있는가? 생존을 위한 필수 능력인가?

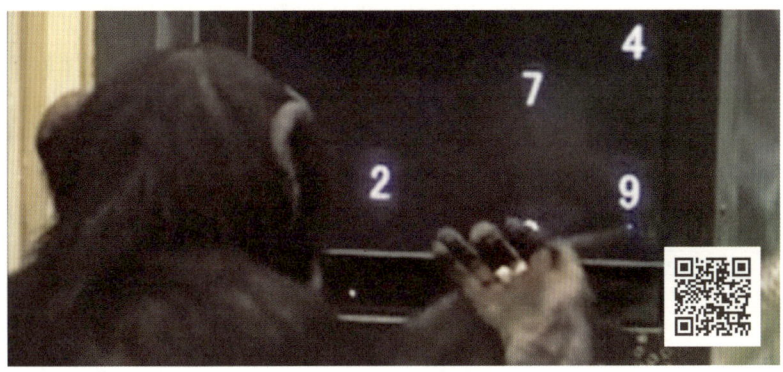

재미있는 것은 동물들도 이런 능력을 갖추고 있으며 침팬지의 경우에는 수비타이징 능력이나 숫자 처리에 관한 작업 기억이 인간보다 더 뛰어나다. 전두엽의 강력한 도움으로 우리에게는 이제 원시적인 수리 능력이 별 필요가 없어진 것 같다. 이미지로 처리하는 수리 능력은 진화를 통해 발전된 것이 아니고 오히려 퇴화하고 남은 것일지도 모른다.

이런 점에서 후천적 학습을 통해 이런 기능과 관련된 신경 뉴런을 더욱 발전시킬 수 있다는 생각이 떠나지 않는다. 하지만 힘든 훈련을 통해 이미지 사고법을 계발한다 해도 수학에 직접적으로 도움이 되지 않을지도 모른다. 또한, 이미지적 접근법은 말 그대로 눈에 보이는 것에 중점을 두기 때문에 허점이 많고, 자칫 엄격하고 논리적인 수학적 사고에 방해가 될 수도 있다. 그러나 이 접근법은 사물의 패턴을 찾거나 직관적으로 어떤 원리를 깨닫는데 결정적인 역할을 하게 된다는 점에서 보이지 않는 '생각의 힘'이 된다.

이 책에서 계속 등장하는 이미지 사고법은 수학에 있는 개념적 내용이 아니라 그 내용을 직관적으로 포착해 주는 생각의 기술이다. 새로운 발상은 통찰에 의해 생성되는 경우가 많다. 통찰은 직관적인 것으로 논리하고 다르며 생각의 점프 같은 것이다. 결국 이미지 사고법은 생각을 점프시켜 주는 기묘한 힘을 가진 생각의 기술이다. 이미지 사고법은 우리 두뇌에 숨겨진 능력을 활용한다. 이것은 우뇌를 적극 활용하여 직관적인 사고와 통찰을 유도하는 의미도 있다. 따라서 공부의 세계뿐 아니라 창의성의 세계에서도 이것은 막강한 힘을 발휘한다.

수학은 논리이지만 이미지적인 사고법에 의해 생각의 점프가 쉽게 일어난다. 또한 수학을 통해 이미지 사고법을 매우 효율적으로 훈련할 수 있다. 결국 지루하고 기계적인 수학에 '이미지 사고법'을 잘 응용한다면 수학이 강해지는 동시에 생각도 강해지는 일석이조의 효과를 얻게 된다. 그러나 구체적인 문제 속에서 이 사고법을 언제 작동시키며 어떻게 활용할 것인가에 대해서는 우선 메타생각의 원리를 이해해야 한다. 이 부분은 다시 설명하기로 하고 우선은 우리 두뇌의 특징과 이미지 사고법에 대한 개념을 이해하도록 노력해 보자.

**루드비히 비트겐슈타인** (1889-1951) 철학자
"개념이라는 것은 애매한 개념이다."

# 작업기억(working memory)

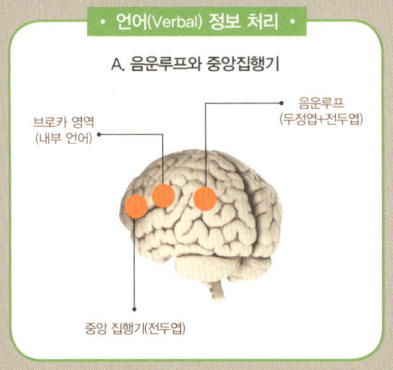

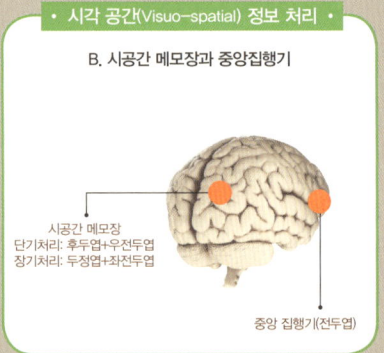

작업기억은 우리 뇌가 정보를 처리할 때 일시적으로 정보를 보관해서 처리하는 기억의 형태다. 단기기억과 비슷하지만 작업처리의 관점에서 보는 모델이다(컴퓨터로 보면 RAM 메모리와 유사). 우리가 43 곱하기 5를 암산으로 계산하는 과정을 살펴보자. 우리는 먼저 머릿속에서 '삼오 십오, 사오 이십'하면서 중얼거리고, 시각적으로 1을 20부분에 넘기면서 215하고 암산하게 된다. 이처럼 작업기억은 음운루프(중얼거림), 시공간 메모장(1을 20에 넘기는 것을 이미지로 상상하는 것), 중앙집행기(최종 처리)라는 세 가지 구조로 이루어지고, 각 구조가 서로 연결되면서 정보가 처리된다. 음운루프나 시공간 메모장은 단기기억과 마찬가지로 정보를 저장하

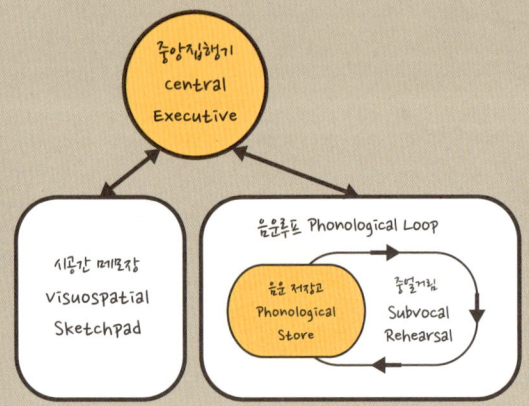

는 기능을 가지고 있다. 반면 중앙집행기는 정보를 음운루프나 시공간 메모장에 할당하거나 장기기억을 탐색하고 탐색한 정보와 새로운 정보를 연결하는 등 여러 기능을 수행한다.

    이 모델을 이용하여 우리가 수학을 하는 과정을 자세히 보면 기억(장기기억) 속에 있는 여러 정보들을 일종의 인터페이스(요리로 보면 도마) 위에 올려 놓고 요리를 하는 것과 유사하다. 도마의 크기처럼 작업기억의 크기도 한계가 있기 때문에 수식 처리를 길게 할 수 없고 손으로 적고 눈으로 보면서 정보를 처리한다. 이런 이유로 이미지를 적절하게 이용하게 되면(시공간 메모장) 작업기억의 한계가 극복이 되고 뇌의 피로도 줄어 든다. 긴 수식 처리를 손으로 풀지 않고 머릿속으로 계산하는 인물로 스티븐 호킹 박사가 유명하다. 그의 작업 기억 용량이 크기도 하겠지만, 호킹 박사는 이미지를 이용하여 정보를 잘 압축시키는 것 같다. 당연하게도 이미지로 접근하면 작업기억에 여유가 생겨 창의적 생각의 가능성도 높아지게 된다.

> **Tip**
>
> 실제 작업기억이 좋은 사람들이 창의적 아이디어 생성을 더 잘 한다는 연구 결과가 있다. 다음 논문을 참고하라. Carsten K. W. et al., Working Memory Benefits Creative Insight, Musical Improvisation, and Original Ideation Through Maintained Task-Focused Attention, 2012.

## 개헤엄과 파바로티

어린 시절 방학이면 시골 외가에 놀러 가곤 했다. 동네 꼬마들과 어울려 개울가로 물놀이를 가면 난 헤엄을 못 쳐서 그냥 구경만 할 수밖에 없었다. 헤엄을 잘 치는 녀석들이 부러웠던 나는 한 친구에게 사탕을 잔뜩 사 주고 수영을 배우게 되었다.

그렇게 수영하는 법을 터득한 후, 동네 아이들과 어울려 헤엄도 치고 다이빙도 하면서 물을 즐기게 되었다. 그때 처음 배운 수영법이 바로 그 유명한 개헤엄이었다. 사실 조금만 배워도 수영선수가 하는 자유형을 익혀서 멋있게 수영할 수가 있지만 그 당시 시골 꼬마들에겐 배우기가 어려웠는지 자유형보단 개헤엄이 훨씬 인기가 많았다. 자유형 대신에 이 개헤엄으로 그럭저럭 수영을 즐기게 되었지만 그 모습은 도시 아이들에게 정말 우스꽝스럽게 보였을 것이다.

역사적으로 보면 개헤엄과 비교가 안되는 '자유형'은 19세기 이후에 이 세상에 알려지게 된다. 몇천 년 동안 인류는 이것을 모르고 개헤엄이나 개구리헤엄만을 고집하였다. 창조적 발견으로 인간은 다른 어떤 육상 동물보다 멋있고 효율적으로 물에서 놀 수

있게 되었던 것이다.*

수영뿐만 아니라 높이뛰기의 경우도 재미있다. 높이뛰기 경기에서 선수들이 넘는 것을 보면 우리가 평소 뛰는 것과는 달리 뒤로 넘는다. 얼핏 보기에도 이상해 보인다. 우리는 그런 식으로 뛸 수가 없다(왜? 매트리스가 없으니까). 이 이상한 배면뛰기도 어느 날 갑자기 세상에 나타났다. 1968년 멕시코시티 올림픽 때, 딕 포스베리(사진)라는 선수가 뒤로 넘는 이상한 방식으로 우승하게 되는데, 당시 사람들은 이것을 처음 보고 할 말을 잃었을 것이다(이 방식을 배면 점프 혹은 포스베리 점프라고 한다). 포스베리는 여러가지 시행착오를 거쳐 코치의 반대를 무릅쓰고 이 새로운 방식을 발견하였는데, 발견이라기보다는 발명에 가깝다.

노래에서도 이와 비슷한 것을 발견할 수 있다. 친구 중에 성악을 공부한 녀석이 있었는데 엄청나게 크게 울려 퍼지는 그 친구의 노래를 처음 듣고 기절할 뻔하였다. 무슨 특수 앰프를 목에 달고 있는 줄 알았다.

루치아노 파바로티 같은 성악가가 뿜어내는 우아하고 멋있는 창법은 유럽에서(특히 이탈리아에서) 시작되었는데, 이 벨칸토 성악 창법을 배우지 않고서는 오페라의 아리아를 멋들어지게 부를 수 없다. 인간 성대의 숨겨진 비밀을 누가 처음 알았을까? 스포츠나 음악에서뿐만

---

* 오스트레일리아의 시드 케빌과 찰스 케빌 형제가 이 자유형을 1902년, 1903년에 각각 유럽과 미국에 보급하였다.

아니라 다른 예술이나 학문에도 이런 놀라운 발견은 많다. 세상과 우주가 무한하듯 인간의 숨겨진 능력도 무한하며 우리 두뇌는 더욱 그렇다. 아직까지 체험하지 않았다면 이것을 쉽게 받아들이기 힘들 수도 있겠지만, 우리의 두뇌에는 분명 신비한 능력이 숨어 있다. 그러나 두뇌 사용법을 누가 가르쳐 주지 않으면 애석하게도 영원히 모르고 살아갈 수밖에 없다. 자유형이나 벨칸토처럼.

나는 피아노 앞에서 실제 노래를 부르는 것보다
머릿속으로 음악 연습을 더 많이 한다.
가수라면 음악을 볼 수 있어야 하기 때문이다.

루치아노 파바로티

# 수학 머리의 이중성

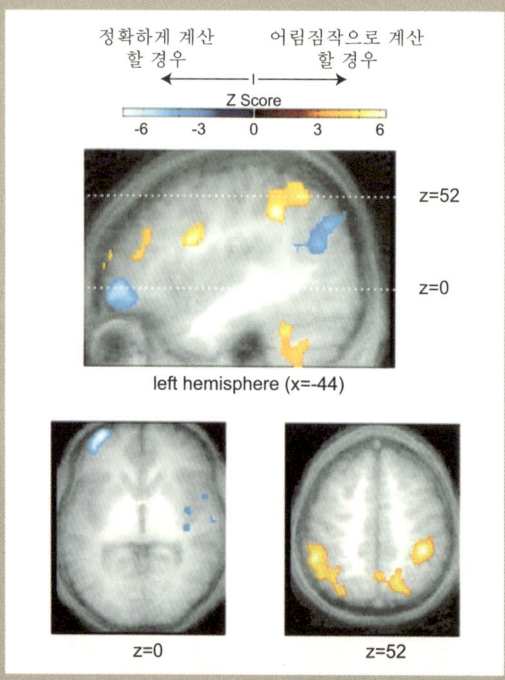

위 기능성 자기 공명 영상(fMRI) 사진은 정확하게 계산할 때(파란색 부위)와 어림으로 계산할 때(노란색 부위)의 뇌 부위의 차이를 보여 주고 있다.

수학 문제를 풀 때 우리의 뇌가 문제의 종류에 따라 서로 다른 방식으로 작동한다는 사실이 밝혀졌다. 프랑스와 미국 과학자들의 공동 연구로 발표된 논문[*]에 따르면 일반적인 수학 계산과 대략적인 어림 계산은 서로 다른 뇌 부위가 맡고 있다. 정확한 계산(exact arithmetic)은 언어적인 형식으로 수행되며 다른 언어나 새로운 사실로 전환하기 어렵고 단어-연관 과정이 필요하다. 반면에 어림셈(approximate arithmetic)은 언어와 무관하며, 수의 크기 감각과 관련이 있다. 또한 이 어림셈은 시각·공간 과정에 관여하는 두정엽의 양측 부위와 관련되어 있다고 한다. 수학적 직관은 이런 '이중 두뇌 시스템'의 상호작용에서 나오는 것으로 보인다.

---

[*] Dehaene S., Spelke E., Pinel P., Stanescu R., & Tsivkin S., Sources of Mathematical Thinking: Behavioral and Brain-imaging Evidence, 1999.

잃어버린 강의 노트

# KISS!

**Keep It Simple, Stupid!**
**멍청아, 단순하게 해!**

창의적 생각은 복잡한 것을 단순화하는 것이다. KISS! 생각이 잘 안 되면 책에 뽀뽀하지 말고 단순하게 만들어 보라. 그러나 '단순화'하는 작업도 단순하진 않다. 계산이나 치밀한 논리보다는 상상력이 필요하다. 이는 패턴을 찾는 것과 유사하다. 다음 예를 보면서 단순화하는 과정을 감상해 보자.

여섯 나라가 서로 국경을 맞대고 있는 지도가 있다. 3가지 색을 모두 사

용하여 컬러 지도를 만들고 싶다. 서로 다른 지도를 모두 몇 개 만들 수 있는가?(단, 국경이 붙어 있는 나라는 다른 색을 칠해야 한다.)

### KISS 한번 해보자 (4단계)

1단계 : 아래 그림처럼 각 국가를 점으로 하고 국경이 같은 나라는 선을 서로 연결한다(변형하는 것 자체는 '생각의 기술'이다).

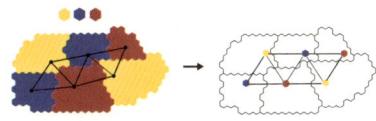

2단계 : 위와 같이 단순화된 그래프를 만들고 서로 다른 색을 각각 1, 2, 3이라고 한다.

3단계 : 삼각형 한 개를 임의로 선택해서 숫자를 배열한다(노란색 삼각형 선택).

4단계 : 나머지 삼각형의 숫자 배열은 자동적으로 정해지므로 정답은 결국 6가지.

다른 삼각형들은 노란색 삼각형을 거울 대칭으로 계속 만들어 가면 된다. 노란 삼각형의 서로 다른 숫자 배열은 6개가 있다.

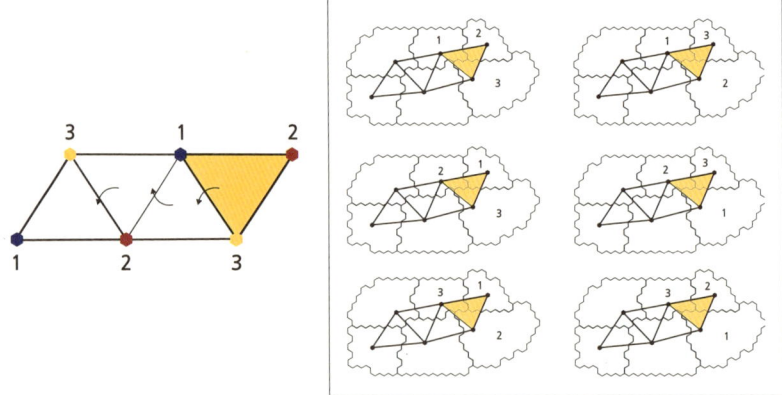

### Tip

오른쪽 그림처럼 생긴 지도를 3가지 색으로 구별할 수 있을까? 앞에서 설명한 키스(KISS) 방법으로 단순하게 생각해 보면 불가능하다는 것을 알 수 있다. 외곽에 있는 세 국가에 3가지 색을 모두 칠해 보면 내부 국가는 어떤 색을 칠해도 구별이 안된다. 그래서 그 유명한 '4색 문제'가 탄생한 것이다. 지도를 만들 때 4가지 색이 필요하며 그것으로 충분하다는

것은 경험적으로 알 수 있지만 수학적으로 증명하는 것은 어렵다. 이것을 '4색 문제'라고 하며, 수학 역사상 가장 어려운 문제 중 하나였다. 이 4색 문제는 1976년 아펠과 하켄이라는 수학자에 의해서 120년 만에 해결되었다.

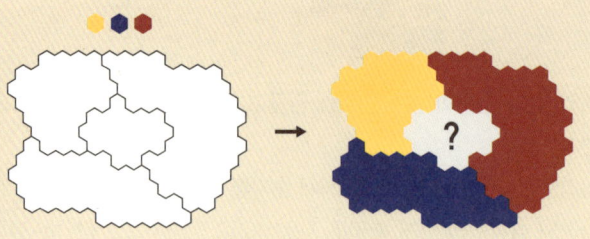

논리나 분석은 별로 중요하지 않았습니다.
나의 아이디어를 이끌어 내는데
실질적으로 도움을 준 것은
희미하지만 '이미지' 였습니다.

**알베르트 아인슈타인**

chapter

5

# 이미지가 생각이다

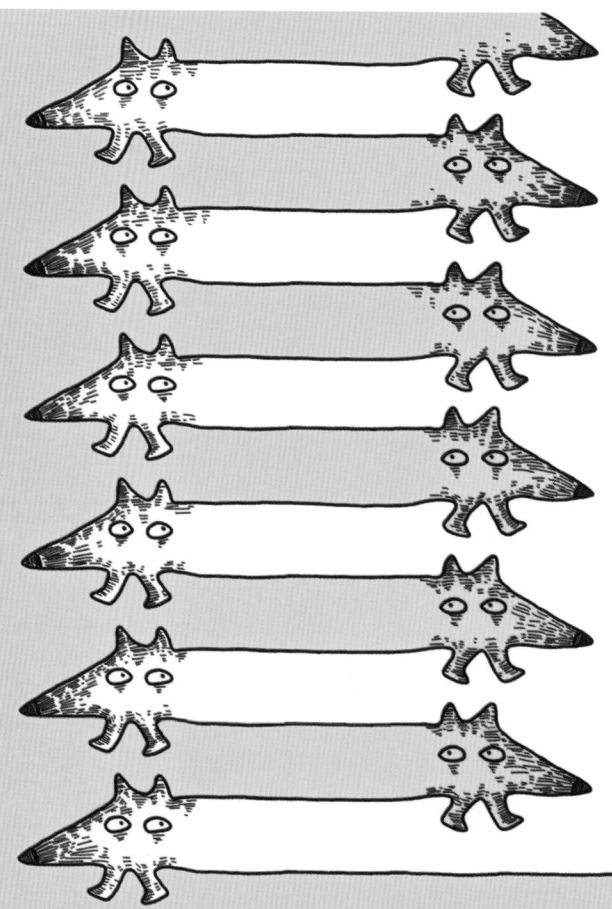

나는 보는 것을 그리는 것이 아니라
생각하는 것을 그린다.

• 파블로 피카소 •

## 본다는 것

　　　　　　약속한 날 결석을 한 젬. 전화를 해 보았더니 기말시험 때문에 시간이 없다고 징징거렸다. 나는 잠시 고민을 하였지만 훈련을 늦출 수 없어 강제로 호출하였다. 젬은 머리를 긁적거리고 코를 킁킁대면서 수학 참고서를 내밀었다.

"선생님! 시험이 얼마 안 남았는데 시험에 나올만한 것 좀 찍어주세요."

"안돼! 지금 멈추면 도로아미타불이다. 근육이 튀어나오다가 죽어버려."

"어휴, 성적 떨어지면 엄마한테 죽는데…."

"걱정 마라. 이 고비만 넘기면 돼!"

"그래도 시험인데…."

"다음 시험을 기약하자꾸나. 선생님을 믿어라. 규칙 1!"

"네네. 규칙 1. 그럼 다음에는 성적 올려주시는 거죠?"

"그건 장담할 수 없구."

"아니! 도대체 뭡니까? 선생님이 시키는 대로 하면 성적이 올라간다면서요?"

"내가 언제? 성적이 올라갈지는 하늘만 아는 거고, 벌써 규칙 2를 잊었냐? 그럼 그만할래?"

"그런 건 아니지만 너무하시네요."

"미안하지만 계속 전진한다. 자, 오늘은 이미지 기법을 본격적으로 배우게 될 것이다. 먼저 이미지 초능력부터 시작한다. 초능력하면 떠오르는 것이 뭐니?"

"음…. 유리 겔라, 공간 이동, 텔레파시 등등등…. 근데 이것들은 다 사기 아닌가요?"

"물론 사기일 수 있지. 근데 선생님이 말하는 건 그런 사기나 마술이 아니고 진짜로 존재하는 사고의 능력이야. 자, 이제 우리가 사물을 보고 지각하고 인식하는 시스템에 대해서 알아보도록 하자."

"또 지겨운 심리학이군요."

"그래, 지겨운 심리학이다. 자, 이 그림을 보고 입체적으로 생각해 봐. 눈으로 보는 게 아니라 마음으로 보는 거다. 입체적으로 보이니?"

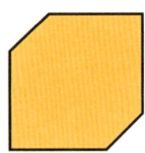

"무슨 말씀이신지?"

"잘 봐. 이렇게 보조선을 그으면 입체적으로 느껴지지?"

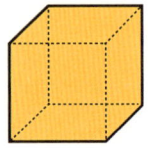

"아, 네. 그렇군요."

"우리가 입체로 느끼는 것은 그것이 뇌 속에서 그렇게 재구성되기 때문이지. 이것을 좀 더 관찰해 보자."

"네!"

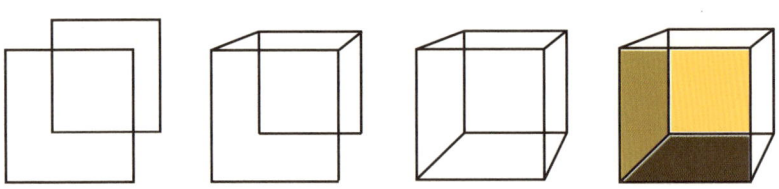

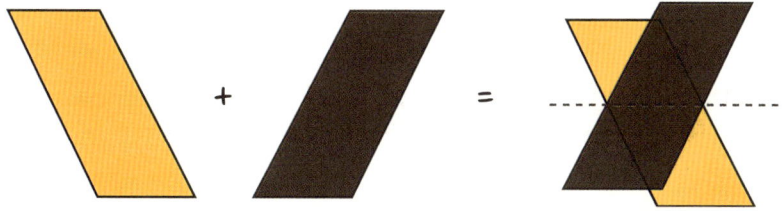

"갈색 카드가 앞에 있니? 노란 카드가 앞에 있니?"

"갈색 카드가 앞에 있는데요. 아니 노란색이요. 왔다 갔다 하는데요."

"그렇지. 이것도 마찬가지야. 2차원에 불과한 이미지가 뇌 속에서 재구성되고 있지. 입체로 느끼도록 뇌의 회로가 작동한 거야. 그런데 재미있게도 갈색과 노란색 카드를 뇌가 결정하지 못하고 이리저리 움직이면서 우리가 그렇게 느끼는 것이지. 또 다른 예를 들어보자.

위 두 그림을 거꾸로 돌려가면서 보거라. 두 그림은 본질적으로 차이가 없어. 다만 올록볼록한 입체감이 우리 머릿속에서 만들어지고 있는 것일 뿐이지."

"네. 재미있네요. 그런데 이것이 수학이랑 무슨 상관이죠?"

"수학과 직접 관련은 없지. 단지 뇌가 작동하는 원리를 보여 주고 싶은 거지. 여기서 착시를 하나 보자.

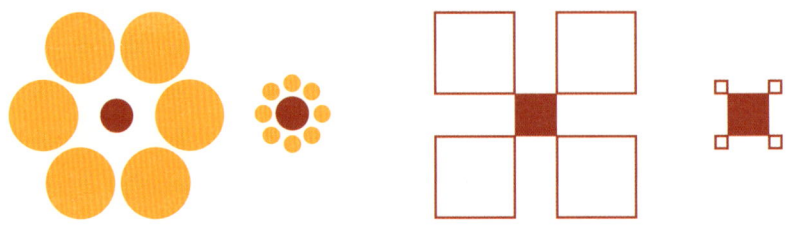

위 그림에서 빨간색 원들의 면적이 서로 다르게 보이지? 그러나 사실은 같은 면적의 원이야. 사각형도 마찬가지."

"네. 이 착시 그림은 알고 있어요."

"이 현상을 잘 관찰해 보자. 우리가 느끼는 것, 혹은 지각하는 것은 사물 그 자체가 아니고 우리 뇌의 작동 결과일 뿐이야. 그것은 우리 뇌의 마술이며 일종의 속임수지. 착시 현상을 잘 보면 뇌의 메커니즘을 유추할 수 있어. 우리가 눈으로 보면서 지각하는 것은 주변 상황에 의해 영향 받게 되는데, 뇌가 주변 상황의 정보를 가지고 재구성하기 때문에 우리가 속아 넘어간단다. 일종의 내장된 프로그램인데 우리는 이것을 절대 거역할 수 없고 학습을 통해 바꾸기도 거의 불가능하지. 이것을 확대 해석하면 시각적 착시 외에 생각을 할 때도 이런 식의 착각과 유사하게 우리가 속는 경우가 있어.*

이제 수학으로 돌아와서 살펴보자. 이런 기본적인 뇌의 움직임을 이해했다면 수학에도 착시가 발생하는 경우를 충분히 예상할 수 있을

---

* 이 함정을 피하기 위하여 메타생각이 필요하다.

거야. 수학에서 착시가 생기기 시작하면 실체를 파악하기 어려워진단다. 이미지 수학에서는 사물의 이미지가 생명인데 가끔 이런 현상 때문에 힘들어질 때가 생기지."

## 수학에서의 착시

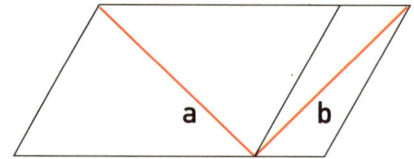

"수학에 관한 착시 현상을 한번 보자. 이 그림에서 왼쪽 a와 오른쪽 b 중에 어느 쪽이 길어 보이니?"

"왼쪽이 좀 더 길게 보이네요."

"그렇게 보이겠지만 사실 두 선분의 길이는 동일하단다."

"그래요?"

"나중에 자로 길이를 비교해 보거라."

"네!"

"어쨌든 수학에서도 이런 착시 현상이 빈번한데, 착시는 지난번에 설명한 자동 클러스터링 현상(뭉침 현상)과 함께 우리를 혼란스럽게 한단다. 보이는 것을 너무 신봉하다가는 큰 코 다친다.

이 정도로 우리 뇌의 특징을 이해하고 보조선 기법에 대해 알아보자. 기하학에서는 보조선 기술이 전부라고 할 수 있을 정도로 중요하단다. 처음엔 직접 손으로 보조선을 그려 보아야 인식할 수 있겠지만 마음속으로 보조선을 만들어 상상할 수도 있단다. 인생사 모든 것이 마음먹기 달렸겠지만, 이 도형 부분이야말로 진짜 마음먹은 대로 할 수 있단다. 처음엔 별것 아니라는 생각이 들겠지만 체계적인 훈련을 한다면 신기하게도 단번에 보조선을 만드는 능력이 생긴다는 것을 알게 될 거야."

"그럼 보조선 그리는 연습을 먼저 해야 된다는 것인가요?"

"그렇지! 도형의 정복은 보조선의 정복과 같단다. 보조선을 만드는 원리를 터득하지 못하면 절대로 도형을 죽일 수 없지. 또한 아무것도 없는 허공에 이 보조선을 만든다는 것은 무한한 상상력을 키우는 것과 직결된다는 것을 명심해라."

"음…. 그럼 그냥 점선을 긋는다는 것이 장난은 아니군요."

"그럼, 단순한 장난이나 낙서가 아니지. 하지만 시작은 아주 단순하단다. 점선을 잘 그으면 끝이니까 정말 간단하지?"

"음, 간단하기도 하고 복잡한 것 같기도 하고…."

"보조선을 남발하면 착시 현상이 일어나서 엄청난 혼란에 빠질 수도 있단다. 또한 도형들은 정말 고약한 놈들이라 자기들끼리 뭉쳐서 보는 사람을 헷갈리게 하지."

"앞에서 말한 뭉침 현상 말이죠?"

"그렇지. 바로 그것. 착시와 뭉침 현상! 보조선이 없어도 도형들은 이런 식의 착시를 유발하니 보조선이 생기면 얼마나 눈이 헷갈리겠니? 그러니 보조선을 만들 때 신중하게 마음속으로 결정을 해서 가능한 한 착시를 없애거나 복잡성을 피해야 한다. 처음에는 하나하나를 따로 그리면서 관찰해야 한다. 한 도형에 여러 보조선을 그리다 보면 복잡해져서 뇌 회로가 엉켜 버린다."

"손이 좀 아프겠군요."

"여러 문제들을 관찰하면서 패턴화시키고 그것을 따로 기억해야 한단다."

"옛 썰!"

## 분할선

"실전 수학을 하기 전에 단순 보조선 긋기 연습을 먼저 해 보자. 엄밀하게 보면 이것은 보조선이라기보다는 실제로 필요한 선, 즉 분할선을 찾는 거란다. 자, 이 문제로 보조선을 그어서 분할하는 연습을 할 텐데, 다음 독수리 모양 도형을 똑같은 모양으로 2등분해 봐!"

"숨은 그림 찾기는 아닌데…. 규칙인가? 공간 인식인가?"
"일단 여러 가능성을 머릿속으로 먼저 상상해 봐라. 막연해서 어려우면 손으로 직접 분할선을 한두 개 그어 보거라. 손으로 그리는 것과 머릿속으로 상상하는 것을 번갈아 해보는 것도 좋지만, 손으로 그리기 직전에 마음속으로 미리 결정을 해야 한다. 처음엔 계속 실수하겠지만 나중에는 자동으로 될 거야. 알겠지? 예리한 마음의 면도칼로 원 샷에 쫙 그려 보거라. 손 아니 눈 조심하고!"

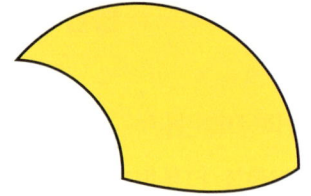
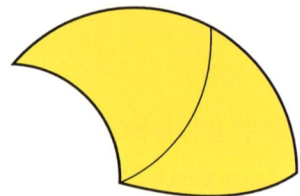

"근데 선생님 말씀은 대충 알겠는데 교과서에 나오는 도형 문제에는 어떻게 적용하죠?"

"지금 하는 것은 교과서 내용과는 별 상관없어. 이건 이미지 생각 훈련에 불과하단다. 다음 기회에 교과서 수학과 연결해서 보조선 기법을 설명해 줄게. 미리 말해 주자면 보조선 원리는 간단하다. 무조건 평행하게! 평행!"

"평행요? 저도 그 정도는 알아요. 그게 전부입니까?"

"그래, 전부다."

"에이 별것 없네요."

"그럼 뭐 대단한 것이 있는 줄 알았니? 수학의 제1원리가 뭐냐?"

"단순성!"

"그래, 그럼 나머진 네가 알아서 하면 돼!"

"알았어요. 일단 한번 해 보죠."

"그전에 중1, 2학년 내용 요약한 것을 줄 테니 눈으로 쭉 훑어보고 예제나 몇 개 읽어 보거라. 풀지 말고 그냥 읽기만 하면 돼. 몇 가지 간단한 원리와 결과만 눈에 익숙해지면 시작할 수 있으니까 처음부터 증명 과정에 너무 매달리지 마라."

나는 간단하게 도형의 성질을 설명해 주고 쉽게 접근할 수 있도록 교과서 실전 문제는 나중으로 미뤄 두었다.

"이제부터는 연필이나 샤프를 절대 사용하면 안되고 볼펜으로 해야 한다."

"네? 그럼 어떻게 지워요."

"오, No~~ 지우면 큰일 나지. 종이 아깝다고 틀린 것을 지우면서 난리 법석 떨지 말고, 여러 가지 보조선을 그려 보고 시행착오를 하면서 접근해야 한단다. 틀렸다고 잽싸게 지우면 안 되고 자신의 접근 방법이 왜 틀렸는지를 잘 관찰하면서 모양 하나하나를 음미해야 해. 다음 시간 준비물은 줄 없는 연습장 세 권하고 검정, 빨강, 파랑 펜을 준비해라. 최고급 펜으로 비싼 것을 사 오너라."

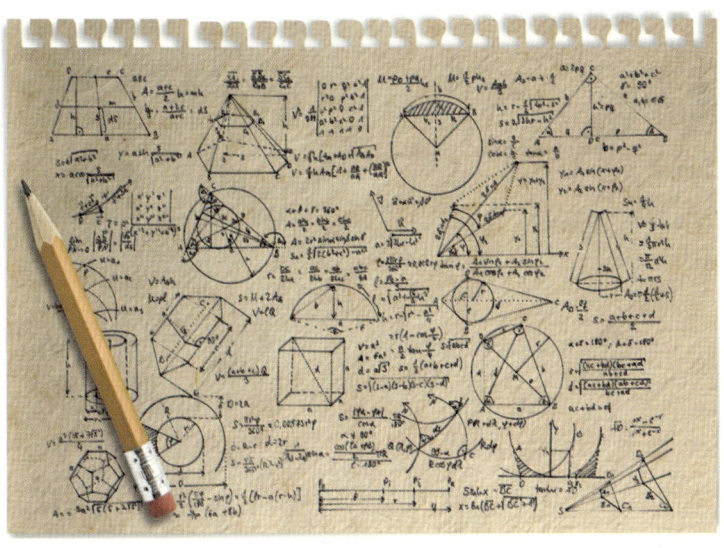

## 레인맨과 서번트 증후군

서번트 증후군(savant syndrome)은 지적 장애가 있지만 일반 사람을 뛰어넘는 천재성을 가지는 증상을 가리키는 말이다. 자폐증 같은 지적 장애를 지닌 사람들이 수학이나 그림에 천재적인 재능을 보이는 경우가 종종 있다. 영화 '레인맨'에서도 비슷한 천재가 등장한다. 이 영화에서 더스틴 호프만이 연기한 실제 인물은 킴픽이라는 서번트 증후군 환자다. 그는 한 번 본 것은 거의 완벽하게 기억한다고 알려져 있다. 최근에 나온 영화 '내 이름은 칸'에서도 천재 자폐증 환자 이야기를 감동적으로 다루고 있다.

지적 장애를 지녔는데도 특별한 재능을 보이는 이유를 설명한 이론 중에 '뇌 보상 이론'이 흥미롭다. 뇌 보상 이론에 따르면 한쪽 뇌가 손상되면 그것을 보상하기 위해 다른 쪽 뇌가 발달하게 된다. 서번트 증후군 환자들은 대부분 좌뇌가 손상되어 있고, 손상된 좌뇌의 기능을 우뇌가 대신하여 그 기능을 수행하면서 두뇌 시스템이 특별하게 발전된다. 즉 서번트 증후군 환자들은 계산이나 암기를 할 때 좌뇌 대신 우뇌를 독특한 방식으로 사용한다. 예를 들면 음악이나 이미지를 이용해 기억하거나 계산하는 방식이다.

예전에 소뇌가 없이 태어난 아이가 훈련을 통해 정상인과 비슷한 수준으로 움직일 수 있게 되었다는 사례가 방송에서 소개된 적이 있었다(일본의 한 신경연구소에서 연구한 내용). 놀라운 것은 이 환자의 뇌영상 촬영(fMRI) 결과 뇌의 한 쪽 부위가 소뇌처럼 변형되어 소뇌 기능을 대신한다는 것이다. 이 방송 사례와 서번트 증후군 사례는 우리 뇌에 신비한 능력이 숨겨져 있다는 것을 다시 한번 깨닫게 해 준다.

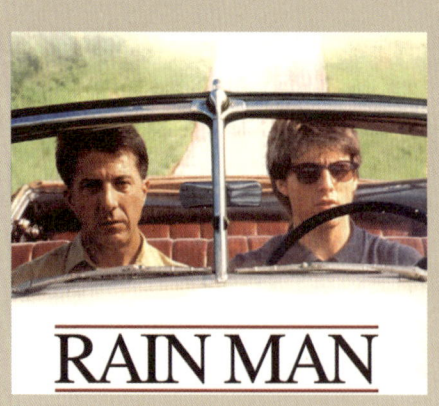

## 시작은 평행하게!

문제를 받아 간 지 며칠 후 젬이 울상을 지으면서 들어왔다. 녀석은 기본적인 투시 문제 말고는 별로 진척이 없었다.

"도형은 역시 잘 안 되는데요. 대충 원리는 알겠는데, 막상 문제를 보면 캄캄해요. 자꾸 외운 걸 적용하려고 해서 그런지 잘 생각이 안 나고 보조선도 잘 안 되는데요?"

문제 푼 것을 보니 보조선을 긋는다는 시도는 좋았는데, 쓸데없는 것을 너무 많이 그어 핵심에 접근하는 것을 방해한 것 같았다. 착시와 뭉침 현상이 나타났다.

"처음에는 좀 되는가 싶었는데, 집중이 잘 안되고 자꾸 딴 생각만 나고…. 머리가 너무 아파요."

> **훈련**
>
> 면적이 10인 사다리꼴 ABCD에서 M이 변 AB의 중점일 때 삼각형 MCD의 면적은 5임을 증명하라.

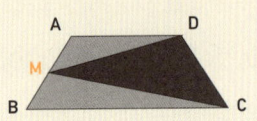

"핑계대지 말고! 자, 일단 평행보조선을 찾아라. 가능한 여러 평행선을 그어 보고 기본 원리를 적용할 수 있는가를 눈으로 체크해라. 눈으로 안 되면 일단 손으로 직접 시도하되 칼라 펜으로 화려하게 해 보아라. 알겠지? 너무 겁먹지 말고, 조급하게 생각하지도 말고…. 이 문제의 보조선 방법은 2가지 정도 있는데 평행한 것을 확인해 보거라."

"예. 알겠습니다."

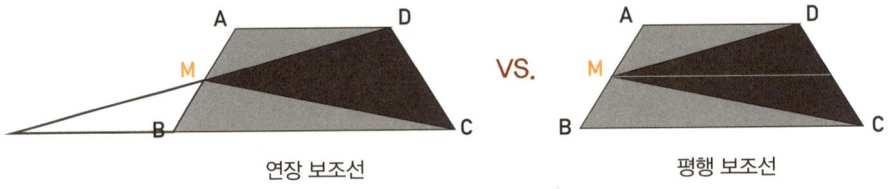

연장 보조선 VS. 평행 보조선

## 이미지 연속 기법

"여기서 잠시 중요한 내용을 설명해 줄게. 먼저 질문 하나! 아래 평행사변형이 있다. 노란색 부분과 갈색 삼각형 중에 어느 쪽이 면적이 더 크니?"

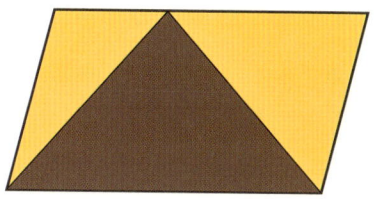

"글쎄요. 음…. 직관적으로 두 면적이 같다. 아닌가?"
"직관 너무 남발하지 말고. 자, 여기서 평행 보조선을 한번 그어 보자. 면적이 같다는 것이 바로 보이지?"

"에이, 저도 이 정도는 안다고요."
"여기서 잠시 그 유명한 이미지 연속 변환에 대해서 알려주마. 어떤 이미지를 머릿속에서 실제 움직이는 것처럼 상상하는 거야. 이것은 '생각의 기술'이고, 수학에 잘 응용되는 기술이란다."

"머릿속으로 움직이는 것을 상상한다고요?"

"그래 쉽고도 어려운 상상! 이 기법과 관련하여 하나의 예를 들면 등적 변형이라는 것이 있다. 평행선에 잠긴 삼각형은 그림처럼 아무리 변형을 하여도 면적이 일정하다. 이 정도는 알고 있지?"*

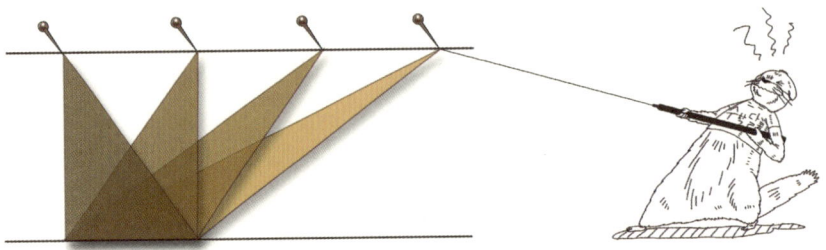

"그럼요. 상식이죠."

"우쭐대기는…. 이유가 뭔데?"

"삼각형의 면적 공식에서 보면 높이가 모두 같으니깐 당연하죠."

"그럼 처음 문제도 그렇게 변형해보자. 오른쪽으로 핀을 죽 당기면서 면적을 비교해 보아라. 맨 오른쪽 그림을 보면 평행사변형이 2등분 된 것을 바로 알 수 있다. 갈색 삼각형의 면적은 모두 같으므로(등적 변형) 노란색 부분과 갈색 부분의 면적이 항상 같다는 것을 이해할 수 있지."

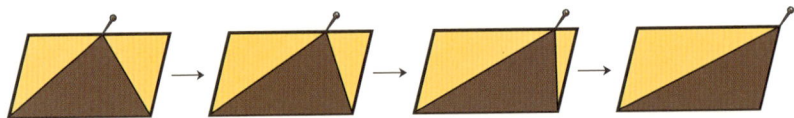

---

* 이미지 연속 변환은 일종의 '생각의 기술'이다. 이 기술이 어떻게 적용되는지는 수학을 통해서 쉽게 확인할 수 있다. 하나의 예가 바로 등적 변형(면적이 같다는 뜻)이다. 여기서 변환(transform)도 '생각의 기술'이다(변형=변환).

"앗, 그렇군요. 등적 변형을 바로 이용한 것이군요. 간단하네요."

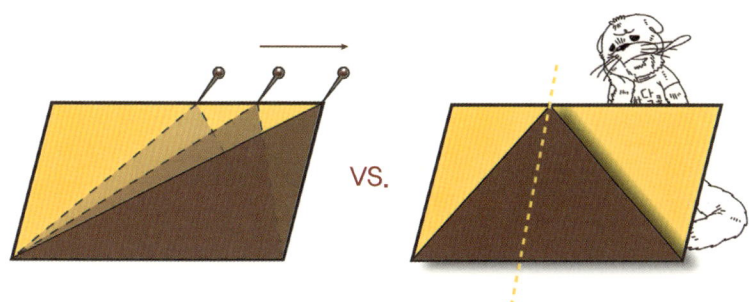

"그런 셈이지. 이 문제는 보조선을 만들거나(보조선 기법) 연속적으로 움직여 보거나(이미지 연속 변환) 어떤 식으로든 접근해도 돼. 다만, 이미지 연속 변환이라는 것은 머릿속에서 움직임을 상상하는 것이므로 처음에는 어려울 수도 있단다. 항상 머리 훈련한다는 마음으로 접근하길!"

"네. 머리 훈련!"

"말 나온 김에 하나 더! 등적 변형하면 나비를 생각하거라. 평행선에 갇힌 나비는 양 날개의 면적이 서로 같다!"

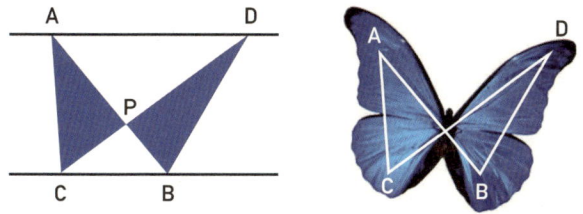

"왜요? 아! 그렇군요. 두 삼각형(△ABC, △DBC)의 면적이 같으니 공통 부분(△PBC)을 제외한 부분 면적도 같군요. 정말 나비처럼 생겼네요!"

 젬은 잠시 생각하다가 '평행선의 나비'를 스스로 이해하였다. 나는 나비의 이미지 자체를 하나의 패턴으로 암기할 것을 주문하였다.

 "일단 이 정도로 하고 보조선 기법으로 다시 돌아가자. 위의 예에서와 마찬가지로 보조선은 하나의 이미지를 제공하면서 생각이 확산되는 것을 도와준단다. 보조선의 제 1기법은 평행하게 만드는 것이라는 점을 명심해."

 "꼭 그럴 이유가 있나요?"

 "물론 문제마다 보조선의 형태가 다르겠지만 평행선은 기본적으로 길이와 각도를 이동시켜 주는 역할을 하기 때문이지."

 "그렇군요. 길이와 각도의 이동이라…. 근데 이런 법을 외워야 하나요?"

 "어허이, 외운다는 생각은 하지 말라니깐, 자전거 배울 때 타는 법을 외웠니?"

 "아뇨, 몇 번 넘어지고 나니 자동으로 되었어요."

 "그래, 바로 그것이야. 몇 번 넘어지고 무릎이 까지고 나면 자동으로 되지. 연습하다 보면 저절로 된단다. 외우는 것이 아니고 익히는 것! 특히, 이미지 연속 변환이 바로 머리를 변환시킨다! 명심해라!"

 "네. 이미지 연속 변환!"

## 회전 상상

"나머지는 집에서 연습하고 또 다른 초능력, 염력으로 넘어가자. 초능력자가 숟가락을 휘고, 물건을 부수고, 시곗바늘을 돌리는 것 알지? 마술하는 것처럼 우리도 도형을 회전시켜 보자. 머

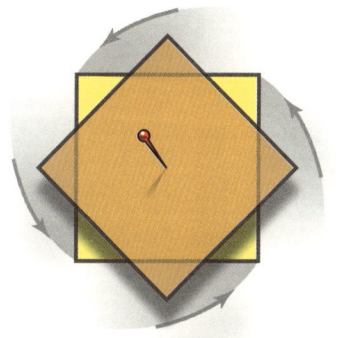 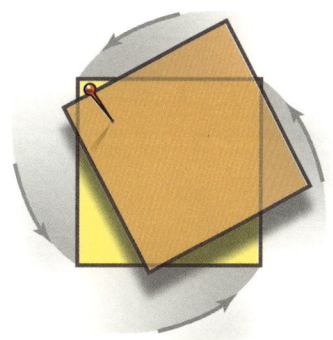

릿속으로 상상하면서 자유롭게 아무 곳에나 핀을 꽂아서 휙휙 돌려 보아라. 먼저 손이 가면 안돼. 마음으로 집중하며 돌려라."

"머릿속으로 말이죠?"

"그래. 머리로만."

"휙휙! 뭐 이 정도야."

"그래, 회전시키면서 확대도 해 보고, 축소도 해 보고, 맘대로 그냥 그렇게 이리 돌리고 저리 돌리고 해 보면, 나중에 가서는 척 보면 염력으로 단번에 회전시키고 이동시킬 수 있다."

"근데 이게 도형 문제에 어떻게 응용이 되죠?"

"문제 속에서 회전시키고, 확대하고, 밀고, 당기고 하는 것을 의식적으로 하게 되면 해법의 실마리를 미리 느낌으로 알 수가 있단다. 즉 직접 번잡하게 손으로 그려 보지 않아도 머릿속으로 실험을 할 수가 있다는 것이지. 닮음 조건이니 합동인 이유를 논리적으로 따지지도 말고 그냥 이미지 그대로의 느낌으로! 이것이 잘 되면 문제를 보고 그 즉시 이미지가 움직이는 것을 머릿속에서 경험하게 될 거야."

"아, 그럼 머리로 미리 회전시키거나 확대해보면서 합동이나 닮은 것을 찾아보는 것이군요."

"후후, 그렇지. 재미있는 것은 그렇게 마음의 눈을 이용해 조직적으로 할 수 있으면 도형이 마치 살아 움직인다는 느낌이 오는데, 그렇게 되면 신기하게도 우리를 보고 구해 달라는 아우성을 친다는 착각이 들면서 갑자기 도형이 귀여운 강아지처럼 느껴진다는 거야."

"음, 도형이 살아 움직인다. 그럴듯한데요."

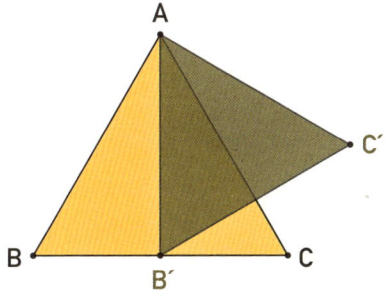

"여기서 잠시 다른 테스트 해 보자. 위 두 삼각형(△ABC와 △AB´C´)이 서로 합동으로 보이니?"

"음…. 가만 보자. 당연히 합동이 아니죠."

"왜?"

"$\overline{AB} \neq \overline{AB'}$이니깐 합동이 아니죠. 서로 닮긴 했지만…."

"잘했다. 회전하면서 약간 축소된 거지. 서로 길이가 비슷해서 회전시켜 보더라도 합동인지 확인이 잘 안되면 다른 단서를 찾아서 빨리 체크해야 한단다."

> **훈련**
>
> 삼각형 ABC에서 변AB, 변AC를 각 변으로 하는 정삼각형 PAB, QAC를 만들었다. $\overline{PC} = \overline{QB}$임을 증명하라.

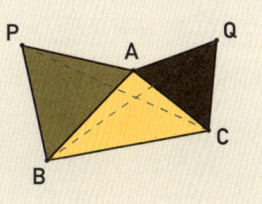

"네. 그 정도는 알아요. 근데 이 훈련 문제는 어려워요. 설명 좀 해주세요."

"자, 먼저 몇 개 돌려보고 확대해 보면 어떤 놈들이 닮았고, 또 어떤 놈들이 합동인지 좀 보이지? 자, 이렇게 증명의 기본 단계를 대충 이미지로 체크하고, 그 다음 논리적으로 증명하면 된단다. 자세히 봐라. △QAB를 A를 회전축으로 시계방향으로 60°회전한 것이 바로 △PAC가 되지? 서로 합동이니까 $\overline{PC}=\overline{QB}$인 건 당연하고, 합동의 조건으로 보면 SAS합동이지만 그런 것을 미리 따질 필요는 없지."

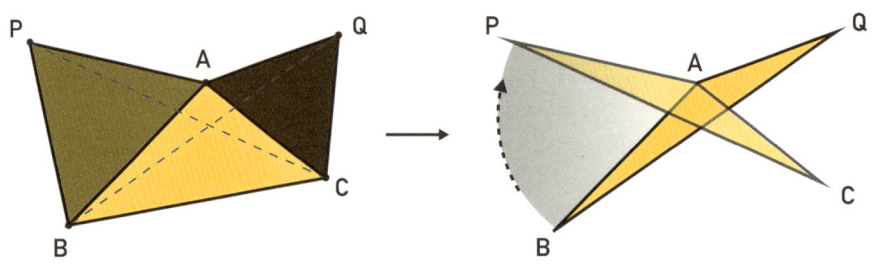

"아, 이제 되네요. 정말 별것 아니군요?"

"방심하지 마라. 문제가 조금만 복잡해지면 이것이 통하지 않게 돼. 간단한 2차원 도형에서는 단순 회전과 팽창 회전만 훈련하면 직관적으로 합동이나 닮은 도형을 찾을 수 있단다. 이제 그 유명한 피타고라스 정리를 살펴보자. 교과서에 등장하는 피타고라스 증명의 아이디어는 등적 변형과 회전이다. 앞에서 배운 기법을 그대로 적용하면 쉽게 이해할 수 있다."

"아, 이것이 바로 피타고라스 정리 증명에 응용되는군요."

"절대로 닮음이니 합동이니 하는 것은 따지지 말고 그냥 상상만 하거라. 피타고라스 정리의 핵심은 '모나리자'와 '진주 귀걸이를 한 소녀'* 그림의 면적이 변하지 않도록 하면서 아래쪽으로 이동시키는 것

---

* 요하네스 페르메이르(J. Vermeer)의 작품(1665년).

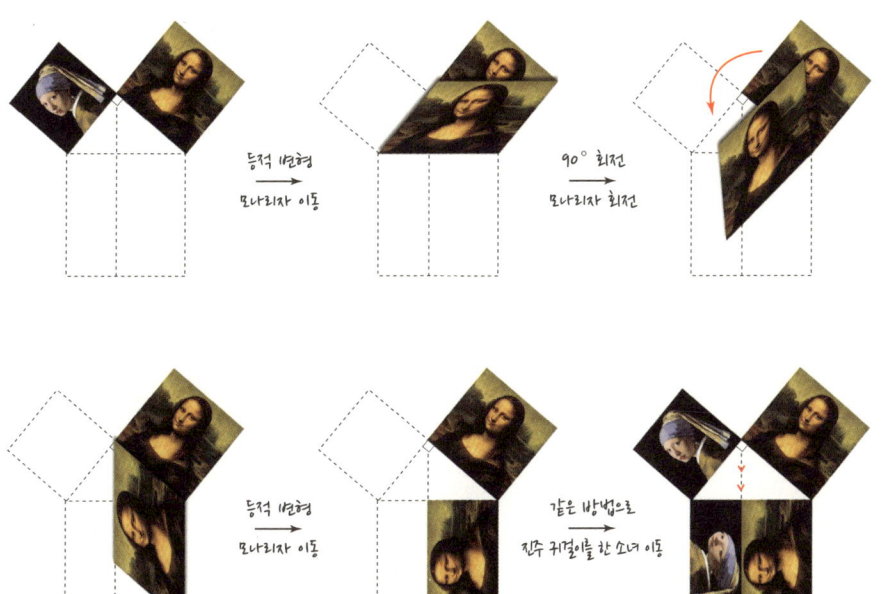

이다. 등적 변형과 회전!"

"네. 연속적으로 쭉 이동시키고 회전시키고 다시 이동시키고, 재미있네요."

"자세한 설명은 다시 하기로 하고 이 그림을 '웃기는 모나리자'로 기억해라."

"웃기는 모나리자!"

"회전 상상은 이 정도로 하고 마지막으로 공간 지각력을 길러주는 연습을 해 보자."

# 공간 상상

"이 그림을 보고 자유롭게 돌려 보거라. 입체라서 회전축이 3개 있는데 여기서는 2개만 잡고 상상해 보자."*

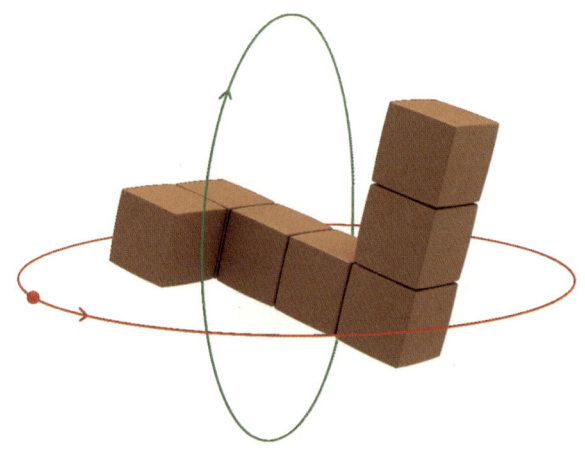

"어, 이거는 잘 안 돼요."
"연속적으로 조금씩 회전시키는 것이 잘 안되면 90°씩 탁탁 돌려 보아라."
"네. 90°씩은 잘 되네요."
"그럼 그것을 손으로 그려 보거라."
겜은 여러 번 시행 착오를 하면서 그림을 완성하였다.
"잘했다. 이런 식으로 상상하면서 그 이미지를 머릿속에 고정시킨

---

* 고등학교에 나오는 공간도형 부분이 어려운 이유는 머릿속에서 3차원적으로 직접 상상하는 것이 쉽지 않기 때문이다(공간지각의 문제).

후 손으로 그려 보는 것이 중요해."

"손으로 그리는 것도 어렵군요."

| 훈련 | 다음 도형 중 본질적으로 다른 것은?* |

"자, 그럼 여기서 마무리하자. 억지로 증명하려 들지 말고 먼저 머릿속으로 한번 해 보고 투시력과 염력을 이용해서 도형을 죽여라! 다시 한번 강조하지만 절대로 먼저 논리적으로 증명을 하려 들지 마라. 절대로!"

"근데 선생님과 하면 신이나고 잘 되는데 혼자선 왜 그렇게 안될까요? 또 집중을 좀 하려고 하면 너무 머리가 아프고 정말 미치겠어요. 이건 핑계가 아니에요."

---

* 이 문제의 답은 두 번째 것이다. 다른 것들은 회전해서 만든 것이고, 두 번째는 거울 상이다.

"그건 운동을 평소에는 안 하다가 갑자기 시작하면 알이 배겨서 아픈 것과 마찬가지야. 뇌가 굳은 상태에서 갑자기 유연성 훈련을 하니까 더욱 그렇지. 그러니까 머리가 아플수록 점점 뇌 신경이 발달하고 있다고 생각하면 돼. 이 고비를 넘기면 다시 시원한 머리 상태로 회복될 테니까 너무 걱정하지 말고…. 고통 뒤에 영광이 온다!"

머리 아프다고 핑계를 대는 젬에게 호흡법을 가르쳐 주면서 안심시켰다. 사실 머리를 활성화하는 데는 호흡이 중요한데 무작정 덤비면 현기증이나 두통이 발생하기도 한다. 현기증이 생기는 경우에는 머릿속 상상을 잠시 멈추는 것이 좋고 깊은 호흡을 하면서 머리를 쉬게 해야 한다. 이것이 원활해지면 앞이 탁 트이면서 시원한 느낌이 바람처럼 밀려오는 것을 경험할 수 있다.

몇 주 동안 계속 젬에게 이미지 회전 훈련을 시켰다. 마지막 단계에서는 전체적으로 도형의 흐름을 터득하게 해주는 연속 기법과 관련된 수학 문제를 알려 주었다. 그럭저럭 젬은 어려운 과정을 극복하였고 이미지만을 이용하여 도형을 다루는 법을 차츰 깨닫게 되는 것 같았다.

며칠 후, 젬에게 실전 문제에 적용하는 훈련을 시킨 후 자연스럽게 패턴으로 암기하도록 유도하였다. 도형에 생명을 불어넣어 모두 살아있는 생명체로 상상하게끔 스토리를 만드는 법도 알려 주었다.[*] 마침내 성공적으로 기본 훈련이 끝났다. 의기양양하게 문을 나서는 젬에게 기말고사 시험을 잘 보라고 격려해 주었다.

---

[*] 이것은 의미기억을 일화 기억처럼 유도하는 것으로 자신이 주인공이 되어 도형 속으로 여행하는 것이다 (p.279 참조).

# '1000억' 이야기

 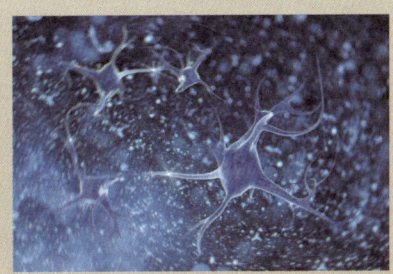

**우리 은하**
- 지구가 속해 있는 태양계는 '우리 은하'에 속해 있다(우리 은하는 나선형 은하이다).
- 우리 은하에는 약 1000억 개의 별이 있다.
- 이런 은하가 우주에는 또한 약 1000억 개가 존재한다.

**인간의 두뇌**
- 우리 두뇌에는 약 1000억 개의 신경 세포가 있다.
- 각 세포에는 약 2만 개의 연결 가지가 있다. 이런 세포들이 서로 연결되면서 슈퍼 울트라 컴퓨터인 두뇌가 되었다.
- 1000억 원이 갑자기 생긴다면 공부가 눈에 들어올까?

### 나선형 사고의 탄생
- 분석적 좌뇌와 직관적 우뇌가 조화를 이룬 나선형 사고는 우리의 지적 능력을 극대화시킨다.

## 도형 죽이기의 참뜻

예전에 중학생을 대상으로 도형 공부에 관한 설문 조사를 한 적이 있었다. 예상외로 학생들은 방정식, 부등식 같은 대수 분야(algebra)보다 도형 부분을 더 어렵게 느끼는 것 같았다. 우리 교과서에 등장하는 도형(기하학)은 유클리드 원론 내용을 토대로 만들어졌고, 전통을 존중하여 고전적인 방식을 그대로 고수한다. 유럽에서 초베스트셀러로 자리 잡은 유클리드의 원론은 논리와 사고력 학습의 대명사가 되었고, 기하학은 정교한 사고와 상상력을 기르는데 최고의

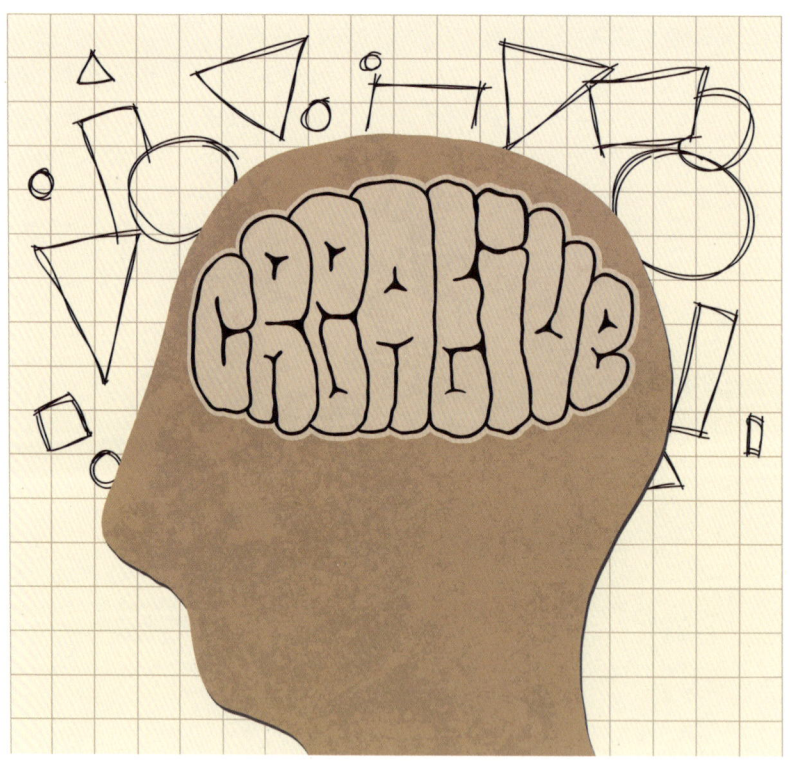

분야로 인식되고 있다. 하지만 우리나라 학생들은 기하학으로부터 별 혜택을 받지 못하는 것 같다.

유클리드 기하학은 중학교 삼 년 동안 가을마다 나타나서 학생들을 괴롭히다가 고등학교로 올라가면 갑자기 사라져 버린다. 대신에 좌표를 가지고 전개되는 기하학(데카르트가 발명한 해석 기하학)이 등장한다. 고등학교에는 유클리드 논증 기하가 없기 때문에 학생들은 도형 부분(해석 기하학)을 쉽게 느끼기도 하고 해방감을 만끽하기도 한다. 하지만 논증 기하는 대학 입시 때가 되면 유령처럼 다시 나타난다. 이 유령을 가볍게 여긴다면 대학 입시에서 낭패를 보기 십상이다.

지금의 입시 수학에서는 지난 본고사, 학력고사 시절과는 달리 기능적 문제—미적분이나 복잡한 테크닉과 계산을 요하는 문제—가 아닌 아이디어 위주의 문제가 많이 등장한다. 중학교 때 배운 도형에서

유클리드 기하학 원본

응용된 문제들이 많이 출제되고 또한 상당한 사고력을 요구하기도 한다. 입시에 필요한 도형의 아이디어와 발상법은 고등학교 정규과정에서 배울 수 없기 때문에 막상 입시가 다가오면 이 부분에서 우왕좌왕하다가 시간만 허비한다. 결국 중학교 교과서를 다시 뒤적여 보기도 한다. 그러나 무적의 바이블 교과서는 입시의 관점에서 볼 때 단순한 가이드의 역할 외에는 별로 도움이 안 된다. 수능에 임하는 학생 중에 실제로 교과서만 공부하는 경우는 거의 없고, 심지어 여러 참고서를 달달 외우면서 공부하는 학생들조차 점수를 많이 받지 못한다.

우리는 어떻게 도형을 즐기며 어디서 빛나는 아이디어와 발상법을 배울 것인가? 다양한 도형의 정리나 성질은 몇몇 돌연변이 천재 수학자들에 의해 만들어진 것으로 일반 학생들에겐 발상의 아이디어가 쉽게 생기지 않는다. 우리는 대부분 도형의 참맛을 느끼며 생각의 기술을 터득하기 전에 시험을 위한 공부에만 매달려 무작정 반복하며 풀이법을 외운다. 머리는 기계적으로 움직이며 방정식에서처럼 두뇌 훈련의 기회를 놓친다. 결국 도형 문제는 2500년 전에 죽은 귀신이 부활하여 산 학생들을 괴롭히는 고약한 상황을 만들고, 문제를 위한 문제 이상의 의미를 발견하기 힘들다.

학생으로서 눈앞의 시험을 피할 순 없겠지만, 오로지 시험만을 위해 증명과 정리를 외우고 문제를 기계적으로 풀 것이 아니다. 좀 느리고 돌아가는 것처럼 보이지만 보조선을 긋는 법과 회전 및 대칭의 원리를 철저히 훈련하여 감각을 키우고 '새로운 수학의 눈'을 만들어가는 것이 결국 더 빠른 길이다. 이를 통해 자연스럽게 '이미지로 생각하는 법'을 깨닫게 되고 나아가 대학입시까지 챙길 수 있다.

꾸준히 회전 연습과 여러 가지 연속 이미지 훈련을 해보면 신기하게도 도형은 죽어 버린다. 그러다 어느 순간 돌변하여 영화의 한 장면처럼 도형이 살아서 움직이게 된다. 생각의 머리에 '새로운 눈'이 하나 생긴 셈이다. 이제 생각은 이미지를 타고 빛처럼 움직인다. 이것은 수학은 물론이고 생각하는 모든 대상에 확장된다. 도형을 죽이면 새로운 생각이 살아난다. 이것이 도형 죽이기의 참뜻이다.

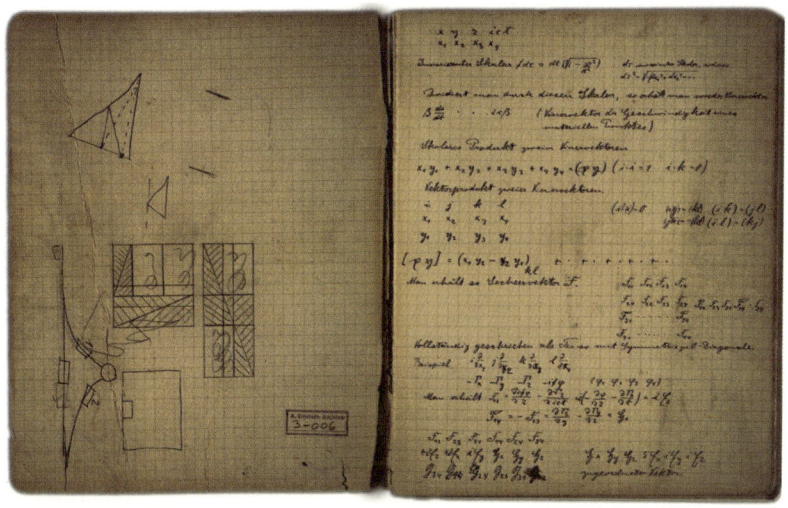

기하학을 사랑한 아인슈타인의 노트
http://www.pitt.edu/~jdnorton/Goodies/Zurich_Notebook/

## 마루타

　　　　젬이 보고 싶던 차에 젬의 엄마로부터 전화가 왔다. 그동안 뭘 했기에 성적이 이렇게 떨어졌냐고 난리를 쳐댔다. 이미지 수학이니 뭐니 하면서 아들을 마루타로 이용했다고 고래고래 소리를 지르곤 다신 안 보낸다면서 일방적으로 전화를 딱 끊어버렸다. 이런 제기랄. 멍청한 엄마가 똑똑한 아들을 죽이는구나. 아, 조금만 더 밀어붙이면 되는데 엄마의 심정은 이해하지만 너무 황당하고 괘씸했다.

　　젬과의 지난 기억들이 주마등처럼 지나갔다. 처음엔 스타크나 좀 배워 볼 참으로 잔머리 굴리다가 이상하게 코가 꿰어 수학을 가르쳐 주게 되었지만, 생각보다 젬이 수학에 집착을 보이는 것을 보고 '생각의 기술'을 제대로 한 번 전수하고 싶었다.

　　수학 알레르기 중증 환자에다가 성적에 대한 광적인 집착으로 사사

건건 시비를 걸었던 젬. 그러나 조금씩 수학의 눈이 생기고 새로운 세계로 빠져들던 젬. 내가 알려준 이상한 마술들을 배우면서 그 좋아하던 게임들도 끊고 신기한 눈초리로 내 소맷귀를 붙들던 귀여운 곰탱이 젬.

나의 수제자 젬. 아! 이렇게 끝이 나는구나. 학교 공부도 병행을 할 걸 하는 후회가 목덜미를 타고 돌았다. 너무 아쉬움이 남아서 다시 한 번 만나고 싶었지만 수화기를 몇 번이고 들다가 포기했다. 그렇게 젬은 갑자기 사라졌고 그의 기억도 차츰 잊혀져 갔다.

# Q-Drum 이야기

남아프리카 공화국에 두 형제가 있었다. 그들은 물이 귀한 아프리카에서 물을 길어오는 일이 큰 문제라는 것을 누구보다 잘 알고 있었다. 아프리카 아이들은 공부는커녕 매일 물을 길어오면서 고된 하루를 보내야 한다. 이것을 해결하기 위해 두 형제는 놀라운 물통을 고안하였다. 아이디어의 핵심은 바로 물통 중간에 만든 구멍이다. 이 물통 구멍에 끈을 연결하여 끌면 물통을 바퀴처럼 굴리면서 쉽게 이동시킬 수가 있다. 문제의 핵심을 정확하게 파악하여 해결책을 제시한 놀라운 아이디어다.

이 물통을 디자인 한 인물은 남아프리카공화국 출신의 헨드릭스 형제(H. Hendrikse, P. Hendrikse)이다. 형제는 복잡하고 어려운 물 문제를 한 번에 해결하기 보다는 문제를 잘게 나누면서 관점을 이동시켰다. 기본적인 문제로 관점이 전환되면서 문제를 즉시 해결할 수 있는 기발한 아이디어가 탄생하였다. 이렇듯 불가능해 보이는 거대한 난제를 만났을 때, 그것을 이루고 있는 작은 문제들로 나누어 접근하면 발상의 전환이 쉽게 된다.

큐드럼(Q-Drum)이라고 불리는 이 물통은 아이디어 발상에 대해 여러 가지 많은 것을 시사한다. 하지만 진정한 교훈은 아프리카의 물 문제를 해결하기 위한 형

제의 '간절함'이 아닐까 한다. 기발한 아이디어는 갑자기 나타나는 것 같지만 사실은 오랫동안 숙성된 생각의 결과물이다. 지루하고 고통스러운 생각을 지속시켜 주는 힘이 바로 이 '간절함'이다. 간절함은 생각의 엔진에 불을 붙이는 점화장치 같은 것이다. 세상을 향한 간절함 혹은 자신에 대한 간절함이 없다면 생각의 엔진은 힘을 잃고 꺼져버린다. 결국 인생의 모든 문제는 간절함이 답이다.[*]

> **Tip**
>
> "생생하게 상상하라. 간절하게 소망하라. 그것이 이루어질 것이라고 진지하게 믿어라. 그리고 이루어지도록 열정적으로 실천에 옮겨라. 그러면 무슨 일이든 이루어진다."
>
> — 폴 마이어 —

---

* Q-Drum 참고 http://www.qdrum.co.za

잃어버린 강의 노트

# 이미지 연속 기법 1

## 다각형의 외각의 합은 360°

### 1. 숨은 의미

삼각형, 사각형, 오각형, 육각형 등등 볼록 다각형의 외각의 합이 360° 라는 것은 외각을 따로 모아서 보면 원(360°)이 된다는 의미이다.

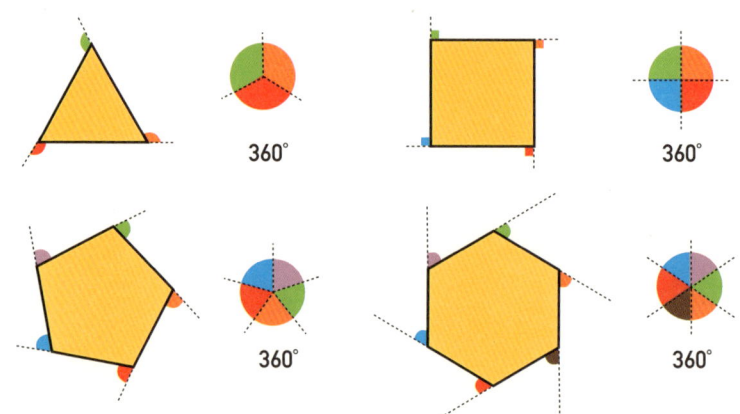

### 2. 이미지 연속 기법 – 극단으로 몰기

육각형을 조리개처럼 계속 줄여서 한 점에 모이도록 극단으로 몰고 가라. 외각의 합이 360°임을 한 눈에 알 수 있다.

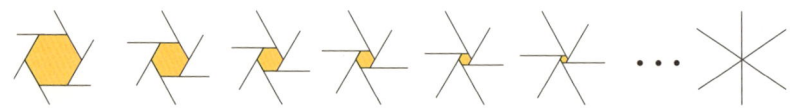

> **Tip**
>
> **생각의 기술 – 이미지 연속 변환**
>
> 수학은 전체적인 시스템을 직관적으로 이해하는 것이 중요하다. 위에서 설명한 것처럼 이미지를 연속적으로 변화시키면서 극단적인 경우를 관찰하다 보면 전체 시스템이 눈에 잘 들어온다. 극단적으로 몰아가는 기법(extreme)은 직관적 이해를 도와주는 생각의 기술이다. 또한 변환(transform)이라는 것도 '생각의 기술'이다.
>
>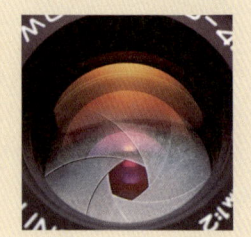

잃어버린 강의 노트

# 이미지 연속 기법 2

**삼각형의 내각의 합은 180°**

1. 계속 눌러라!

이미지 연속 기법을 이용해서 그림처럼 삼각형을 변형시키면 각 A는 직선(180°)에 가까워지고 양끝의 각은 0°에 가까워진다(그러므로 삼각형 내각의 합은 180°임을 느낄 수 있다).

## 2. 계속 압축해!

이미지 연속 기법을 이용해서 그림처럼 삼각형을 압축시켜보라.

각 A는 0°에 가까워지고 각 B, 각 C는 수직(90°)에 가까워진다(그러므로 삼각형의 내각의 합은 180°).

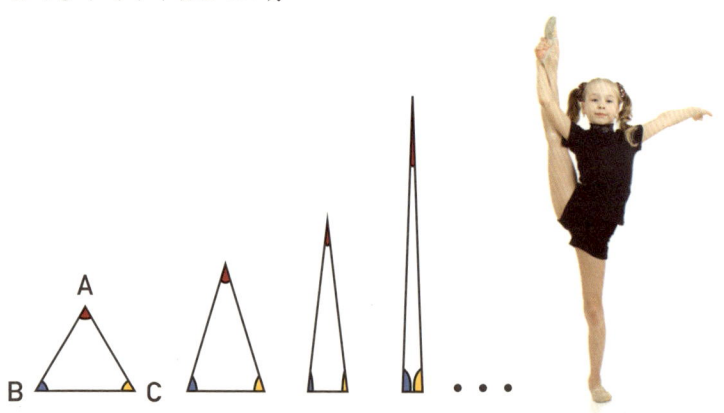

> **Tip**
>
> 위 방법으로 삼각형 내각의 합이 180°임을 증명한 것은 아니다. 연속적으로 변형하는 것이 무엇인가를 설명하기 위한 것이다. 엄밀한 증명은 다음처럼 한다.
>
>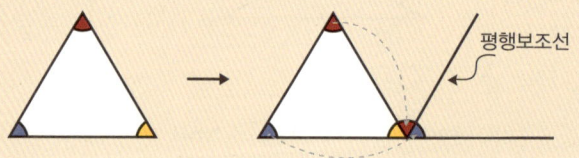
>
> 평행보조선

chapter

6

# 지우면 다 지워진다

생각이 수학을 낳고
수학은 생각을 기른다.
• 렉스 림 •

## 일본의 힘

　　　　　　일본에서 국제수학교육회의(ICME)가 열려서 일본의 수도 동경으로 날아갔다. 수많은 수학자들과 수학 교육학자들, 일선 교사들이 학회에 참여하였고 첫날부터 축제 분위기였다. 전문 수학자가 이런 교육학회에 참여한 것 자체가 신기하였는데 수학 교육에 관심이 많은 프로 수학자들을 만나 수학과 인생에 대해서 이야기를 나누기도 하였다.

　나는 중간 티타임 때 이미지 사고법에 대해서 간단하게 소개할 기회가 있었다. 몇몇 학자들은 상당히 회의적 반응을 보이면서 수학은 고통을 참으면서 해야 참다운 눈이 생긴다고 하기도 하였고, 또 어떤 그룹은 수학은 계산을 못하면 불가능하다는 주장도 펼쳤다. 그러나 UC 샌디에고 대학의 위상수학 전공인 B교수는 내 생각에 많은 공감을 표하였다.

"계산을 잘 못해도 충분히 수학을 잘 할 수 있다고 생각합니다. 나는 위상수학(topology)을 전공하는데 이미지를 가지고 창조적 발견을 하고 논리 자체를 이해할 수 있습니다. 모두 다 그런 건 아니겠지만 이미지 수학은 충분히 가능하죠."

저녁에 신주쿠에서 일본의 문화를 충분히 만끽하면서 B교수를 비롯한 몇몇 학자들과 술자리를 함께 하였다. 세계 각국에서 온 학자들과 수학 교육에 관한 여러 재미있는 이야기를 나누면서 각 나라의 수학 문화를 배우게 되었다. 그들에게는 별것 아닐 수 있지만 나는 이미지 수학에 대해 서툰 영어로 열변을 토했었다. 일행 중 대만에서 온 수학 교육 전문가 C선생은 세계 여러 나라를 돌면서 '비교 수학 교육론'을 연구하던 분이었는데 나의 이미지 학습법에 많은 관심을 표하였다. 기회가 되면 공동 연구를 해보자는 즉석 제의를 받기도 하였다.

학회 마지막 날, 일본의 수많은 아마추어 수학자들을 보고 놀라움을 금치 못했다. '새로운 셈법의 개발'이란 주제로 열심히 포스터 앞에서 설명을 하는 H선생. 몇 달 동안 세탁한 흔적을 찾아볼 수 없는 누런 셔츠를 입은 노신사의 모습. 나는 그의 말을 모두 이해할 수 없었지만 그 열정에 감동하였다. 손으로 일일이 적은 포스터를 보면서 웬만하면 컴퓨터로 타이핑하는 게 어떻겠냐고 묻자 너무 가난해서 컴퓨터 살 돈이 없다고 하는 것이었다. 왜 수학을 하느냐는 질문에 "수학은 나의 인생입니다"라고 말한 H선생의 한 마디에 나는 일본 수학의 저력을 느낄 수 있었다.

지친 몸을 비행기에 싣고 돌아오면서도 이 노신사의 형형한 눈빛이 계속 잊혀지지 않았다. 노신사와 같은 아마추어 일본 수학자들의 연구물들은 비록 첨단 수학 이론과는 거리가 멀고 하찮은 것이었지만 그들의 수학에 대한 열정과 사랑은 그 자체만으로도 대단한 것이었다. 일본의 수학에 대해서 다시 생각하는 계기가 된 이 학회는 지금도 진한 추억으로 남아 있다.

지금은 우리나라의 수학 문화도 많이 변하였다. 아마추어 수학자 혹은 일선 교사들 중심으로 수학(중·고등학교 수학)의 새로운 접근법이 많이 개발되고 있고 수학 자체를 즐기는 문화도 조금씩 생기는 것 같다. 사실 우리나라는 초기에 일본 수학의 영향을 받아 수학 교육 체계가 비슷한 면이 있다. 대체로 학생들은 어려운 미적분을 중심으로 중·고등학교 시절 열심히 수학 공부를 하고 대학 입시를 위해 필사적으로 수학에 매달린다. 수능 체제로 바뀌기 전에는 수학문제 유형도 비슷하였다. 수학에 대한 학생들의 느낌도 비슷한 것 같았다. 수학을 어려워하고 사람을 괴롭히는 과목으로 생각하는 것은 두 나라의 공통점인 것 같다. 이런 점에서 보면 일본과 우리나라의 수학 문화도 별 차이가 없을 것 같지만 실제는 천양지차이다. 일본은 옛날부터 수학을 사랑하는 전통이 있었고 수학에 대한 대중적 인기도 높다.

일본의 수학을 좀 더 살펴보면 에도 막부 시대부터 중국과 한국에서 건너온 수학을 바탕으로 일본 특유의 수학인 '화산'이 발전하였다. '화산'은 근대 일본에서 가장 독자적인 지식 체계로 발달한 것이다. 화산은 중국·한국 수학과는 내용과 방법에서 다른 점이 많다. 즉 중국과 한국의 수학은 실용적인 반면, 일본의 수학은 소위 '수학을 위한 수학'이었다.

사실 화산은 '지적 유희'로서의 산술로 유행하였다. 즉 다른 어떤 쓸모를 위해서가 아니라 오직 그 자체를 위해서 수학을 연구하는 것이었다. 이 화산의 영향으로 현대의 일본인들은 정년퇴임 후에도 수학문제 만들기와 수학문제 풀이를 여가로 즐긴다고 한다. 이런 전통과 문화 때문인지는 모르겠지만 실제 일본에는 수학을 사랑하는 학생들이 많이 있고 수학자를 우대하는 풍토가 있다.

이런 풍토 속에서 일본은 필즈상 수상자를 여러 명을 배출하였고, 수학 최강국이 되었다. 우리도 입시 수학에서 한 걸음 더 나아가 즐기는 수학 문화와 수학자를 우대하는 전통이 생기기를 기대해 본다.

히로나카 헤이스케(1931–) 수학자, 필즈상 수상

"소박한 마음으로 깊이 생각하라."

소심심고(素心深考)

## 수학이 밥 먹여 주더냐?

수학이 밥 먹여 주더냐는 식으로 수학을 기피하던 시절이 있었다. 그러나 지금은 수학이 황금알을 낳는 거위가 되었다. 실제로 수학을 이용하여 떼 돈을 번 사례가 많다. 1994년부터 1998년까지 '카드 카운팅(card counting)'이라는 간단한 수학을 이용해 카지노에서 수백만 달러를 벌어들인 MIT학생들 이야기는 너무나 유명하다('21'이라는 영화는 이 실화를 다루고 있다).

그런데 이런 초보 수준의 수학으로 번 돈은 껌 값에 불과하다. 제임스 사이먼스(J. Simons)는 미국 하버드대 수학교수로 재직하다 금융 사업에 투신한 전설적인 인물이다. 그는 르네상스 테크놀로지(Renaissance Technologies)라는 헤지 펀드 운용 회사를 설립하여 천문학적인 돈을 벌었다(사이먼스의 연봉은 1조 원이 넘는다). 사이먼스가 이처럼 큰 돈을 벌 수 있었던 것은 수학을 이용해 복잡한 금융 메커니즘을 정확히 예측하는 시스템을 개발했기 때문이다.

너무 극단적인 예를 들어 실감하기 어려울 수도 있겠지만 미국에서는 수학을 전공한 사람들이 여러 분야에서 두각을 나타내며 갑부가 된 사례가 많다. 수학을 우대하는 문화와 점수에 목숨 걸지 않는 창의성 교육은 빌 게이츠(Microsoft), 스티브 잡스(Apple), 마크 주커버그(Facebook), 세르게이 브린과 레리 페이지(Google)등과 같은 인물을 만들어 내는 토양이 되고 있다. 이들은 모두 수학과 과학을 좋아했고 실제 빌 게이츠는 하버드 대학교에서 수학을 전공하였으며(중퇴했지만), 현재 마이크로소프트 회장인 스티브 발머도 수학 전공자이다. 수학 신동으로 유명한 구글의 세르게이 브린은 어린 시절 대부분의 시간을 퍼즐이나 수학 공부에 보냈다.

다행히 우리나라도 수학 전공의 인기가 갈수록 높아지고 있다고 한다. 바야흐로 수학으로 떼 돈을 벌 날이 한국에서도 무르익어 가고 있다(너무 돈 이야기 해서 미안하지만, 수학자는 모든 것을 만들 수 있다. 믿거나 말거나).

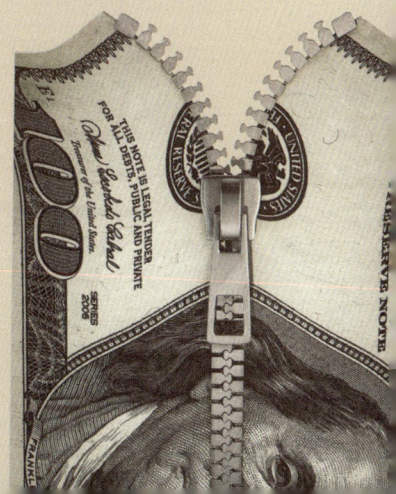

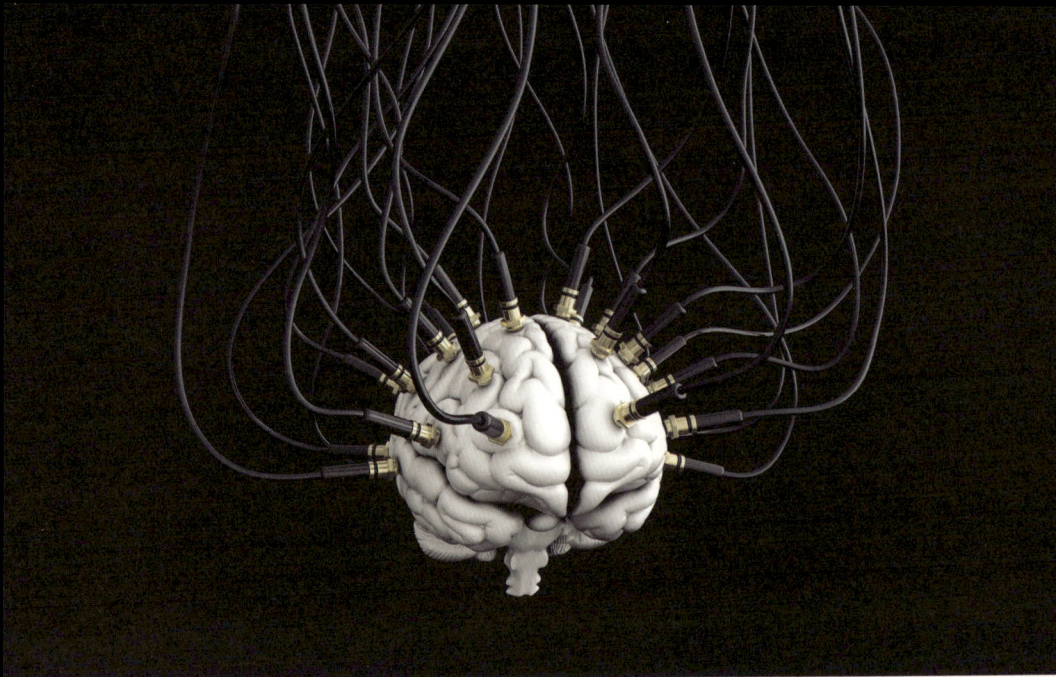

## 톱니바퀴

         여독이 풀리지 않은 몸으로 일본에서 가져온 자료들을 보고 있다가 잠깐 잠이 들고 말았는데 갑자기 연구실 문이 벌컥 열리면서 시커먼 것이 들어왔다. 아니, 젬이 아닌가?
  "선생님, 아니 사부님 그동안 안녕하셨습니까?"
  씩씩하게 인사를 하면서 하얀 이를 드러내고 씩 웃는다.
  "기말고사 못 쳐서 엄마한테 실컷 야단 맞고, 요즘은 따로 개인 지도를 받고 있어요. 저번에 한 번 왔었는데 일본에 가셨다고 하기에 오늘 다시 찾아왔습니다."
  벌써 한 달도 더 지나 버린 것 같았다. 그동안 나는 녀석을 까마득히 잊고 있었던 것이다. 젬은 그간의 일들을 들려 주면서 엄마가 성적 때문에 난리라서 말도 못하고 몰래 왔다고 했다.

"사부님께 꼭 더 배우고 싶어요. 도형은 혼자서 그럭저럭 할 수가 있는데…. 이젠 진짜로 생각하는 것이 재미있어요. 꼭 공부를 정복하고 싶어요."

못 보던 사이에 녀석은 많이 달라진 것 같았다.

"그렇구나. 근데 엄마하고 상의는 했니?"

"아뇨, 성적 떨어졌다고 선생님하곤 공부하지 말랬어요."

"그럼 어떻게 공부하려구?"

"엄마 몰래 하면 안 될까요?"

"엄마 몰래? 음…."

어떻게 할까 고민이 되었다. 일단 자료들만 나누어 주고 되도록 혼자서 생각 훈련을 할 수 있는 방향으로 가닥을 잡았다.

"그럼 끝까지 엄마를 속일 자신 있니?"

"네. 선생님만 허락하신다면…."

"알았다. 그럼 문제를 틈틈이 받아가고 부르면 즉시 오너라. 이제부터 본격적으로 수학 신법을 배우게 될 텐데 힘들고 어려워도 잘 참아야 한다. 잠자는 머리를 깨웠으니 좌뇌와 통합해서 응용하는 것부터 해야 할 것이다. 근데 교과서 기본 개념들은 정리가 되었니?"

"네, 훨씬 좋아졌어요. 이제 도형도 제법 되고 이미지도 잘 떠오르는데…. 수학 신법은 뭐죠?"

"음, 뭐랄까…. 지금까지는 기초 머리 깨우기 작업이었다면 이제부터는 이것을 진짜 수학에 적용해 보는 것이지."

"진짜? 그럼 지금까지는 가짜 수학이었나요?"

"하하하, 진짜고 가짜고 간에 지금까지는 우리 두뇌의 작동 원리와 메타생각 위주로 훈련을 하였고 이제부터는 수학 그 자체를 요리할 거야."

"드디어 수학을 하는군요."

"너 예전에 공부했던 문제들 생각나지? 그런 것들은 하나의 머리 훈련용에 불과하지만 지금의 수학 신법은 수학을 하면서 머리를 단련하고, 단련된 머리를 다시 수학에 응용하는 순환 시스템으로 곧바로 들어가는 거야. 뭐랄까, 머리와 수학이 맞물려 돌아가는 톱니바퀴 학습이라고 해 두지. 지금까지 익힌 이미지 기법이나 역발상 기법 등 여러가지 메타기법을 잘 이용해서 이제 실질적으로 문제 속에서 활용하게 되는데 네가 바라던 성적도 염두에 두면서 전진하게 될 거야."

"성적도? 아 드디어 성적이 눈에 보이는구나."

"짜식, 넘 좋아 하지 말고…. 이제부터는 지옥 훈련이다! 이번에도

줄 없는 연습장과 여러 가지 색깔 펜을 준비해라. 도형 공부 할 때처럼 지우면 안 된다. 이미지 수학은 보는 것이 중요한데 틀린 것도 보면서 음미해야 해. 이것을 잘 이용하면 몇 배 효과가 날 거야. 그럼 다음 주에 보자꾸나."

난 먼저 방정식, 함수 통일 기법을 전수하려고 기초적인 일차 방정식, 연립방정식과 인수분해 문제를 내 주었다. 지루한 테크닉의 연속이라 혹시 재미를 잃을까 불안하였다. 이것을 다 할 수 있을까?

**리처드 파인만**(1918-1988) 물리학자. 노벨물리학상 수상

"수학이 무엇이냐고 묻는다면 나는 이렇게 말하겠다. 수학은 한마디로 패턴 찾기다."

## 연필이냐? 볼펜이냐?

　　　　　　몇 년 전에 수능 시험을 몇 달 앞두고 어느 고3 학부형으로부터 수학을 좀 지도해 달라는 과외 청탁을 받았다. 난 그 학생을 테스트하면서 놀라운 사실을 발견하였다. 단순한 시험이었음에도 불구하고 땀을 뻘뻘 흘리면서 식을 전개하다가 조금이라도 안되면 자기가 풀던 문제를 재빨리 지우고 다시 풀다가 지우고 하는 과정을 되풀이하고 있었다.

　난 그 학생의 지우는 속도에 감탄을 하면서 왜 그렇게 빨리 지우냐고 물었더니 그냥 틀린 것 같아서 지운다고 했다. 조금 전에 지운 내용이 뭐냐고 물었더니 지우면서 다 까먹었다고 한다. 깨끗하게 지우면 속이 후련해지고, 종이가 절약되어 국가 경제에도 보탬이 되니까 일석이조라 하면서 씩 웃는 것이 아닌가. 별 이상한 핑계를 다 대면서 연필로 문제 풀기만을 고집하는 녀석에게 지우면 안 되는 이유를 설명해 주었다. 지우개의 유혹을 이겨낼 수 있도록 당장 펜으로 바꾸게

하고 이미 쓴 것은 지우지 못하게 하여 이미지를 활용할 수 있도록 유도하였다.

지우지 않고 볼펜으로 수학 문제를 푸는 것과 수학 실력은 직접적인 관계가 없는 것처럼 보일지도 모르지만 거기에는 우리가 미처 깨닫지 못하고 있는 뇌 발달의 비밀이 숨어 있다.

## 지우면 안돼

물질이 풍요로워진 요즘, 지우개도 정말 패셔너블해졌다. 온갖 동물들 모양과 형형색색의 지우개들이 마스코트처럼 학생들의 사랑을 받는다. 단순히 지저분한 글을 지우는 지우개가 어느덧 학생들의 마음속에 있는 응어리까지 지워주는 청소부가 되었고 필통 속에 하나의 액세서리로 예쁘게 자리매김하게 되었다.

초등학생들은 엉성하고 서툰 글씨를 지우고 쓰면서 조금씩 깨끗하게 정리되어 가는 공책을 보고 기뻐한다. 엄마가 좀 욕심이 많은 경우 글씨가 지저분해지면 엄청나게 혼을 내는 경우도 있다.

그런데 이 지움의 미학이 어느덧 굳건한 습관이 되어서 수학을 본격적으로 공부하는 중·고등학교까지 이어진다. 지우는 습관의 이면

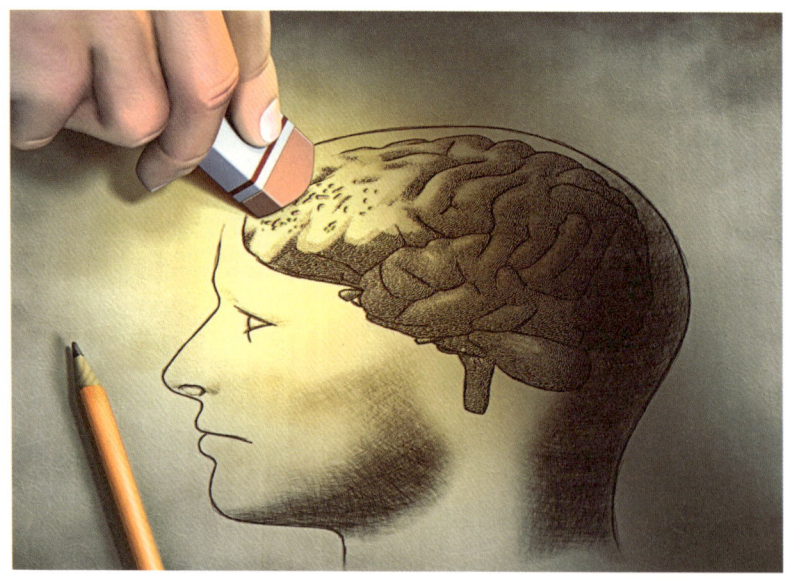

을 들여다보면 거기에는 자기의 실수를 재빨리 감추려고 하는 무의식적 도피 의식이 숨어있다. 수학 혐오증 환자들은 재미있는 공통점을 가지고 있는데, 수식 전개를 할 때 자기가 푸는 것을 옆에서 보는 것을 매우 싫어하거나 수식이 잘못 전개되면 그것을 감추려고 한다. 물론 이때 지우개가 일등공신이 된다.

하지만 예쁘게 수학 문제를 푼다고 무슨 소용이 있겠는가. 수학은 지우면 그 이미지도 지워지고 만다. 수학 자체를 통해서 자연스럽게 우뇌를 계발할 수 있는 마지막 기회마저 빼앗기고 마는 것이다. 뻑뻑 지우고 고치고 깨끗하게 풀어도 실력이 늘기는커녕 손목만 아플 것이다.

손의 흔적을 눈이 기억을 하도록 여유를 주어야 한다. 이미지를 계속 노출시키면서 하나의 패턴으로 자리 잡도록 자연스럽게 유도해야 하는 것이다. 이것은 가장 원초적인 이미지 패턴을 익히는 훈련이기도 하며 관찰과 실험으로 가는 연습이기도 하다. 지우면 공책은 깨끗해 진다. 그러나 두뇌 속의 이미지도 사라진다.

자기의 실수를 찬찬히 눈으로 감상하고 반성하면서 다음 수식 전개에 이어져야 하고 철저히 시행착오를 하면서 생각의 눈을 얻어야 한다. 종이를 아까워하면 안 된다(종이 아까우면 빨리 학교를 그만두어라). 결국 지우개로 지우는 것은 머리를 지우고 생각이 지나간 시간도 지우는 것이다.

앞에서도 잠시 이야기했지만 나는 고등학교 시절 수학을 그림 그리듯 많이 그렸는데 이때 만년필을 사용하였다. 종이 한 장에 한 문제를 풀면 다음 장으로 넘겼다. 잘못 풀면 'x'자로 크게 표시해 두고 그 풀이 자체를 자세히 관찰하였다. 스스로 푼 것은 명확하게 기억된다. 틀린 것이라도 머릿속에 잔상이 오래 남아 있다. 잠을 자는 순간에도 그 잔상 덕분인지 틀린 문제를 뇌가 자동으로 풀어버리는 경우도 있다.

 시간이 지나면서 문제들은 기억 속에서 사라진다. 그러나 의식적으로 다시 회상할 수는 없더라도 노트를 펼치면 그것을 다시 관찰을 할 수 있다. 화려한 그림들, 예술 같은 그래프들, 단아한 수식들, 이미지로만 볼 때는 하나의 작품이다. 그러나 모두 엉터리 풀이들이다. 쓰레기통에 던지고 싶은 충동을 참으면서 한 번 더 검토한다. 가끔은 감탄을 하는 경우도 있다. 어떻게 내가 그때 그런 아이디어를 생각했을까? 이렇게 말도 안 되는 엉터리 아이디어를?
 엉터리 노트를 보면서 나의 생각이 오작동하는 순간을 다시 감상한

다.* 실패의 흔적은 오히려 더 세련된 사고에 도움이 된다. 비록 이것이 수학 실력을 향상시키는데 직접적인 기여를 하지는 않더라도 틀린 것을 지우지 않고 모아 두면 이것도 하나의 훌륭한 정보가 된다.

또한 지우지 않고 흔적을 남기면서 그림을 그려 나가면 수학 고유의 스트레스에서 벗어날 수도 있다. 실수를 전혀 의식하지 않게 되기 때문에 낙서하듯이 자유롭게 생각할 수가 있다. 특히 도형이나 그래프 같은 이미지 수학은 이것이 생명이다. 잘못 만든 보조선이나 그래프를 바로 지우지 않고 관찰하면 최대한 시행착오 횟수를 줄일 수 있고 번쩍번쩍 아이디어가 떠오른다. 여러분들도 이제는 지우개와 연필을 던져 버리고 빨리 문방구에 달려가 최고급 칼라 펜을 사서 멋지게 수학 그림을 그려 보라. 풀지 말고 그려라. 그리고 관찰하라. 색다른 세상이 펼쳐질 것이다. 이미지가 곧 생각이다.

---

\* 결국 이것도 메타생각이다.

# 'WHY'의 추억

한 고등학교 교실에서 물리 수업이 한창 진행 중이다. 모두가 어려워하는 '전류와 전압' 부분이다. 리틀 슈타인이라는 별명을 가진 물리 선생님이 '직렬회로와 병렬회로'의 합성저항에 대해서 열심히 설명하신다. 회로의 총 저항을 굳이 표현하면 '직렬회로의 총 저항은 저항들을 더하면 되고($R = R_1 + R_2$) 병렬회로의 총 저항의 역수는 저항들의 역수를 더하면 된다($\frac{1}{R} = \frac{1}{R_1} + \frac{1}{R_2}$)' 정도가 아닐까. 선생님은 다음의 두 가지 사실을 전제로 간단하게 물리공식을 유도 하였다. 선생님은 싸늘한 교실의 반응을 뒤로하고 한 학생에게 질문을 던졌다.

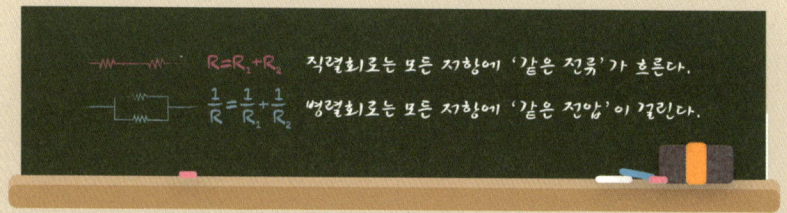

"그런데 공식이 이렇게 되는 이유를 설명해 봐라."

무슨 뚱딴지같은 소리? 자신이 칠판에 실컷 유도해 놓고선. "선생님이 방금 그렇게 공식을 유도하셨는데 이유가 어디 있어요?" 그 학생은 선생님을 멀뚱히 쳐다보면서 퉁명스럽게 대답하였다. 선생님은 "유도되는 과정을 묻는 것이 아니고 합성저항 공식이 '왜' 이런 모양으로 생겼는지를 묻고 있는 거야"라고 말하면서 칠판에 그림을 그려 나갔다. "직렬연결된 저항들은 꼬리를 모두 이어서 생각하면 기다란 모양의 저항이 되고, 병렬연결된 것들은 모두 합쳐서 생각하면 통통한 모양의 저항이 되고…." 귓가에서 웡웡거리던 물리학이 눈으로 갑자기 빨려 들어오는 순간이었다.

학교 수업에 별 흥미가 없었던 고교시절에 필자를 매혹시킨 추억의 수업 한 토막이다. 나는 그때의 수업을 지금도 잊을 수 없다. '왜'라고 질문할 수 있어야 본질을 이해할 수 있다는 선생님의 말씀이 나에게는 공부의 원리가 되었다. 나는 원래 생각하는 것을 좋아하는 학생이 아니었고 따라서 우주의 법칙 따위에는 별 관심이 없었다. 오히려 우등생들이 물리 현상에 대해 '호기심'을 가지는 현상이 더 신기할 뿐이었다. 재미있는 것은 이런 나에게도 '왜'라고 질문하는 호기심의 눈이 갑자기 생겼다는 것이다. 한 선생님의 운명적인 수업을 통해서 세상을 보는 태도가 갑자기 그렇게 변했다. 선천적인 호기심은 약했지만 의식적인 노력에 의해 '호기심'이라는 무기를 새로 장착한 셈이다. 그 이후에도 이 원리(호기심의 원리)를 다른 공부에 적용하게 된 것은 '왜'라는 질문에 의해 나만의 새로운 생각을 만들 수 있기 때문이었다.

자신의 생각 방식에 따라 생각의 약점이 치유가 되면 놀라운 통쾌함과 유쾌함이 밀려온다. 어려운 수학 문제를 풀었을 때 느낄 수 있는 그런 강력한 즐거움이다. 이런 보상을 한 번 맛보면 거추장스러운 '질문'을 기꺼이 하게 된다. 이것은 마약과 같아서 생각하는 시간의 고통을 뛰어넘어 즐거운 '몰입'의 상태로 쉽게 진입할 수 있다. 결국 호기심 넘치는 '질문'에서 시작하여 '몰입'의 과정을 거쳐 '새로운 개념'으로 연결되는 생각의 연쇄 반응이 탄생한다. 그러나 질문을 남발하면 오히려 생각이 둔해지고 머리만 복잡해진다. 자신이 무엇을 모르고 무엇을 아는가에 대해서 고민을 먼저 던져야 한다. 자신의 진짜 약점은 올바른 질문을 통해서 선명하게 드러난다. 바로 '메타생각'의 시작이다. 스스로에게 올바른 질문을 할 수 있다면 여러 지식을 서로 연결하여 한눈에 들어오게 만들 수 있다. 이것이 바로 직관적으로 전체를 보는 생각의 힘이다. '왜'라고 질문하는 것을 생각의 기술이라고 한다면 우리는 가장 간단한 기술을 이제 구경한 셈이다. 억지 춘향식이지만 '왜'라는 말을 입에 달고 살아봅시다(왜 그렇게 살아야 하는데? 왜?).

" 당신의 진짜 실수는 대답을 못 찾은 게 아냐. 자꾸 틀린 질문만 하니까 대답이 나올 리가 없잖아! "
– 영화 '올드보이' 중에서 –

### 잃어버린 강의 노트
# 홀짝 달팽이

**훈련**

귀여운 노란 달팽이가 물음표처럼 생긴 곡선의 내부를 따라 친구를 찾아 열심히 전진한다. 선 밖으로 나가면 안 되고 내부 길을 따라 계속 기어가야 한다. 결국 노란 달팽이는 친구 달팽이를 만나게 될까? 아니면 무당벌레를 만나게 될까?

**해설 1**

이 문제는 그냥 눈으로 따라가 보면 바로 알 수 있다(빙빙 꼬인 길을 수십 개로 만들어 출제했다면 이 책을 집어던질지도 모르겠다). 착시 때문에 약간 어질어질 하겠지만 마음은 편하다. 어쨌든 정답은 친구 달팽이를 만나게 된다.

**해설 2**

이따위 시시한 문제를? 하고 비난하지 마시라. 단순화 시켜서 본질을 찾는 것을 감상하기 위해 만든 것이니깐, 여기서는 홀짝 아이디어로 접근한다. 관찰과 사고 실험을 해 보자.

| 실험 1 |
| --- |

단일 폐곡선의 안쪽에서 밖으로 나올 때 그 곡선과 만나는 횟수는 모두 홀수이다.

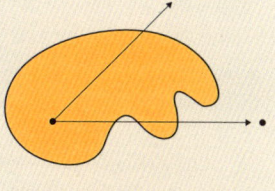

| 실험 2 |
| --- |

그러나 곡선 밖에서 시작해서 밖으로 나올 때는 항상 짝수 번을 만난다.

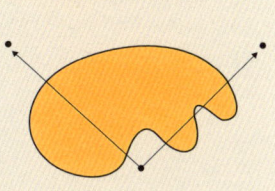

| 결론 |
| --- |

친구 달팽이에서 시작해서 곡선 밖의 아무 점을 잡아 선분을 그어 보면 홀수 번을 만난다는 것을 알 수 있다. 그러므로 친구 달팽이는 이 폐곡선의 안쪽에 있다는 것을 추리할 수 있다.

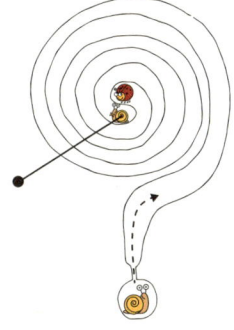

### Tip

그림에 있는 폐곡선을 단순 폐곡선(simple closed curve) 혹은 조르당 곡선이라고 한다. 원에서 시작하여 조금씩 변형된 곡선들은 조르당 곡선이다(자르거나 교차점 없이 변형). 조르당 곡선의 특징은 평면을 안과 밖으로 구분 지어 준다는 것이다. 너무 당연한 것이지만 프랑스의 수학자 조르당(C. Jordan)은 이런 성질을 수학적으로 엄밀하게 연구하였고 이 당연한 것 하나로 일약 슈퍼스타가 되었다. 수학에서 이런 것들을 연구하는 분야가 바로 위상수학(topology)이다. 이 분야는 우리가 평소에 배우는 수학과는 많이 다르고 계산이 별로 없는 수학으로 유명하다. 엄청나게 어려운 분야이지만 한편으로는 쉽고 재미있는 내용도 많이 있다.

수학은 단순히 공식이나 방정식이 아닙니다.
사고력을 통해 아주 난해하다고
알려진 미스터리를 해결할 수 있습니다.

미국 드라마 '넘버스(Numbers)' 중에서

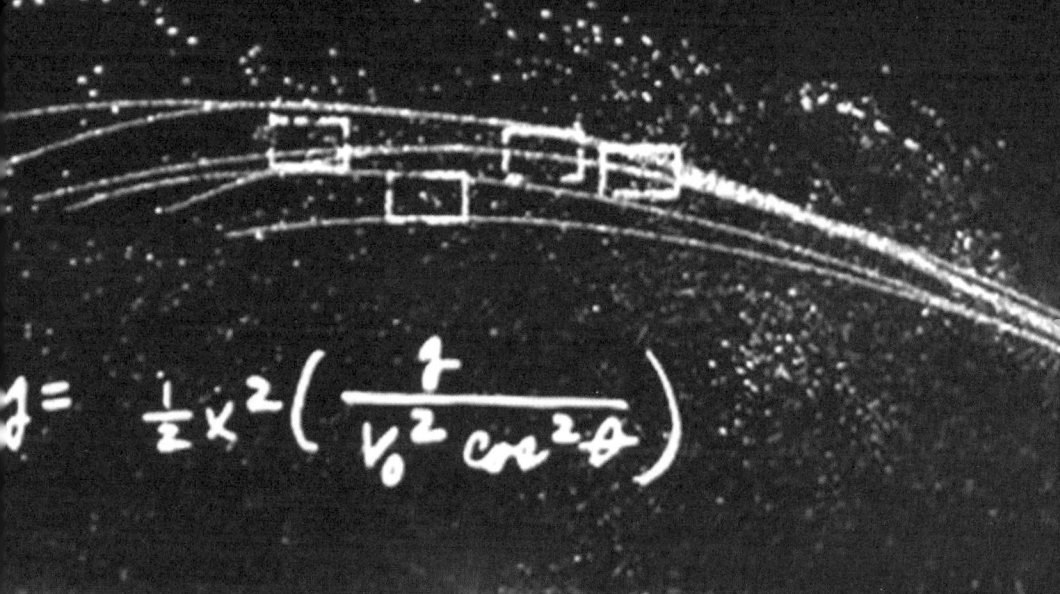

chapter

7

# 발칙한 상상

창조는 연결하는 것이다.
• 스티브 잡스 •

## 무엇을 하든지 하지 마라

일주일 후, 문을 살짝 열고 들어온 젬. 내 눈치를 힐끔 보더니 숙제를 살며시 내놓았다.

"사부님, 솔직히 인수분해는 너무 지루하고 재미없어요. 열심히 해도 잘 안 되는 것 같아요."

"그래? 너무 걱정 마라. 인수분해 못해도 되니까."

"못해도 된다구요? 에이, 말도 안 돼요. 이게 안 되면 이차방정식도 못 풀고…."

"물론 네 말이 맞다. 그러나 인수분해가 진짜 필요한 이유를 정확하게 아는 것이 더 중요하다. 아무 생각 없이 덤비지 말라는 거야. 무슨 공부든 처음에는 '생각의 약점'이 많을 수밖에 없다. 약점이 포착되면 그 약점이 어디서 오는지를 잘 생각해야 한다. '생각의 약점'을 다

시 생각하는 것이 몸에 익숙해지면 스스로 전략을 짤 수 있다.* 수학도 마찬가지다. 인수분해의 필요성에 대해서 진짜 생각해 본 후에 집중해도 된다. 이제 무슨 말인지 알겠지?"

"네. 아무 생각없이 무작정 하지 말라는 뜻이죠?"

"그래. 당장은 인수분해를 잘 못해도 되니까 걱정하지 말렴. 지금은 전체적인 방향 감각만 키우면 된단다. 그러니까 인수분해 필수 공식 몇 개만 눈 딱 감고 외워라. 간단하지?"

"네, 그 다음은요?"

"다음 단계는 공통 인수를 찾아내는 훈련을 한다. 이것은 계산이나 논리하곤 약간 다른 것인데 배열 상태와 모양을 보고 알아내는 것이

---

* 이것이 메타생각의 예이다.

지. 공간인식 알지? 결국 이 훈련으로 수렴한다. 착시는 항상 조심하구."

"그냥 공통적인 것을 계속 찾아내는 것이군요."*

$$☆□△ - □△ + ☆□ - □$$

← 공통찾기

$$= □△(☆-1) + □(☆-1)$$
$$= (☆-1)(□△ + □)$$
$$= □(☆-1)(△+1)$$

"그래, 자꾸 연습하다 보면 한눈에 보인단다. 다음은 공통 인수 찾기와 합차 공식의 반복 적용 예다. 어떻게 서로 연결되는지 잘 구경하거라."

$$xy^2 - xz^2 - y + z$$

$$□△^2 - □☆^2 - △ + ☆ \quad ← 공통찾기$$
$$= □(△^2 - ☆^2) - (△ - ☆) \quad ← 공식적용$$
$$= □(△+☆)(△-☆) - (△-☆) \quad ← 공통찾기$$
$$= (△-☆)\{□(△+☆)-1\}$$

---

* 공통 인수 찾기의 형태를 이해한 후에는 기호로 된 식을 통해 연습을 하는 것이 중요하다.

"별것 아니군요."

"그렇지? 점점 복잡해지겠지만 위에서 설명한 것처럼 공식과 패턴을 잘 살펴보면서 연습해야 한다. 이 정도로 마무리하고 다음으로 전진하자. 질문 하나! 어떤 두 물질이 박치기해서 갑자기 사라지는 일이 가능할까?"

"음, 불가능할 것 같은데요."

"그럼 두 숫자가 박치기해서 사라졌다면 이 두 숫자의 정체는?"

"글쎄요. 두 수를 곱해서 사라졌다면 0이 되는 것이니깐 0하고 곱하면 되겠네요."

"좋아! 바로 그거지. ab=0이면 a나 b둘 중에 하나는 반드시 0이 되지? 당연하겠지만 이것이 방정식의 해법의 기본 원리란다. 방정식은 0 찾기 게임이라고 보면 돼. 결국 어떤 식이든 박치기 형태로 나타내기만 하면 만사 OK지."

"저도 알지만 방정식 풀 때는 계산을 많이 해야 되잖아요."

"당연하지. 앞으로 네가 공부할 수학들은 방정식에서 시작해서 방정식으로 끝이 난다고 해도 과언이 아니다. 방정식을 푸는 것은 본질적으로 인수분해하는 것이고 인수분해는 수와 식 테크닉의 핵심을 이룬단다. 그런데 자칫 잘못하면 인수분해-방정식, 인수분해-방정식 하면서 죽어라 공부해도 머리가 좋아지기는커녕 오히려 머리가 마비되고 수학 공포증과 수학 알레르기의 합병증까지 생겨서 급기야 방정식이니 하는 말만 들어도 온몸에 소름이 돋고 말지. 그래서 인수분해는 기본만 하고 바로 방정식 문제 자체를 함수와 연결해서 우뇌를 최대한 이용하는 수학 신법에 에너지를 투입하자는 거지."

"그럼 결국 방정식 문제를 이미지를 이용해서 풀 수 있다는 뜻인가요?"

"후후, 이제 감을 잡는구나. 수학 신법은 함수와 방정식을 함께 엮어서 이미지와 수식을 결합시키는 기술인데 함수의 그래프를 그리는 것부터 시작한다. 나중에 함수 그래프 기법을 알고 나면 갑자기 방정식 문제들이 쉬워진단다."

"그렇군요. 근데 함수는 감이 잘 안 오고 막연해서 자신이 없는데…."

"걱정하지 말고 이제 본격적으로 방정식 함수 통일 기법으로 들어가보자. 학교에서는 인수분해, 방정식, 함수 순서로 하지만 우리는 거꾸로 간다."

"거꾸로 간다구요? 앞 부분도 잘 모르는데, 휴우…. 돌아버리겠네요."

"어허, 까불지 말고. 부족한 것은 그때그때 설명해 줄 테니 눈 딱 감고 따라만 와라."

## 이것은 그림이다

"먼저 함수의 그래프를 정복한다. 당장은 함수 자체에 대해서 너무 연연하지 말고, 특히 대응이나 집합 따위의 정의를 너무 따지지 마라. 이것도 나중에 자연스럽게 알게 돼. 우리는 계산 과정을 줄이고 그래프를 그림으로 그려보면서 완전히 몸으로 익히는 연습을 많이 할 거야."

"그래도 절편도 구하고, 또 꼭짓점도 계산해야 되고 결국 여러 가지 계산을 해야 되잖아요."

"하하…. 몇 가지 간단한 계산은 피할 수 없지만 계산한다고 생각하지 말고 그냥 신 나게 그림 그리는 걸로 간주해라."

"어떻게요? 2차 함수는 계산이 많이 필요한데…….."

"어허, 녀석. 자꾸 수학으로 생각하지 말라니깐, 이것은 그냥 미술이야. 그림 몰라? 넌 미술 시간에 각도 재고, 길이 재서 그림 그리니? 그냥 그림 그리듯이 그렇게 감각적으로 그래프를 그리면 돼. 꼭짓점은 꼭 알아야 하지만 완전 제곱식으로 바꾼다거나 절편을 억지로 계산하면서 처음부터 힘을 빼면 다시 원점으로 돌아가 버려. 결국 그래프의 느낌을 완전히 익히지 못하고 문제만 풀다가 질리기 시작하지."

"정말 복잡한 계산 없이 그래프를 그릴 수 있을까요?"

"쉽게 생각해. 꼬리하고 머리만 보고 그 그래프를 느껴봐라. 이미지로 상상이 되면 잽싸게 손으로 그려낸 다음 자세한 계산은 나중에 해도 돼."

나는 꼬리와 머리의 느낌만 가지고 1차·2차 함수 그리는 법을 설명해 주고 몇 개를 습작시켰다.

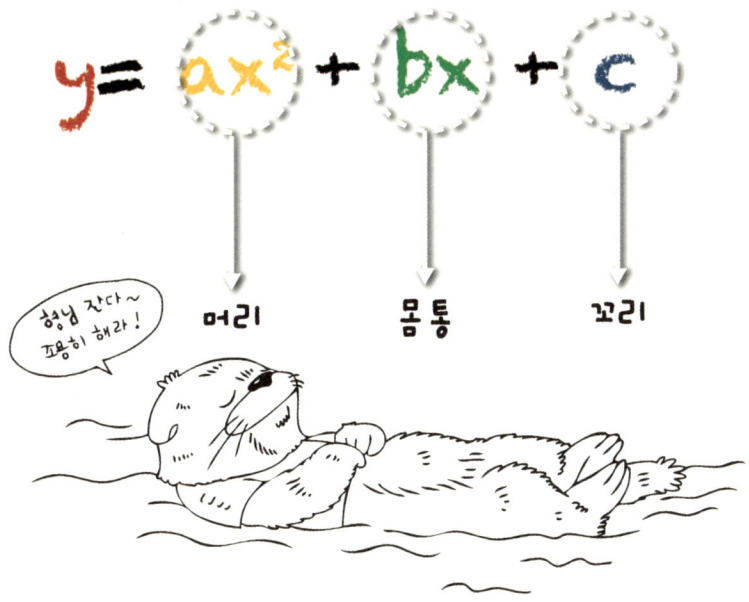

"완전히 자동으로 그려지게 절대로 계산이니 대입이니 하는 것은 하지 마라. 무조건 느낌으로 척 그려라. 화려하게 색 볼펜을 사용해서 한 장에 한 개만 그려라. 종이 아깝다고는 생각 말고."

몇 시간 동안 1차·2차 함수의 머리, 몸통, 꼬리 분할이론을 설명해 주고 여러 가지 문제를 실습해 보라고 숙제를 내 주었다.[*]

"잊어서는 안 되는 것은 함수식만 보고 지레 겁먹지 말고 대충 그려야 된다는 거야. 식들은 그림을 그리는데 필요한 암호라고 생각해. 악보 보고 피아노 치듯이 그렇게 그려내면 돼. 완전히 손에 익어서 함수 관계식만 보고도 그림이 척 떠오르면 게임 끝이야. 영화처럼 머릿속에서 쫙 펼쳐지게 해라. 자나깨나 앉으나 서나 밥 먹을 때나 화장실

---

[*] 이 부분의 설명은 책의 분량 때문에 모두 삭제하였다. 그냥 보기만 하라(다음을 기약하며).

갈 때나 항상 머리 속으로 그림을 생각해라. 이렇게 자유자재로 그래프를 그릴 수 있으면 신법의 절반은 완수했다고 보면 돼. 자면서도 함수 그림이 꿈에 나타나고 꿈속에서 문제를 푼다든지 하는 믿지 못할 일들도 경험하게 될 것이다. 만약 이것이 나타나면 초절정 고수의 단계로 단번에 간 것이지만, 일단 눈앞에 어른거리기만 해도 대성공이다."

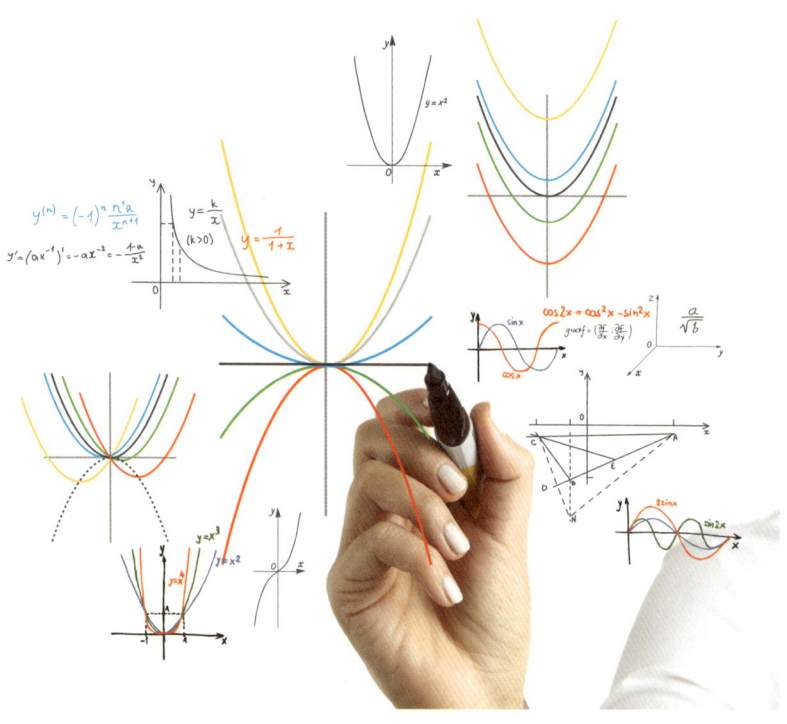

## 무한대(∞)의 저주

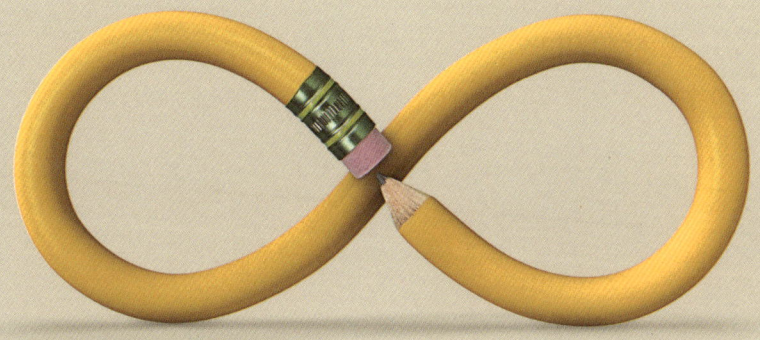

무한에 관한 이야기는 2000년 전부터 사람들에게 신비감과 공포감을 주었다. 무한 혹은 무한대가 수학적인 모습으로 변신한 것은 위대한 뉴턴의 힘이다(무한을 기초로 하는 것이 미분과 적분이다). 그런데 뉴턴의 미적분은 영국의 수학자 월리스의 업적을 바탕으로 한다. 월리스는 무한대에 관해 체계적으로 연구하여 미적분의 기초가 될 만한 것을 많이 발견하였으며 최초로 무한대의 기호를 '∞'로 사용하였다고 한다.

무한대를 ∞로 표시한 이유에 대해서는 의견이 분분하지만(월리스 마음이겠지만) 1000을 의미하는 옛 로마 숫자의 잘못된 표기에서 유래되었다는 설도 있다. 그리스 알파벳의 마지막 글자인 오메가의 소문자($\omega$)는 끝 혹은 파국을 의미하는데, 이는 무한대 기호(∞)하고 닮았다. 아마도 월리스가 이것을 연관시켰는지도 모른다.

그 이후에 독일의 천재 수학자 칸토어(G. Cantor)가 1894년에 무한에 대한 모든 비밀을 파헤치며 현대 집합론을 탄생시켰다. 그러나 칸토어의 발상이 당시에는 너무 충격적이었는지 세상은 칸토어를 비난하였다. 칸토어는 그 충격으로 정신병을 얻었고 정신병원에서 쓸쓸하게 생을 마감하였다.

멜랑콜리한 이야기는 여기서 마무리하고 무한대 역사에서 가장 충격적인 증명 하나를 소개하겠다.

문제

$\frac{1}{\infty} = 0$ 임을 다 알고 있을 것이다. 그럼 $\frac{1}{0} = \infty$ 임을 증명하여라.

증명

$\frac{1}{\infty} = 0$

시계 반대 방향으로 90° 회전하면

$-18 = 0$

양변에 8을 더하면

$-10 = 8$

다시 시계 방향으로 90° 회전하면

$\frac{1}{0} = \infty$

너무 비난하지 마라. 웃자고 한 증명이니까….

게오르크 칸토어(1845–1918) 수학자
"수학의 본질은 그 자유로움에 있다."

## 추상의 눈

이제 마음을 편하게 하고 눈을 지그시 감고 작품 하나를 감상해 보자. 이 그림은 무엇을 의미하고 있을까? 언뜻 보아선 그 이미지의 내용을 알 수 없다. 추상을 느끼는 감각이 있다면 그저 '아름답고 묘하다' 정도일 것이다. 사실 이 작품은 특별한 것을 상징하는 것이 아니라 우리에게 친근한 동물인 '소'를 추상화한 것이다(어떤 심오한 우주의 비밀을 상징하거나 작가의 숨은 철학이 숨겨져 있는지는 모르겠지만 실제 소를 형상화한 것이다).

리히텐슈타인(R. Lichtenstein)*은 소의 이미지에서 거추장스런 점을 모두 버리고 어떤 특징만을 추출하여 재구성하였다. 이와 같이 추상

---

* 로이 리히텐슈타인(R. Lichtenstein, 1923-1997) : 미국의 대표적인 팝 아트 미술가로서 만화의 장면을 캔버스로 옮긴 작품으로 유명하다. 리히텐슈타인의 '소'는 1973년 작품.
http://www.tate.org.uk/art/artworks/lichtenstein-bull-i-p11482

은 사물의 본질만을 찾아서 재구성하는 것이며 눈에 보이는 것 이면에 숨은 '어떤 것'을 찾는 것이다(패턴 인식과 같은 맥락에서 이해할 수 있다). 좀 과장되게 표현하면 그 어떤 것이 주관적일 경우 예술이 되고 객관적일 경우 수학이 된다.*

* 창의적 활동을 하는 예술가처럼 수학자도 고도의 창의성이 필요하다. 수학은 태생적으로 추상화시키는 것을 좋아하므로 수학자는 추상적인 것을 만들어내는 눈으로 무장되어 있다.

수학은 사물의 성질 그 자체를 다룬다기보다는 사물들의 관계와 그 패턴을 다루며 그것을 기호로 재구성하고 또한 그 시스템을 계속 추상화시킨다.* 이처럼 미술(특히 현대 미술)과 수학은 추상성의 입장에서 서로 닮았다. 처음부터 추상적인 미술 작품의 아름다움을 느낄 수는 없지만 많은 작품을 감상하고(혹은 스스로 그려 보고) 그 이면의 스토리를 배우는 과정에서 차츰 추상을 느끼는 눈이 생긴다. 같은 이치로 수학에서도 학습을 통해서 추상을 보는 눈이 생기는 것이다. 이렇게 학습된 '추상의 눈'을 통해 생각의 힘을 키워 나가고 세상을 새롭게 보게 된다.

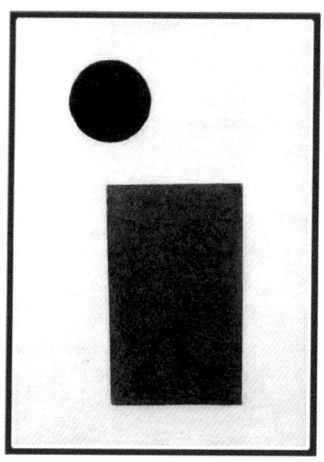

말레비치(K. Malevich)—Rectangle and Circle(1915)

---

* 그런 추상성 때문에 수학은 우리가 생각할 수 있는 모든 것을 담을 수 있다. 미술이 상상하는 모든 것을 표현할 수 있는 것처럼.

## 함수의 추억

학교에서 처음 함수를 접할 때는 간단한 비례를 다루는 일차함수로부터 시작하여 추상적인 함수의 정의와 기본적인 성질들을 배우게 된다. $y=f(x)$라고 표시되는 함수의 의미와 그 구조를 완전히 이해하는 데는 상당한 시간이 걸리고 함수 부분에서 엄청난 고통을 겪는다. 수능시험을 치는 순간 이 의미를 알았다는 어떤 학생의 푸념처럼 수학에서는 함수뿐만 아니라 대부분의 대수학(algebra) 파트가 기호로 움직이고 추상화되어 있어 초보자가 직접적으로 그 느낌을 가지기 힘들게 되어 있다. 하늘이 도와서 방정식 부등식 부분을 쉽게 돌파하여도 함수 부분에 와서 한 번쯤 좌절을 경험한다. 추상적으로 나열된 것을 보고 감이 안 오면 학생들은 다시 외우기 시작하고 결국 무서운 수학의 덫에 걸려들고 마는데 이런 현상이 함수 부분에서 가장 많이 나타난다. 이런 점에서 함수 부분에 자신이 없다면 함수의 대략적인 개념만 이해하고 재빨리 다음 단계로 진입하는 것이 좋다.

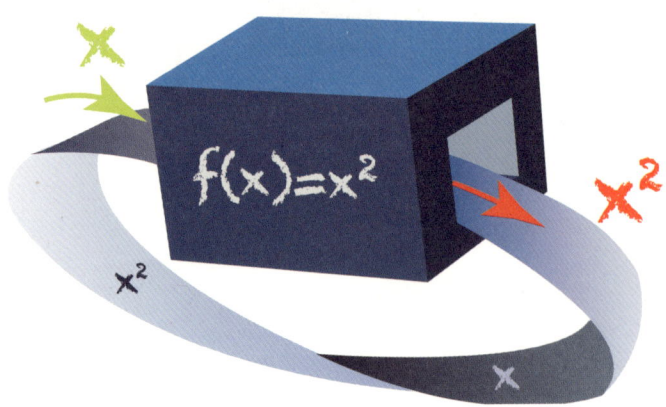

사실 함수의 개념은 직관적으로 쉽게 받아들일 수도 있다. 예를 들면 우리가 물건을 살 때 100원에 3개면 200원에 몇 개라는 것쯤은 유치원생도 당연하게 알고 있다. 아니 느끼고 있다. 이것이 바로 일차함수의 원리이다. 또한 내가 어느 시간에 게임방에 가면 그 시간에 노래방에 간 것이 아닌 것은 당연하다. 자판기에 돈을 넣고 콜라 버튼을 누르면 콜라가 나오지 사이다가 나오거나 동시에 콜라와 사이다가 나오는 일은 없다는 것도 당연하게 알고 있다. 이것이 함수의 정의와 대응의 의미인데, 이와 같은 것을 잘 관찰해 보면 함수를 왜 꼭 그렇게 정의하는가를 우리는 쉽게 이해할 수 있다.

이 정도의 비유를 가지고 간단하게 함수를 파악한 후 이미지 연습 단계에서 에너지를 쏟아 부어야 한다. 처음부터 공리 체계에 따라서

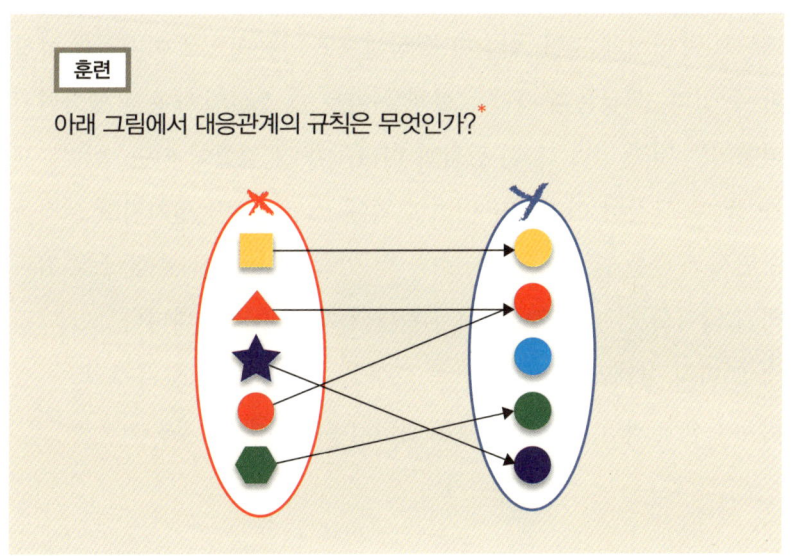

**훈련**
아래 그림에서 대응관계의 규칙은 무엇인가?*

---

* 정답은 '색깔'을 대응시키는 것.

어려운 추상적 성질과 기호를 그냥 무작정 주입하면 우리의 뇌는 반발을 하게 되어 있다. 감각이 아직 없는 상태에서 추상적인 것을 이해하려고 드는 것은 물과 기름을 섞으려고 하는 것과 같다. 함수 뿐만 아니라 다른 수학의 분야도 이와 마찬가지다. 추상화된 수학은 그 단순함 때문에 시처럼 아름답지만, 그것을 느낄 수 있는 감각이 없다면 단지 이것은 무미건조하고 골치 아픈 암호에 불과하다.

결론적으로 함수의 정의 → 그래프의 탐구 → 역함수, 합성함수 등의 순서로 이어지는 학습과정 속에서 추상병이 오기 전에 충분히 이미지 훈련을 하여 쉽게 감각적으로 접근할 수 있도록 노력해 보자. 그 다음에 방정식 전투에서 이것을 응용하여 죽이면 되는 것이다. 복잡한 좌뇌의 계산은 나중에 해도 충분하다. 그것은 확인 사살에 불과하다.

이미지와 감각을 총 동원하여 그래프를 손으로 그려보면서 하나의 패턴으로 익히게 되면, 단순한 수식에서도 마음속으로 이미지를 상상할 수 있다. 이것은 우리가 소설책을 읽을 때 소설의 내용을 영화처럼 떠올리는 것과 같다. 또한 감각과 이미지가 잘 결합이 되면 수학 문제를 풀 때 그것의 이미지가 머리 한쪽에 스크린처럼 펼쳐지고 이것을 보면서 계산을 할 수가 있다. 조금 더 익숙해지면 계산을 손으로 직접 하지 않아도 컴퓨터 모니터에서 하나씩 계산 결과가 나타나듯이 머릿속 이미지 상태에서 직관적으로 흐름을 느끼며 결론을 유추할 수 있다. 이 정도 되면 함수의 맛에 도취되기 시작한다.

7장 발칙한 상상 | 231

## 마그리트와 아이디어 카트

이제 머리 아픈 함수 이야기는 마치고 아래 그림을 한 번 감상해 보자. 초현실주의 화가 르네 마그리트의 작품*이다.

르네 마그리트-붉은 모델(The red model)

누군가 신발을 신고 갈 것 같다. 아니 발이 스스로 뛰어갈 것 같다. 뭔가 이상하지만 역겹지 않고 신비롭다. 마그리트의 다른 작품들도 이런 기묘함과 모순으로 가득 차 있다. 이 절묘한 모순은 우울하지만 발랄하고, 복잡하지만 단순하고, 충격적이지만 불쾌하지 않다. 그는 상상을 초월하는 수많은 아이디어를 어떻게 창조했을까? 아름다움을

---

* 르네 마그리트(R. Magritte), 붉은 모델(1934).
  http://www.wikipaintings.org/en/rene-magritte/the-red-model-1934

떠나서 그 아이디어의 기발함에 더 놀랄 뿐이다.

초현실주의 화가들의 창의성의 원천을 추적하다 보면 '데페이즈망'이라는 기법을 발견할 수 있다. 데페이즈망(depaysement)이란 프랑스어로 '낯설게 하다' 혹은 '다른 환경에 두다'라는 뜻이다. 이 기법을 통해 낯익은 사물들을 모순되게 결합하고 변형하여 예측하기 힘든 '기이함'을 만들어 낸다. 이 기법은 고립(Isolation), 변형(Modification), 크기변화(A change in scale), 합성(Hybridization), 이중이미지(The double images as a form of visual pun), 우연한 만남의 발생(The provocation of accident encounters), 역설(Paradox), 개념적 양의성(Conceptual bipolarity) 등 여러가지 하부 기술로 이루어져 있다.* 우리는 여기 열거한 기법들이 정확하게 무엇인지 몰라도 이름 속에서 그 의미를 대략적으로 짐작은 할 수 있다. 마그리트는 이런 데페이즈망 기법들을 활용하여 신비하고 충격적인 작품을 많이 창조하였다. 사실 그가 이런 아이디어 기법을 활용한다는 사실 자체가 더 놀랍다.

예술(특히 미술)의 세계는 지식의 세계와는 달리 자유로운 상상이 더 중요하다. 형식과 개념을 바탕으로 하는 '창의성의 공식'이 필요 없을 정도다. 그러나 이런 자유로운 예술의 세계에도 데페이즈망 같은 발상 기술이 '창의적 생각'을 만들어 내는데 큰 도움이 된다. 예술뿐 아니라 인간의 모든 창조적 행위에는 그것을 이끌어 내는 생각의 기술이 숨어 있다. 루트번스타인(Root-Bernstein) 부부는 그들의 책 '생각의 탄생'에서 예술가, 수학자, 과학자 등 수많은 천재들을 탐구하여 그들이 공통으로 사용하는 생각의 도구를 13가지로 요약하였다. 이

---

* 수지 개블릭(S. Gablik)의 책 《Magritte》

도구들은 관찰, 형상화, 추상화, 패턴인식, 패턴형성, 유추, 몸으로 생각하기, 감정이입, 차원적 사고, 모형 만들기, 놀이, 변형, 통합이다. 이 13가지 도구들은 구체적인 면에서 다른 부분이 있지만, 데페이즈망의 기본 원리를 모두 담고 있다.

이외에도 스캠퍼 발상법이라는 생각의 도구가 있다. 밥 에버르(B. Eberle)는 오스본의 아이디어 질문 리스트를 바탕으로 이 발상법을 만들었다. 그것은 S-대체(Substitute), C-결합(Combine), A-적용(Adapt), M-변형(Modify), P-대용(Put to other uses), E-제거(Eliminate), R-뒤집기(Reverse)로 구성되어 있고, 머리 글자를 따서 SCAMPER(스캠퍼)라고 부른다. 간단한 스캠퍼와는 달리 40개나 되는 많은 요소로 이루어진 TRIZ* 기법도 있다. 구소련의 겐리히 알츠슐러(G. Altshuller)는 생각의 기술들을 더 세분화시켜 이것을 체계화했다.

지금까지 간단하게 살펴본 생각의 기술들은 구체적인 내용을 담고 있는 것이 아니다. 그래서 우리가 이것을 지식처럼 공부하면서 학습하기는 쉽지 않다. 오히려 학교나 직장에서 만나는 문제를 통해 직접 경험하면서 개념화시키는 것이 좋다. 그러나 개념화된 '생각의 기술'을 실제 활용하여 '창의적 발상'을 하는 것은 별개의 문제다. 공부하는 학생의 경우에 자신이 보는 문제는 대부분 책 속에 정해진 해답이 있기 때문에 이런 추상적 기법을 활용할 기회가 별로 없다. 사실 정해진 해답이 없는 세계에서도 이 생각의 기술을 적절하게 활용할 여유가 많은 것은 아니다.

---

* 'TRIZ'는 러시아어 'Teoriya Resheniya Izobretatelskih Zadach'의 약자이며, 영어로는 TIPS(Theory of Inventive Problem Solving)라 한다.

이런저런 이유로 생각의 기술은 무지개처럼 보인다. 결국, 그것이 피와 살이 되기 위해서는 또 다른 무엇이 필요하다. 그것이 바로 메타 생각이다. 이것은 자기 생각에 대해서 다시 생각하는 생각의 상위 기술이다. 메타생각은 '생각의 기술'과 그것을 '활용하는 법'을 포괄한다. 그러나 지금은 다양한 '생각의 기술'의 실체를 이해하는 것이 우선이다. 사실 위에서 소개한 기법들은 조금씩 그 용어만 다를 뿐 본질적으로 비슷한 부분이 많다. 이것은 창의적 발상을 위한 생각의 기술에는 공통되는 근본 원리가 숨어 있다는 것을 암시한다. 이 원리를 바탕으로 우리는 자신만의 생각기술을 새롭게 분류해서 개념화할 수 있다. 그래서 나는 이미 세상에 나와 있는 기술들을 실제 활용하기 쉽게 재구성하여 '아이디어 카트'라고 이름 지었다(유치하지만 기억하기 쉬울 것 같다). 이제 마트에서 장을 보러 다니는 것처럼 우리도 '아이디어 생각 기술'이 가득 담겨 있는 '아이디어 카트'를 자나 깨나 끌고 다녀 보자.

IDEA-CART

I – 이미지사고 (Image)

D – 차원사고 (Dimension)

E – 극단사고 (Extreme)

A – 분해분석 (Analysis)

C – 관점의 전환 (Change of viewpoint)

A – 유추 (Analogy)

R – 뒤집기 (Reverse)

T – 변환 (Transform)

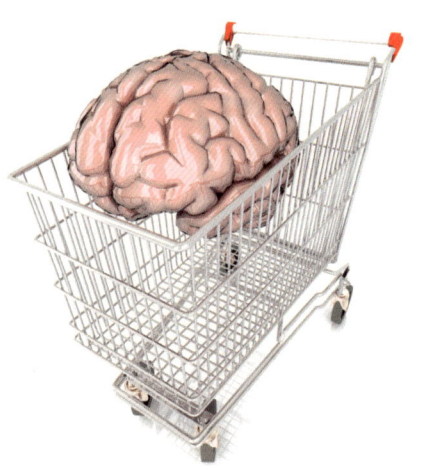

# 화장실에서

며칠을 생각해도 해결되지 못한 문제 때문에 정신이 어지럽다. 도저히 해결책이 생각이 나지 않는다. 이럴 땐 한동안 그 문제를 잊고 지내는 것이 상책이다. 어느 날 샤워를 하고 푹신한 침대에서 누워서 잊고 있던 그 문제를 다시 꺼내 생각을 하다보면 문득 아이디어가 번개처럼 머릿속을 스친다. 우리는 이런 경험을 한 번쯤 해 보았을 것이다. 학교나 일터에서 막혔던 생각들이 침대 위에서는 리듬을 타고 춤을 춘다. 침대뿐 아니라 버스나 기차를 타고 여행을 할 때도 영감이 잘 떠오를 때가 있다. 이런 현상은 화장실에서도 마찬가지다. 예부터 생각이 잘 되는 세 장소를 삼상지학(三上之學)라 하였는데 그 장소가 바로 침상(枕上), 마상(馬上), 측상(廁上)이다(송나라의 시인 구양수가 한 말). 지금으로 보면 위에서 등장하는 침대, 버스, 화장실이 될 것이다.

기발한 생각이 예상 밖의 장소에서 잘 떠오른다는 것이 재미있다. 장소의 반전은 생각의 반전을 가져오나 보다. 반전하면 역시 화장실이다. 절박함과 느긋함이 교차하는 화장실에서 우리의 생각은 사라졌다가 또 새롭게 일어난다. 예부터 화장실 마음은 여측이심(如廁二心)이라 했다. 화장실 들어갈 때 마음, 나올 때 마음 다른 것이야 생리적인 것이겠지만 화장실은 역시 두 마음이 절묘하게 교차되는 곳이다. 반전의 메카가 아닐 수 없다.

화장실의 반전으로 유명한 것은 마르셀 뒤샹(M. Duchamp)의 화장실 변기이다. 그는 화장실의 남자 소변기를 덜렁 가져와 그것이 예술 작품이라고 선언하였다. 자신이 그 소변기를 만든 것도 아니다. 기성품에 'R. Mutt 1917'이라고 서명을 한 것이 전부다. 뒤샹의 '샘(Fountain)'으로 불리는 이 장난 같은 작품이 미술사의 반전을 가져온 것은 아마도 기존 미술의 프레임을 깨 버렸기 때문일 것이다. 화장실의 반전으로 최근에 유명한 것은 '검정 화장지'이다. 포르투갈의 헤노바(Renova)사에서 제작한 이 검정 화장지는 '하얀색'의 고정관념을 깨버렸다. 이 괴상한 화장지가 고급 호텔에서 대단한 인기를 누리고 있다. 역

발상이 '화장지 디자인' 시대를 새롭게 열어 버렸다. 뒤샹의 샘이나 검정 화장지는 생각의 프레임과 그것을 깨 버리는 역발상에 대해서 많은 것을 이야기 해 준다.

다시 반전의 장소로 돌아와 보자. 사실 변기 작품이나 검정 화장지 아이디어가 화장실에서 탄생했는지는 알 수 없다. 그러나 화장실은 역시 생각의 반전을 도와주는 좋은 장소이다. 화장실은 혼자 사색할 수 있는 기회를 주는 유일한 곳이기 때문이다. 생각의 반전은 사색 속에서 시작된다. 문제가 안 풀리고 생각이 막힐 때 화장실에서 앉아 조용히 사색을 해 보자. 생각이 순간 멈추었다가 다시 시작될 때 아이디어가 번쩍 생길지도 모른다. 잘 안 되면 뒤샹이나 검정 화장지를 한 번 떠올려 보라. 그래도 안 되면 빨리 물을 내리자. 밖에 사색이 되어 기다리는 사람을 위하여.

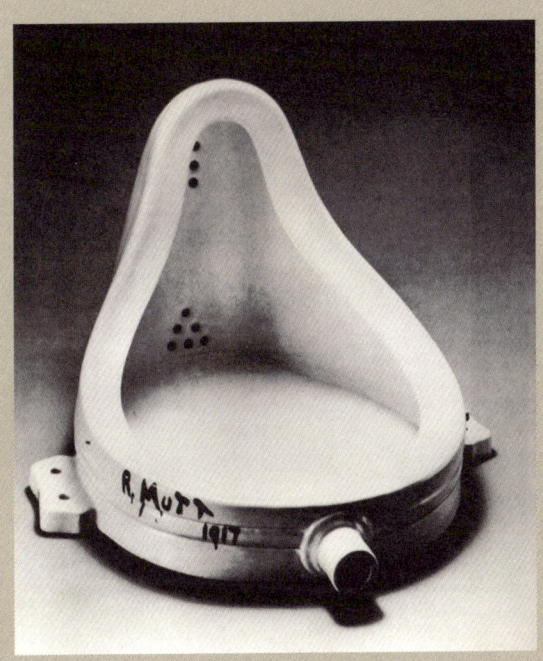

마르셀 뒤샹-샘(1917)

7장 발칙한 상상 | 237

잃어버린 강의 노트

# 기압계와 빌딩

**훈련** 기압계로 빌딩의 높이를 구하는 여러 가지 방법에 대해서 알아보자.

### 1. 수학 좋아하는 놈의 풀이
건물의 그림자와 기압계의 그림자가 만들어 내는 두 삼각형은 닮았다. 닮음 비를 이용하여 구한다.

### 2. 물리 좋아하는 놈의 풀이
빌딩 맨 위층에서 기압계를 자유낙하 시킨다. 땅에 도착하는 시간을 구하면 높이를 알 수 있다.

### 3. 물리 고수의 풀이
빌딩 꼭대기와 지표면에서 기압계를 진자처럼 각각 흔들어 본다. 각 위치에서 진자의 주기를 측정하여 진자주기 공식에 넣어 계산을 하면 된다.

### 4. 기발한 놈의 풀이
기압계에 줄을 매달아 2층에서 땅까지 높이를 재 본다. 이렇게 구한 높이에 층수를 곱하면 된다.

삼각형의 닮음을 이용하는구나

이것 말고 다른 방법도 생각해 보시길….

| 해설 | 다음과 같은 방법도 가능하다.

| 진짜 기발한 놈의 풀이 |

빌딩 꼭대기에서 기압계로 기압을 잰다. 이것을 기압 공식에 대입하면 높이가 나온다.

| 황당한 놈의 풀이 |

기압계를 건물 관리인에게 선물로 주고 대신 건물 설계도를 구경한다.

> 생각은 물리적 프레임과 수학적 프레임 속에서 움직인다. 프레임을 확인한 후 역발상(reverse), 관점의 전환(change of viewpoint) 등을 시도한다. **메타생각**

### Tip

실제 저 황당한 답을 물리 시험에서 제출한 학생이 있었다. 그가 바로 1922년에 노벨물리학상을 수상한 닐스 보어라는 물리학자다. 그는 양자역학을 반대한 아인슈타인과 설전을 벌인 일화로 유명하다. 기압계와 빌딩 문제는 창의성에 관한 책에서 종종 등장한다. 생각의 프레임을 전부 모니터링하게 되면 새로운 생각을 쉽게 만들 수 있다(메타생각).

**닐스 보어** (1885~1962) 물리학자

닐스 보어는 원자 구조의 이해와 양자역학의 성립에 기여한 덴마크의 물리학자로, 훗날 이 업적으로 1922년에 노벨물리학상을 받았다.

chapter

8

# 메타전략

진정한 발견이란 새로운 땅을 찾는 것이 아니라
새로운 눈을 갖는 것이다.
• 마르셀 프루스트 •

## 가래침

　　　　　　　무사히 겜은 함수 죽이기 과정을 마쳤다. 환영이 어른거리는 단계는 오지 않았지만 일단 함수에 대한 잘못된 인식과 공포심은 어느 정도 제거되었다. 함수 죽이기를 마치고 좌뇌와 우뇌를 동시에 이용하여 함수 방정식 통일 기법을 계속 수련시켰다. 번개처럼 방학이 지나고 개학을 맞이하였다. 겜은 가끔 한 번씩 와서 훈련용 문제를 받아가곤 했다.

　겜의 수학 머리 훈련과 통일 기법이 거의 완성될 즈음에 또 시험이 닥쳤다. 역시 시험은 학생의 운명…. 운명을 피해갈 것인가? 맞서 싸울 것인가?

　"잘 쳤겠지?"

　또 시험을 망쳤는지 울상을 짓는 겜.

　"얼마나 못 쳤기에 그렇게 죽을상이니?"

　"뭔가 수학에 대한 새로운 눈이 생긴 것 같았는데 막상 시험에선 안 통했어요. 도형 부분은 자신 있었는데 응용 문제가 나오니 머리가 굳어 버리네요. 정말 저는 머리에 문제가 있나봐요."

　"괜찮아. 수학에 감이 온

것은 분명하잖니. 욕심부려서 그럴 수도 있단다."

"만점을 받고 싶어 욕심을 부리긴 부렸지만, 막히는 문제가 생기자 다음 문제도 생각이 잘 안 나고 갑자기 앞이 캄캄해졌어요. 심장이 쿵쾅거리면서 손에 땀도 질질 흐르고 완전히 망쳐버렸지요."

"너무 실망 말고…. 사실 성적과 실력은 약간 별개인데 그동안 넌 시험을 위한 공부를 안 해서 그런 거니깐 부정적인 생각은 버려라. 예전에 말했듯이 선생님도 고등학교 1학년 겨울 방학 때 수학에 어떤 깨달음을 얻었다고 생각했는데 2학년에 올라와서 수학 성적에 큰 변화는 없었단다. 지나간 것은 잊어버려라. 시험은 또 다른 게임이란다. 그 게임의 룰을 터득하면 시험의 난관을 극복할 수 있단다. 선생님이 이제부터 시험이라는 게임의 룰과 그 요령을 가르쳐 줄게. 하지만, 이것은 하나의 모델에 불과하니깐 절대로 그대로 삼키면 안 된다. 가르침은 가래침이라고 생각해. 가래침을 그냥 삼킨다고 생각해 봐. 끔찍하지? 그러니까 이것도 '메타생각'을 이용해서 네 몸에 맞게 재구성해야 된다. 힘내자."

"네. 그래도 너무 분하고 속이 상하네요."

## 메타전략 1 - 뽀모도로 테크닉

"네 심정은 충분히 이해한다. 빨리 훌훌 털고 성적 죽이기 시작하자꾸나. 성적 죽이기 1단계부터 시작해 보자. 이것은 이름하여 '타이밍 적응 테스트*'라고 부르는 것인데 정답의 개수뿐만 아니라 시간도 체크하는 것이다. 먼저 시험 범위 내에서 이미 풀어 본 문제집을 펼쳐 놓고 다섯 문제씩 무작위로 뽑아서 10회 정도의 분량을 만들고 시간을 정확히 재면서 빨리 푸는 연습을 해라. 5분간 쉬고 다시 풀고 계속 반복하는 거야. 학교 시험은 스피드와 정확성을 동시에 요구하는데 1시간 정도의 짧은 시간 안에 몇 단원의 문제를 풀려면 생각할 시간이 별로 없어. 그래서 문제를 보자마자 손이 나가야 한다. 이런 것을 타이밍 적응 테스트에서 충분히 연습을 해 보는 거야. 문제

* 뽀모도로(pomodoro) 테크닉 혹은 초치기 훈련이라고도 한다.

를 푼다는 것보다는 시간을 극복하는 연습이지. 답이 틀려도 좋으니 무조건 시간 내에 빨리 풀고 점수를 기록해야 돼. 그리고 약간 스피드가 생겨서 시간이 조금씩 남게 되면 검산을 하는 과정을 덧붙이는 거지. 스피드와 정확성을 잘 조절해야 하는데 스피드에 너무 치중하면 심장 소리가 들리거나 손에 땀이 나게 되는데 이것은 아드레날린이 분비되기 때문이지. 자꾸 연습하다 보면 심장이 상당히 강해진단다. 중요한 것은 미리 시험보는 것처럼 분위기를 유도하는 것과 스피드와 정확도를 적절하게 조절하는 거야. 별것 없지?"

"음…. 스피드와 정확도의 조절이라…. 쉽지만은 않겠군요."

"아냐. 네 스타일에 맞게 평소에 조금씩 하다가 시험을 며칠 남겨 두고 집중적으로 해 보면 스피드가 늘어서 검산 시간을 확보할 수 있을 거야."

"결국 문제를 많이 풀어야 하는 것이군요. 그럼 사고력이니 수학 신법이니 하는 것은 별 쓸모가 없잖아요."

"그게 아니고 평소엔 머리와 수학의 톱니바퀴를 이용하여 충분히 연마를 해 두고 시험을 눈 앞에 두고 타이밍 훈련을 하라는 거야. 이 스피드 훈

련의 궁극적인 목표는 시간 압박을 극복하는 기술*을 익히는 것이지. 스피드가 떨어지는 것은 실력이 없다는 뜻이다. 그러나 지금은 이것을 문제 삼는 것이 아니고, 또 다른 약점을 발견하고 보완하는 법을 이야기하고 있는 거란다. 시간 압박이 시작되면 심리상태가 불안정해지고 생각이 망가진다. 이런 심리적 약점은 생각의 약점보다 더 무서운 약점이다. 그래서 이 약점을 스스로 확인하면서 적응하는 훈련이 중요하다는 거다."

"그렇군요. 저는 시험볼 때 시간 압박이 심해요."

"누구나 시간 압박이 있지. 핵심은 생리변화를 체크하고 스트레스를 견디는 연습을 어떻게 할 것인가를 스스로 생각해 보는 거야. 어쨌든 이것도 네 자신을 관찰하고 네 자신에 대해서 생각하는 것이니 이것도 일종의 메타기술이다."

"아. 메타...."

---

* 뽀모도로 테크닉은 1980년대 프란시스코 씨릴로(F. Cirillo)가 시간 관리법으로 개발한 기법이다. 뽀모도로는 이탈리아 말로 토마토를 말하는 것으로 토마토 파스타를 만들 때 사용했던 토마토 모양의 요리용 타이머를 이용하면서 이 말이 유행하였다. 뽀모도로 기법을 소위 초치기 훈련에 응용해 본 것이다.

## 메타전략 2 - 포지셔닝

 "자, 다음 2단계로 가보자. 충분히 타이밍 훈련이 되었다면 시험 치기 하루나 이틀 전에 눈을 감고 공부한 내용을 머릿속으로 하나씩 떠올려라. 생각이 잘 안 나면 다시 책을 뒤적이고 확인하고 다시 떠올리는 것을 계속 반복해서 완전히 공부한 내용을 머릿속으로 정리해라. 머리로 정리한다고 해서 문제를 새로 푸는 것은 아니다. 이미 풀어 본 문제들을 다시 확인하면서 어떤 문제가 어디에 있다는 위치를 파악하면 되는 거야. 이것을 포지셔닝(positioning, 위치 확인)이라고 한단다."

"네. 포지셔닝!"

"이렇게 머릿속으로 정리한 후 바로 풀 수 있는 문제와 생각이 더 필요한 문제를 분류해야 한다. 스스로 자신 없는 부분이 무엇인지를 확인하는 절차지."

"아. 이것도 메타군요."

"그래. 자신의 생각 자체를 다시 체크하는 과정은 모두 '메타생각'

이라고 보면 된다. 이 메타에 익숙해져야 생각을 확장하고, 수정하면서 약점을 보완할 수 있는 전략을 스스로 만들 수 있단다. 자신의 미묘한 약점은 아무도 모르는 거야. 오로지 너 스스로 알아낼 수 있을 뿐이다."

"약점을 알아낸다! 바로 이 전략이군요."

"그렇지. 그렇다고 해서 시험이 임박한 상황에서 너의 약점을 보완하기 위해 그 많은 문제를 다시 풀어 볼 수는 없는 노릇이지. 사실 평소에 메타 전략을 잘 수립해야 하는데 시험에 임박해서 적용해도 효과가 생긴단다."

"알겠습니다. 이것이 끝인가요?"

## 자이가닉 효과

자이가닉 효과는 완성된 과제보다 미완성인 과제가 기억에 더 오래 남는 현상이다. 베를린 대학교의 심리학과에 다니던 자이가닉(B. Zeigarnik)은 그의 지도교수와 카페에서 자주 세미나를 하였다. 자이가닉은 카페의 직원들이 계산을 하기 전에는 정확하게 주문 내역을 기억하는데 계산한 후에는 전혀 기억을 하지 못하는 것을 이상하게 생각하였다. 이 현상을 좀 더 연구하기 위하여 자이가닉은 정교한 실험을 디자인 하였다. 실험 참가자들을 두 그룹으로 나누어 같은 과제를 수행시킨 후, 한 쪽 그룹은 일을 완성하도록 하고 다른 그룹은 의도적으로 일의 완성 전에 중단을 시켰다. 그 후에 자신들이 수행하던 과제의 기억률을 조사하였는데 흥미로운 결과가 나왔다. 과제를 완성한 그룹에 비해 과제를 풀다가 중단당한 그룹이 자신이 푼 문제를 기억해 낼 가능성이 1.9배나 높았다.

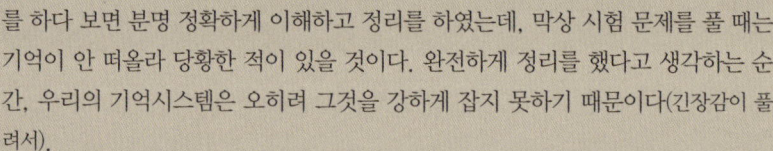

이 효과를 이용해서 호기심과 기억을 동시에 고양시키는 미완성 광고 기법이 생기기도 하였다(티저광고-선영아 사랑해).

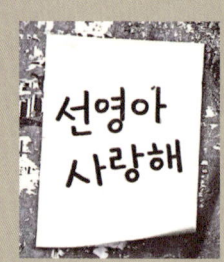

우리는 이 효과를 직접 공부 기술에 적용할 수 있다. 공부를 충분히 한 후에 최종적으로 완료를 해야 하는 시점에서 완전한 정리를 미루고 중단을 해 보자. 심리적 긴장감이 발생해서 풀이 과정을 더 잘 기억할 수 있다. 공부를 하다 보면 분명 정확하게 이해하고 정리를 하였는데, 막상 시험 문제를 풀 때는 기억이 안 떠올라 당황한 적이 있을 것이다. 완전하게 정리를 했다고 생각하는 순간, 우리의 기억시스템은 오히려 그것을 강하게 잡지 못하기 때문이다(긴장감이 풀려서).

이와 같은 기억 시스템의 특성을 잘 이해하여 중요한 부분이라고 생각되는 문제들은 미완성인 채로 남겨 두고 머릿속에 오래 잡아 두면서 복습하는 것이 유리할 때가 있다. 문제를 풀고 정리를 할 때 한 두 문제는 미완성으로 남겨 두는 전략을 짜 보자. 그러나 미완성인 것을 완성시키지 않고 계속 남겨두면, 시험에서 한 문제도 맞출 수가 없다는 것을 주의해야 한다.

## 메타전략 3 – 자기 예측

"마지막 단계가 남았다. 이름하여 자기 예측!"
"예측을 한다구요?"
"그래. 예상 문제를 만들고 그것의 점수 결과를 예측하는 거야. 이것은 무작위로 뽑아서 하는 타이밍 테스트와는 다르지. 자신을 출제하는 선생님이라고 생각하고 포지셔닝하면서 분류했던 것 중에 자신 없는 문제를 중심으로 예상 문제를 50% 정도 뽑고, 나머지는 전체적으로 훑어보다가 동물적으로 느낌이 팍 오면 그것을 예상 문제로 선택하거라. 그리고 나서 적당히 1~2회 분량으로 나누어 스스로 시험을 쳐보는 것이지."
"거추장스럽네요. 그냥 문제집 더 풀어 보는 것이 낫겠는데요."
"한 번 풀었던 문제를 다시 푸는 것과는 효과가 다르단다. 스스로 시험 문제를 만들고 자신이 몇 점 정도 나올까를 미리 예상하면서 풀어 보는 거지. 이것을 통해 완벽하게 너의 약점을 파악하게 될 거야."
"에이, 선생님도…. 제가 출제한 문제라면 당연히 백점 나오겠죠."
"그럴 것 같지? 백점의 느낌은 너의 욕망에 불과하단다. 풀어 본 문제를 즉시 출제 문제로 정하는 것이 아니라 시험 범위 전체를 머릿속에서 스캐닝해서 선택한 것과 감각적으로 선택한 문제를 반반 섞어서 만들기 때문에 실제 시험과 유사해진다. 포지셔닝 작업을 통해 약점을 이미 진단해 두었잖니? 이 약점을 바탕으로 문제를 재구성하기 때문에 스스로 점수를 충분히 예측할 수가 있게 되는 것이지."
"그래서 포지셔닝을 미리 해 두는군요."
"그런 셈이지. 머릿속으로 문제의 위치가 파악이 안 되면 그것을 풀

확률이 낮아진다."

"위치 확인이 안 되는 것과 풀 수 있는 정도하고 무슨 상관이 있을까요?"

"그 상관도에 대한 것은 스스로 생각해 보아라. 생각! 어쨌든 풀 수 있다 없다를 미리 예측을 해 두고 이 예측과 달라지면 왜 달라지는가를 확인해 본다면 실전 시험 속에서 생기는 생각의 약점을 미리 잡아 낼 수가 있게 되는 거란다."

"예측을 좀 인색하게 해야겠군요."

"스스로 어떤 결과가 나올지를 예측한다는 의미를 알겠지?"

"네."

"결론적으로 예상한 결과와 다르게 나오는 문제를 다시 검토해 보는 과정에서 생각의 약점이 선명해질 거야. 그와 동시에 너의 고질적인 시험 스트레스가 조금씩 사라지기 시작할 것이다."

"네. 시험 스트레스만 줄어도 다행이죠."

"마지막으로 주는 팁은 이 자기예측 시뮬레이션은 약점 보완 전략에 불과하지만 희한하게도 몇 번 해보고 요령이 생기면 선택된 문제

가 실제 문제에 적중이 되는 경우가 있단다. 즉 실제 무슨 문제가 나올지 대충 짐작을 할 수 있는 예지력이 생기는 거지. 못 믿겠지만 감각의 힘이야."

"황당한 말씀만 계속 하시는군요."

"그렇게 의심하지 말고 한 번 경험해 보거라. 몇 문제는 반드시 적중하게 되어 있어. 아니면 말고."

"속는 셈치고 한 번 해 보죠. 근데 예언을 한다는 것이 정말 웃기는데요?"

"하하하. 그렇겠지. 여기에 대해선 더 이상 설명하지 않겠다. 다만 한 번만 이 경험을 해보면 정말 위대한 감각의 힘에 놀라서 기절할 거야."

"음, 위대한 감각의 힘이라…. 참, 무슨 SF소설도 아니구…."

"다시 한 번 당부하는데 시험이라는 것은 하나의 척도에 불과하다. 선생님이 말하는 것을 참고만 해야한다. 우리의 진정한 목표를 잊지 말아라!"

겜은 아무 대꾸도 없이 머리만 꾸벅하고 문을 나섰다. 돌아가는 겜의 뒷모습을 보면서 그동안 너무 돌머리라고 구박한 것이 마음 한구석에 걸렸다. 꼭 자신감을 찾아야 할 텐데….

## 여우같은 엄마

　　　　　가을비가 촉촉이 내리는 어느 저녁. 여우같은 젬의 어머니가 불쑥 찾아왔다. 케이크와 과일을 양손에 든 채, 그 간의 비밀 학습에 대해서 이야기를 들었다고 했다. 지난 일을 사과하면서 눈물까지 글썽거렸다. 아들의 변한 모습에 다시 한 번 고마움을 표현하는 것이었다. 그런데 아쉽게도 아버지 사업 때문에 다음 달에 지방으로 이사를 가게 되어 마지막 인사가 될지 모른다면서 쓸쓸하게 연구실 문을 나갔다.

　갑자기 젬과 헤어진다고 생각하니 서운하고 아쉬웠다. 비록 수학적 감각이 뛰어나지는 못하였지만 열정을 가지고 성실하게 따라온 제자가 아니던가. 말 안 듣는다고 몽둥이로 때렸던 일부터 비 오는 날이면 비 예찬하면서 싫어하는 녀석에게 억지로 비 구경을 시켰던 일, 별 재

미도 없을 심리학을 침 튀기면서 열강을 하던 기억들…. 이제 모든 것이 추억이 되겠구나. 녀석과 보낸 시간들이 주마등처럼 지나갔다. 이별이 너무 빨리 온 것 같았다. 정이 많이 들었나 보다. 그렇게 원하던 성적을 못 올려 줘서 가슴이 저렸다. 내 욕심이 너무 과했을까? 메타생각 기법에 대하여 못다 한 이야기도 많았지만 이제 스스로 할 수 있을 거라고 믿었다. 헤어지기 전에 그가 원했던 것 중 몇 가지는 꼭 알려주고자 급히 젬을 호출하였다.

# 메타 이야기

이 책을 관통하는 메타생각의 메타(meta)는 '넘어서, 위에 있는, 초월하는' 등의 의미를 담고 있다. 메타의 대표 단어로는 형이상학을 의미하는 'metaphysics'가 있다. 글자 그대로 보면 자연(물리계)을 초월하는 무엇이 된다. 이 단어는 기원전 1세기경 그리스의 철학자 안드로니코스(Andronicos)가 아리스토텔레스의 철학을 정리하면서 만든 용어라고 한다.

메타는 이처럼 오래전부터 형이상학이라는 철학에 숨어 살아오다가 최근에 물리학으로 진화하여 우리를 놀라게 하고 있다. 그것이 바로 메타물질(metamaterial)이다. 2006년도에 미국 UC 버클리대 연구진들이 빛의 굴절 원리를 이용한 메타물질을 개발하였다. 이 메타물질은 '음의 굴절률'을 가진다. 물리학적으로 어려운 개념이나 간단하게 설명하면 유리잔에 숟가락을 넣고 음의 굴절률을 가지는 메타물질을 넣으면 숟가락이 유리컵 밖에 있는 것처럼 보인다. 이 메타물질로 우리 몸을 감싸면 외부에서 볼 수 없다. 이 물질을 응용하여 해리포터에 나오는 투명 망토를 만들 수 있다는 예측도 나오고 있다. 투명 인간을 가능하게 하는 메타물질은 이름 그대로 상상을 초월하는 물질이다.

사실 메타는 심리학을 통해 일찍 수면 위로 나왔다. 그것이 바로 메타인지이다. 메타인지(metacognition)는 현재 자신의 인지 작용을 검토, 관리, 조정하는 새로운 형태의 인지 활동을 의미한다. 1970년대부터 존 플라벨(J. Flavell), 앤 브라운(A. Brown), 로버트 스턴버그(R. Sternberg)등 여러 심리학자들이 이 개념을 연구, 발전시켜 왔다. 자신의 인지 작용에 대한 인지는 자신의 인지상태를 점검해 주는 거울 역할을 한다. 그런데, 메타인지가 학술적인 의미로 나타나기 오래 전부터 선현들은 그 중요성을 설파하였다. 소크라테스의 '너 자신을 알라'라는 그 유명한 한마디는 메타인지의 핵심을 잘 담고 있다. 또한 공자는 '아는 것을 안다고 하고 모르는 것을 모른다고 하는 것, 이것이 바로 아는 것이다'[*] 라고 하여 메타인지의 본질을 꿰뚫어 보았다.

메타인지를 공부의 세계로 좁혀서 보면, 메타인지를 통해 학생들은 자신의 알고 모름을 정확하게 인식한 후 그 약점을 보완하는 전략을 스스로 만들 수 있다.

---

[*] 知之爲知之 不知爲不知 是知也(지지위지지 부지위부지 시지야), 《논어(論語), 위정(爲政) 편》

따라서 메타인지는 학술적 의미를 넘어 교육의 세계에서 더욱 그 중요성이 커지고 있다. 이와 관련하여 메타인지와 성적의 상관관계를 설명하는 흥미로운 방송이 있었다(EBS, 0.1%의 비밀). 이 방송에서는 학생들을 성적이 우수한 학생(상위성적 0.1%)과 평범한 학생들로 나누어 암기 능력 테스트를 하였다. 테스트 점수의 차이를 설명하기 위하여 여러 가지 변수를 검토하였다. 그러나 예상과는 다르게 두 그룹 간에는 기억력, IQ, 집안 경제력 등은 큰 차이가 없었다. 이 실험에서 주목한 것은 테스트 전에 자신이 얼마나 기억할 수 있는지 미리 예측한 점수와 실제 점수의 차이였다. 성적 우수자 그룹은 자신의 예상 점수와 실제 점수 차이가 작았지만 평범한 학생 그룹에서는 차이가 심하게 나타났다. 성적이 우수한 학생들은 자신이 얼마나 기억할 수 있는지를 정확하게 알고 있었다. 그들은 메타인지 능력이 뛰어났던 것이다. 이 실험은 성적에 영향을 미치는 중요한 요소에 대해서 다시 고민하게 한다.

이런 메타인지적인 원리를 바탕으로 하는 것이 메타생각 기법이다. 광의의 메타생각은 메타인지와 유사한 개념이다. 그러나 이 책에서 나오는 메타생각은 그런 광의의 메타생각에 '생각의 기술'이라는 도구를 포함하는 '실전 메타생각 기법'을 의미한다.

실전 메타생각 기법을 의미하는 메타생각의 특징을 요약하면 다음과 같다.

첫째, 작용의 스케일이다. 메타인지는 자신이 지식을 알거나 모르는 것(what)에 대한 인지에서 출발하여 거시적인 학습전략으로 이어진다. 반면에 메타생각은 구체적인 생각의 기술과 활용에 대한 전술적인 것을 모두 포함한다. 즉 메타생각은 거시성과 미시성의 개념을 모두 포함한다.

둘째, 작용의 국면이다. 메타인지는 '무엇(what)'에 대한 작용이다. 그러나 메타생각은 '자신이 왜 그렇게 생각하는지'를 생각하는 것을 포함한다. 또한 메타생각은 '왜(why)'에서 출발하여 자신의 생각이 '어떻게(how)' 움직이고 '어떻게(how)' 움직일까에 대한 것을 모두 생각한다. 따라서 메타생각은 구체적인 상황에서 'what, why, how'를 모니터링하여 실전적인 전략과 전술을 만들어 낸다.

마지막으로 내용성이다. 메타생각은 다양한 '생각의 기술'을 포함하고 있다. 구체적인 문제 상황에서 생각의 기술을 실제로 활용하기 위해서는 반드시 메타생각이 필요하다. 이런 과정을 통해 만들어지는 구체적 '전술'이 '스스로 발견 학습(heuristics)'을 가능하게 한다.

이제 우리는 메타에 대해서 좀 익숙해졌을 것이다. 메타생각은 생각을 모으고, 연결하고, 통합하고, 확장하고, 통제하는 최상위 생각이다. 꾸준한 연습을 통해 이것에 익숙해진다면 생각의 각도를 마음대로 조절하는 생각의 메타물질을 얻는 셈이다.

### 잃어버린 강의 노트
# 못 보는 것을 보는 법

아인슈타인의 '4차원 시공간'이라는 말을 들어본 적이 있을 것이다. 물리학적으로 보면 매우 어려운 말이다. 그러나 4차원이라는 것은 수학적으로 간단하게 이해할 수 있다. 예를 들면 직선, 평면, 공간을 각각 1차원, 2차원, 3차원이라 생각하면 된다. 이런 식으로 차원이 증가하여 4차원이 나온다. 여기서 차원과 관련한 여러가지 생각 실험을 해 보자.

### 실험1  3차원 실험

우리가 보는 공간은 3차원이다. 다음의 정육면체를 보면서 수와 공간의 관련성을 찾아보자. 먼저 정육면체의 꼭짓점의 개수를 세어 보자. 물론 8개이다(왜 8개인가? 하고 의심을 한 번쯤 해 보라). 이 3차원 정육면체의 한쪽 면을 보면 정사각형이 보일 것이다. 이 정사각형의 꼭짓점의 개수도 세어 보자. 이런 식으로 한쪽 면을 보면서 차원을 줄여 나가며 꼭짓점 개수를 세어 보자.

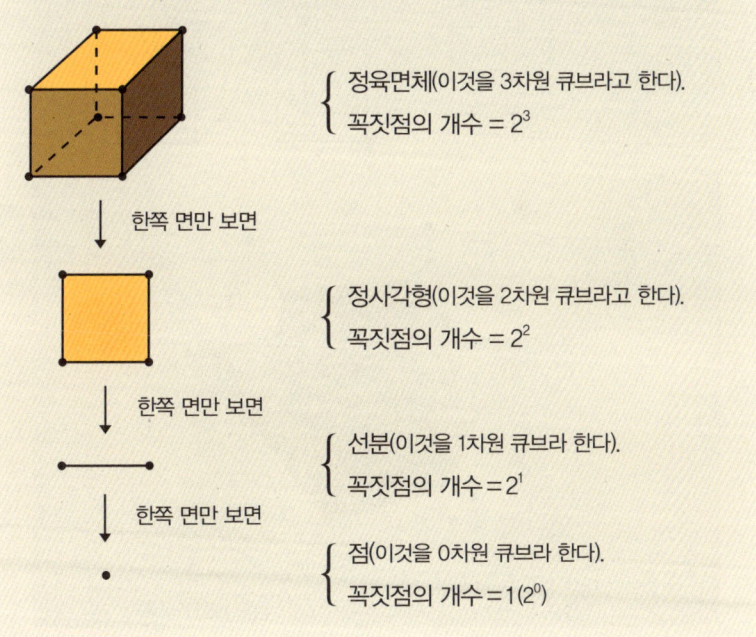

정육면체(이것을 3차원 큐브라고 한다).
꼭짓점의 개수 = $2^3$

↓ 한쪽 면만 보면

정사각형(이것을 2차원 큐브라고 한다).
꼭짓점의 개수 = $2^2$

↓ 한쪽 면만 보면

선분(이것을 1차원 큐브라 한다).
꼭짓점의 개수 = $2^1$

↓ 한쪽 면만 보면

점(이것을 0차원 큐브라 한다).
꼭짓점의 개수 = $1(2^0)$

| 실험 2 | **4차원 실험** |

앞의 실험은 충분히 이해했을 것이다. 그렇다면 4차원 큐브는 어떻게 생겼을까? 상상하기 전에 먼저 3차원 큐브는 어떻게 탄생했는가를 생각해 보라. 실험 1을 거꾸로 올라가면 쉽다. 4차원 큐브의 한쪽 면을 보면 3차원 큐브가 생긴다는 것을 알 수 있다. 다시 '수'로 돌아와서 4차원 큐브의 꼭짓점의 개수를 세어 보자. 몇 개일까? 잘 모르겠는가?(보이지 않기 때문에 머릿속으로 상상하기 어렵다. 그러므로 셀 수도 없다.) 꼭짓점 개수의 패턴을 보면 $2^0 \to 2^1 \to 2^2 \to 2^3 \to \cdots$ 처럼 어떤 규칙이 있다. 이런 식으로 추리하면 4차원 큐브의 꼭짓점은 $2^4=16$개일 것이다(과연 이것이 정답일까?).
자! 4차원 큐브를 이미지로 떠올려 보자! 이미지가 나타나는가?

| 결론 | 보이지 않는 것은 볼 수 없다. 그러므로 수학이 필요하다.

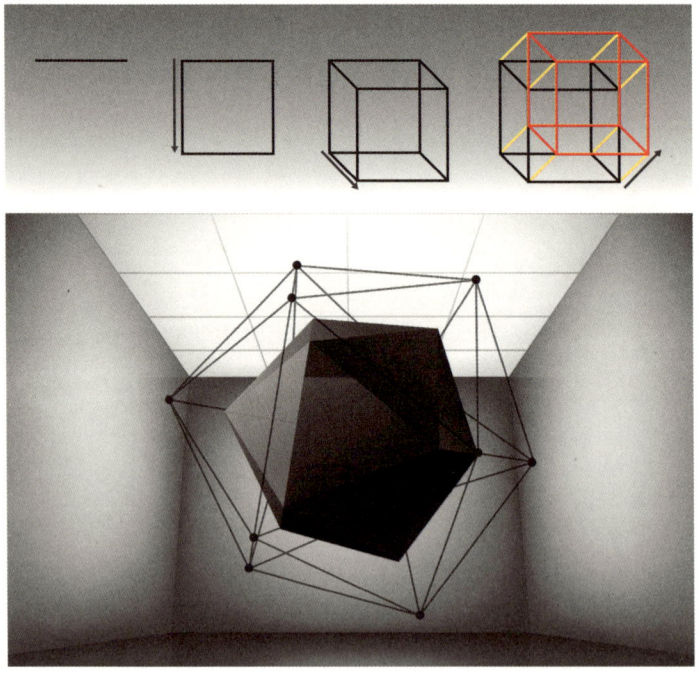

| 실험 3 | **차원을 본다(입체 속의 입체)**

우리는 4차원 공간을 직접 볼 수 없고 따라서 이해하기도 어렵다. 그러나 수학의 눈을 통해 상상할 수는 있다. 다음 그림을 보면서 수학적으로 상상해 보자(물론 보이는 대로 믿지 말래!).

이 4차원 큐브 그림에서 3차원 큐브 8개가 보이는가? 꼭짓점의 개수가 16개가 맞는가?

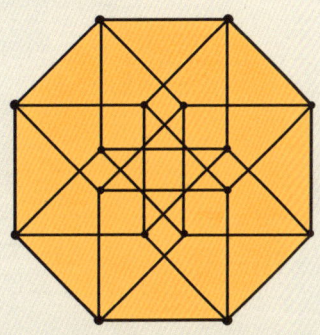

| 실험 4 | **4차원 큐브의 또 다른 모습**

- 꼭짓점의 개수가 16개 맞는가?
- 3차원 큐브 8개가 보이는가?

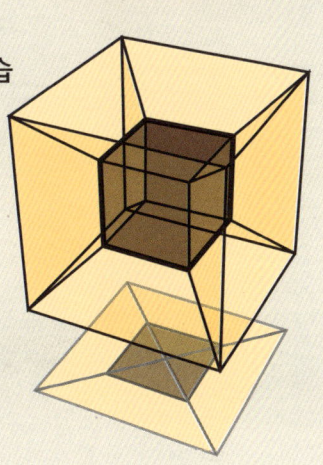

### Tip 1

'사물은 우리 머릿속에서 재구성된다'는 의미를 이해한 후 다음 그림을 보고, 이미지 재구성 연습을 해보자. 처음엔 착시 때문에 혼란이 올 수도 있다.

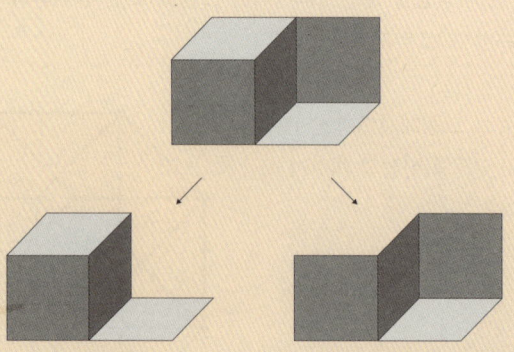

### Tip 2

다음은 미국 MIT의 아델슨(E. Adelson) 교수가 1995년에 발표한 유명한 착시 그림이다. 체크무늬를 잘 보자. A부분은 진한 회색이고 B부분은 연한 회색이다. 분명히 A가 진하다는 것은 의심의 여지가 없다. 그러나 놀랍게도 A부분과 B부분은 정확하게 같은 색이다. 믿을 수 없겠지만 사실이다(직접 실험을 해 보시라).
이 착시 그림을 통해 '세상은 우리 머릿속에 존재한다'는 말을 조금이라도 이해할 수 있다(p.36에서 등장한 착시 그림도 마찬가지이다).
지각 현상뿐 아니라 우리의 생각에도 이런 착시, 아니 착각이 숨어 있다. 그러므로 자신이 생각하는 것을 다시 한 번 생각해 보는 것이 중요하다.
(아델슨 교수 참고 http://en.wikipedia.org/wiki/Checker_shadow_illusion)

백문이 불여일견

한국속담

chapter 9

# 미완성이 절정이다

우물쭈물 하다가 내 이럴 줄 알았다.

• 조지 버나드 쇼 묘비명 •

## 암기의 기술

"선생님, 저 이제 선생님과 더 이상 공부할 수 없게 되었어요. 아빠 사업 때문에 다른 도시로 이사를 가면 헤어져야 될 것 같아요."

"그래. 엄마한테 말씀 들어 알고 있다. 서운하지만 어쩌겠니…. 아직 공부할 것은 많이 남았지만 스스로 할 수 있을 거야. 떠나기 전 몇 가지 공부의 기술에 대해서 알려 주마."

"공부의 기술요? 진작 알려 주시지 이제서야…."

"너무 서운해하지 마라. 이런 것들은 참고만 해야 한다. 넌 이미 생각의 기술을 배웠다. 그것을 바탕으로 이제 스스로 요령을 만들 수 있는 것이란다."

"그래도 스스로 요령을 만드는 것은 어려운 것 같아요."

"계속 생각하고 또 생각하면 무엇이라도 만들 수 있을 것이다. 일단 암기법에 대해서 설명해 줄게. 먼저 내가 숫자를 몇 번 들려줄 테니 외워 보거라. 367835, 528242!"

"삼육칠…. 뭐라고요? 한 번만 더 말씀해 주세요."

"잘 모르겠지? 암기에는 '333' 규칙이 있는데 세 번 듣고 삼 초 지나면 세 개 밖에 기억을 못 한다는 거야.* 여기서 뒷부분 528242는 그냥 외우지 말고, 오이 빨리 사이(소)라고 외우면 삼 년은 간다. 숫자가 가지고 있는 발음에 착안해서 의미있는 스토리를 연결하는 것이지."

"네, 그렇네요. 오이를 빨리 사라고 하면 되네요."

"이것은 기억술의 가장 원초적인 형태란다. 무미건조한 숫자에 색깔 있는 옷을 입히는 것이지. 일종의 연상암기라고 볼 수 있는데 이미 기억된 내용에 연결시켜 어떤 의미를 부여하고 그것을 연상하는 식으로 기억하는 거란다. 머리에 있는 기억을 총동원하여 어떤 실마리를 연결해 두면 새로운 정보가 잘 저장되고 그 실마리를 보면 연상 작용에 의해 자동적으로 회상이 되는 식이지."

"연상이라…. 비가 오면 사부님 생각이 나죠. 뭐 이런 거죠?"

"그래. 이런 것도 따지고 보면 패턴 인식과 본질적으로 큰 차이가 없단다. 새로운 정보의 형태를 잘 보고 머리를 굴려보는 거지."

"그렇지만 골치 아프게 외울 때마다 연상기억을 해야만 해요?"

"물론 그냥 외워지면 끝이지만 암기가 잘 안될 때 이런 식으로 할 수도 있다는 예를 설명하는 거지. 너는 평소에 어떤 식으로 암기를 하

---

* 장기기억으로 가지 못하면 18초 정도 후에 기억 속에서 완전히 사라진다(단기기억의 특징).

니?"

"그냥 반복해서 외워요."

"사실 암기는 그냥 강제로 머리에 박는 거야. 외워질 때까지! 이렇게 반복해서 그냥 머리에 넣는 것은 마음이야 편하지. 그런데 암기할 양이 늘어나면 점점 암기하기가 어려워지고 막상 실전에서 외운 것을 이용하려고 해도 헷갈리게 되지. 그래서 단순하게 기억하기 전에 요령을 부려보는 거야."

"요령 부리는 것이 더 어렵겠네요."

"머리 쓴다는 것이 원래 성가신 거야. 익숙해지는 것이 중요하지. 처음에 선생님이 수학과 계산의 차이가 뭐라고 했는지 기억나니?"

"글쎄요…. 수학은 계산이 전부가 아니다?"

"아니, 수학은 계산이지만 계산을 하지 않으려고 머리를 쓰는 것이 진짜 수학이다."

"그런 말씀을 하신 적이 있었나요? 제 기억력이 좀…."

"생각을 한다는 것은 결국 어려운 것을 쉬운 것으로 바꾸는 것이다. 수학이든 뭐든 간에. 기억도 마찬가지야. 암기할 것을 잘 관찰해 보면 무엇이든 나온단다. 관찰과 생각!"

"네. 관찰과 생각!"

"임진왜란은 1592년도에 일어났다. 선생님은 이것을 '일본은 구려'라고 외우고 있단다."

"일본은 구려(1592)! 재미있네요. 충분히 알겠습니다."

"옷을 입힌다는 의미를 잘 이해하기 바란다. 그리고 관찰과 생각이 자동반응이 되도록 매사에 주의를 기울여 훈련을 하도록 해라. 이 정도로 하고 다른 이야기를 해 줄게."

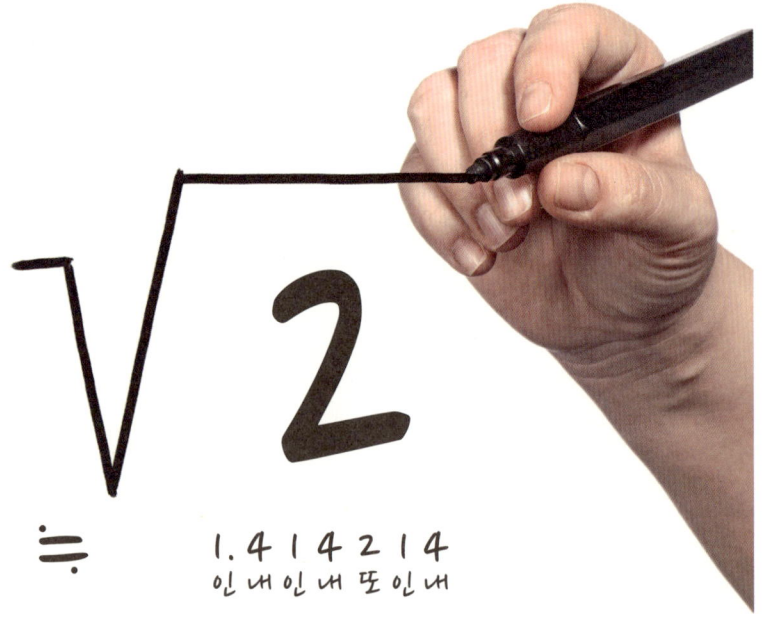

## 기억의 원리

"우리가 기억하는 과정을 잘 살펴보면 신기하게도 언어로 외우려고 하면 잘 안 되지만 그림으로 하면 쉽다는 것을 알 수 있단다. 영화를 보고 나면 대사는 기억이 안 나도 장면 장면은 뚜렷이 기억이 나듯이 이미지를 이용하면 암기가 쉽게 되지."

"당연히 그렇죠."

"여기서 우리 인간의 기억 시스템에 대해서 잠시 설명해 줄게. 우리가 평소 공부하면서 외우는 지식적 기억을 의미기억(semantic memory)이라고 하고, 어린 시절 추억 같은 것을 일화기억(episodic memory)이라고 한단다."*

"좀 어려운데요."

"단순하게 생각해라. 어릴 때 놀던 추억하고 공부의 기억은 같은 기억인데 약간 차이가 있다는 것을 느

---

* 여기서는 장기기억을 말하는 것이며 단기기억 혹은 작업기억은 p.136 참조.

낄 수 있겠지?"

"글쎄요. 무슨 차이가?"

"음 뭐랄까…. 너 초등학교 졸업식 때를 생각해 봐. 어떤 장면이 기억나니?"

"친구들하고 사진 찍고 노래 부르고…. 하여튼 여러 장면이 기억나요."

"그렇지. 공부한 것을 기억하는 것과 결정적인 차이는 졸업식 기억은 너를 중심으로 영화처럼 장면이 떠오른다는 거야."

"그렇네요."

"구구단이나 과학 지식 같은 것을 회상해 보거라. 아무거나. 네 자신이 주인공으로 등장하니? 구구단은 그냥 구구단일 뿐이지. 어쨌든 대충이라도 차이는 알겠지?"

"네. 그것을 차이라고 하면 그렇네요."

"정리하면 일화기억은 영화처럼 기억이 나는 것인데 항상 주인공이 자기 자신이 되고 시간적으로 펼쳐진단다. 공부기억(지식기억, 의미기억)과는 달리 그냥 자연스럽게 기억이 되고 강한 인상을 받거나 충격적인 것은 오랫동안 기억에 저장되지. 이런 기억들은 시간적으로 연결되고 자신이 주인공이기 때문에 한 에피소드씩 묶이고 그 에피소드는 영화처럼 흐름을 타고 기억이 된단다.* 의미기억은 반복해서 억지로 기억해야 하지만 일화기억은 자연스럽게 그냥 장면 장면으로 남게 되지. 이 두 기억의 차이점과 공통점을 잘 기억해 둬라."

"네. 그런데 지금 사부님과 대화를 나누고 있는 내용을 미래에 회상

---

* 그래서 episodic memory라고 부른다.

하면 그것은 의미기억일까요? 일화기억일까요?"

"음…. 좋은 질문이다. 내용은 의미기억이겠지만 지금 우리가 이런 대화를 하고 있는 장면은 일화기억으로 보는 것이 옳을 것이다. 두 기억이 서로 혼재되어 있기도 하겠지만."

젬과의 마지막 수업은 비교적 차분하게 이어지고 있었다. 녀석은 가끔 툴툴대며 이런 것을 왜 여기서 이야기하냐는 표정을 짓기도 하였다. 우리의 지루한 대화는 이렇게 계속 흘러갔다.

"이제 기억체계에 대해서 대충 알겠지? 다시 암기술로 돌아가 보자. 이미지로 저장하는 이미지 암기법과 이미지로 잘 안될 경우 다른 것을 결합시켜서 연상하는 연상 암기법을 이용하면 그냥 스치기만 해도 그림처럼 기억이 남게 된단다. 이미 입력돼 있는 기억과 연관을 시키는 연상기억을 하면 추상적인 것도 쉽게 기억할 수 있어. 그렇지 않으면 암기 자체는 정말 고통스러운 일이야."

"연상 암기와 이미지 암기라…."

"그래, 어떤 내용이라도 영화처럼 이야기를 엮어내는 것이지. 이것을 좀 전에 설명한 인간의 기억체계를 가지고 설명하면 의미기억(공부, 지식 등)에 화려한 옷을 입혀서 일화기억(추억 등)으로 이동시키는 거야. 즉 스스로 주인공이 되어서 상상을 하다보면 마치 직접 경험한 사실처럼 기억이 되는 것이란다."

"아 그래서 의미기억, 일화기억을 설명하셨군요. 일리가 있는 말씀입니다. 공부기억을 영화처럼 기억할 수 있도록 스스로 주인공이 되어 스토리를 만드는 것이네요."

"빙고! 이제야 이해했구나."

"그럼요. 이 정도야."

"우리가 아무 생각 없이 반복해서 외우는 것(단순암기)을 컴퓨터로 비유하면 폴더를 하나 만드는 것과 비슷해. 그런데 계속 폴더만 독립적으로 만들고 서로 연결시켜 주지 않으면 폴더만 무성해서 나중에 내용 찾기가 힘들지. 새로운 사실이 나타날 때마다 단순암기만을 하면 뇌용량 초과가 되어 슈퍼 컴퓨터인 우리의 두뇌도 버벅거리게 되는 거란다. 또한 단순암기는 막대한 에너지가 필요하고 에너지를 아끼려는 본능 때문에 '짜증'이라는 형태의 스트레스가 생기지. 그래서 우리는 암기를 본능적으로 싫어하는 거란다."

"아, 그래서 외우려고 하면 짜증이 나는군요. 다른 것은 없나요?"
"서로 연관시켜 보고 자신을 주인공이라 생각하고 스토리를 만들어 보기도 하고…. 이런 정도로 충분하단다."
"예, 알겠습니다."
"수학의 경우에도 단순암기로는 외우기가 힘들고 단순암기된 것은 조직적으로 회상하기가 힘들단다. 그래서 수학적인 내용도 앞에서 설명한 것들을 적용해 보는 것이다. 특히, 우리의 우뇌를 잘 이용하면

에너지를 많이 쓰지 않아도 되므로 짜증이 별로 나지 않고 폴더 간의 연결고리를 쉽게 생성할 수 있단다. 폴더에 아이콘을 하나씩 달아 두면 이미지적으로 연결이 잘 되기도 하고.

여기서 피타고라스 정리를 다시 살펴보자. 증명과정에서 등장하는 장면을 패턴화한 다음 회전 마술, 면적의 이동….이런 식으로 영화 장면처럼 스토리와 이미지를 입혀 나가는 것이지 '웃기는 모나리자\* 기억나지?"

"네. 피타고라스의 정리를 장면 장면 나누어 영화처럼 만드는 것이군요."

---

\* p.171 참조

"그래, 이런 식으로 하면 기억도 쉽고 회상도 잘 된단다. 결론적으로 말하자면, 새로운 사실을 만나면 무작정 암기하려고 하지 말고 잘 관찰하여 연상할 수 있는 것을 생각해 보라는 것이다. 이미지를 이용하거나, 이미지로 잘 안되면 이미 기억된 것들과 상호 공통점을 찾아서 연결해 보아라. 이것을 터득하면 수학뿐 아니라 다른 과목도 마찬가지로 할 수 있단다. 초기에는 잘 안돼도 한 번 요령이 생기면 쉬워. 요령이 무슨 뜻인진 이제 충분히 알겠지?"

"네, 알겠습니다. 이때까지 단련시켜 놓은 우뇌를 이용해 익히도록 해 볼게요. 근데 이게 전부예요? 특별한 비법은 아닌 것 같은데."

"하하하, 특별한 비법이 있겠니? 그냥 머리를 굴리면 되지. 여기서 하나 더 추가하면 사실 이게 제일 어려운 건데 집중을 해야 된단다. 집중할 때 비로소 좌뇌뿐 아니라 우뇌까지 살아나서 머리가 팍팍 돌아가거든. 그래서 도서관 같은 곳에서 집중하면서 혼자 생각하는 습관을 길러야 하는 거야. 집중하기 위해 필요한 것은 모두 동원하거라. 잘 안되면 호흡을 적절히 조절해서 집중의 상태를 유도해야 한단다. 알겠지? 집중!"

"옛 썰! 집중!"

"이제 헤어지면 혼자서 꿋꿋이 헤쳐 나가야 하고 수학이 정말 하기 싫은 날도 있을 게다. 슬럼프가 오면 과감하게 공부를 중단하고 영화를 보거나 그냥 놀아라. 혹사한 뇌를 쉬게 하면서 생각을 잠시 멈추면 빨리 회복되고 휴식을 잘 이용하면 슬럼프도 쉽게 이겨내지. 그래서 휴식을 취하는 요령도 알아야 해. 역시 생각을 잘 해보면 이것도 스스로 찾을 수 있고 긴장과 이완을 잘 조절하면 정말 막강한 뇌력을 맛볼 수가 있단다."

# 단기기억과 장기기억

외부에서 들어오는 정보와 경험은 우리 머릿속 어딘가에 저장된다. 이때 머릿속에 있는 저장의 형태를 장기기억이라고 한다. 그러나 기억은 이런 일반적인 의미의 장기기억뿐 아니라 짧은 순간 기억을 하는 단기기억이라는 것도 있다. 단기기억은 장기기억과는 달리 기억 용량에 제한이 있다. 또한 단기기억이 잡고 있는 정보는 계속 중얼거리면서 반복하지 않으면 18초 정도 지나면 사라진다. 새로운 전화번호를 보고 잠시 동안 기억하는 것은 단기기억이고 자신의 전화번호를 기억하고 있는 것은 장기기억이다.

장기기억은 평생 유지되고 용량도 무제한이다. 이 장기기억은 의식적으로 떠올릴 수 있는 서술기억(외현기억)과 무의식적 반응같은 비서술기억(암묵기억)으로 나뉘어 진다. 서술기억은 의미기억(보통 공부할 때 외우는 것)과 일화기억(자신의 경험)으로 나누어진다. 비서술기억은 자전거 타는 방법을 기억하는 것과 같은 절차기억과 감정기억 등으로 분류된다.

장기기억과 단기기억은 기억의 지속 시간이나 용량 외에는 본질적인 차이가 없어 보인다. 그러나 생리학적으로 두 기억은 전혀 다른 시스템으로 이루어져 있다. 단기기억의 경우에는 신경세포의 변화가 없다. 신경세포의 말단에서 분비되는 화학물질에 의한 일시적인 흔적만 존재할 뿐이다. 그러나 장기기억의 경우에는 신경세포를 생성하는 유전자의 스위치가 켜져 새로운 신경 회로망이 생긴다. 이 기억 유전자 스위치가 뇌의 해마라는 부위에서 작동한다. 해마(hippocampus)는 뇌의 깊숙한 곳(변연계)에 자리 잡고 있고 장기기억의 중추 역할을 한다.

그러나 최근 2013년도에 독일의 막스플랑크 연구소와 스페인 파블로 데 올라비데(Univ. Pablo de Olavide) 대학교의 과학자들은 장기기억은 해마가 아니고 대뇌피질 여러 곳에 저장된다는 연구결과를 발표하였다.[*] '해마 학습법'이 한때 유행을 하였는데 이제 '대뇌피질 학습법'이 유행할지도 모르겠다. 중요한 것은 '뇌의 어느 부위'가 아니라 학습에 의해 '신경세포의 변화'가 일어난다는 사실이이다. 한 번 만들어진 신경세포도 그것을 사용하지 않으면 사라진다. 반복을 통해서 회로를

---

[*] Hasan M. T. et al., Role of Motor Cortex NMDA Receptors in Learning-dependent Synaptic Plasticity of Behaving Mice, Nature Communications, 2013.

강하게 만드는 것이 학습의 기본 원리이다.

보통 기억력이 좋다고 말할 때는 장기기억능력이 좋다는 의미이다. 어떤 개념이나 지식을 암기할 때 자신이 주인공이 되는 스토리를 만들어 기억(일화기억)을 하도록 노력하기를 바란다. 일화기억의 도움을 받으면 좀 더 효율적으로 장기기억에 저장할 수 있다.

## 직관기술 1

"이제 좀 어렵지만 이미지와 직관을 이용하여 접근하는 법을 설명해 주지."

"평소에 사부님이 강조하시던 거죠."

"이미지와 직관은 우리의 작업기억 용량을 키워 주고 마음을 편하게 해 준단다. 실제 그것이 수학에 적용되는 것을 다시 관찰해 보자. 직관적인 이해는 문제마다 다르고 먼저 깨달은 사람의 설명을 들어야 할 정도로 매우 어렵단다."

"네, 어려울 것 같아요."

"아름다운 그림 하나 보거라."

"네. 목성이군요."

"토성이야, 임마."

"앗, 토성."

"이 토성의 링의 면적을 구해 보거라."*

"링의 면적요? 뭐 이런 것까지 우리가 구해야 됩니까? 과학자들이 알아서 하겠지요."

"생각연습이니깐 단순화해서 다음 그림의 면적을 구한다고 생각해 봐라."

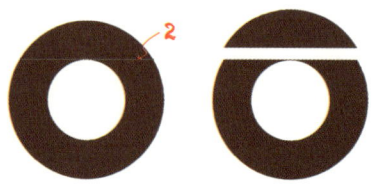

"두 원의 반지름이 얼마입니까?"

"반지름은 모른다. 큰 원의 반지름은 R이고 작은 원의 반지름은 r로 두고 풀어 보거라. 주어진 정보는 접선의 길이가 2라는 것 뿐이다."

젬은 잠시 생각하다가 피타고라스의 정리를 이용해서 해결책을 찾았다.

"정답은 파이!"

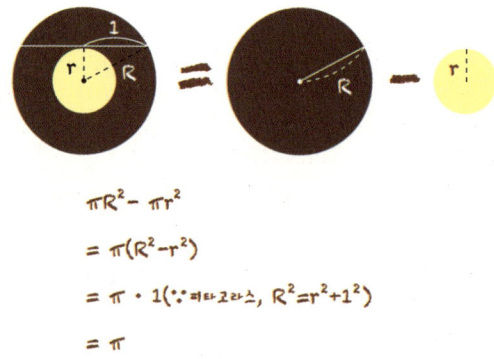

$$\pi R^2 - \pi r^2$$
$$= \pi(R^2 - r^2)$$
$$= \pi \cdot 1 (\because \text{피타고라스}, R^2 = r^2 + 1^2)$$
$$= \pi$$

---

* 토성의 링으로 하는 이유는 이런 사물의 이미지를 보면, 자동으로 이 문제가 연상되게 하는 효과와 일화 기억(토성으로 여행하는 자신을 상상한다)으로 처리하여 기억이 쉽게 되게 하는 효과가 있기 때문이다.

"잘 풀었다."

"후후. 저도 이제 선수 반열에 올랐죠."

"우쭐대기는…. 그 정도는 누구나 푼다. 수학의 마지막이 뭐라고 하더냐?"

"수학 문제를 해결한 다음 더 재미있는 것을 생각해 보자."

"그렇지…. 결과의 음미!"

"따로 음미할 것이 있나요?"

"찾아라. 관찰!"

"글쎄요?"

"네가 구한 답을 잘 보거라. 미지수가 두 개 있었는데(R, r), 이것이 답에 나타나지 않았지. 무슨 일이 벌어진 것이더냐?"

"사라졌네요. 쏘 왓?"

"분명히 큰 원, 작은 원의 반지름을 몰라도 답은 나왔다. 수학적으로 말하면 링의 면적이 위 두 가지 변수와 상관없다는 것이지."

"음."

"넌 이것을 지적하고 질문했어야 해. 문제 하나 푸는 것보다 이것이 더 중요하단다."

"바쁜데 뭐 이런 것까지 따져야 하나요?"

"당연! 항상 관찰하라. 특히 답을 보고 음미하는 과정을 습관적으로 해야 한단다.* 아니면 태도 불량!"

"그렇다고 불량까지야."

"말대꾸! 자, 돌아가서 이 문제를 재구성해 보자. 네가 처음 두 원의

---

* 이것도 메타생각이다.

반지름이 무엇이냐고 질문했지? 그런데 주어진 정보 없이 그냥 미지수로 두고 풀었어. 답의 형태가 반지름과 무관했던 거지. 이 말은 두 반지름을 임의로 잡아도 된다는 것이지?"

"네, 그렇죠."

"이런 것을 염두에 두고 두 원의 이미지를 계속 변형시켜 봐. 머리로 상상이 안 되면 낙서하듯 종이에 그려도 된단다. 이미지 연속 기법을 이용해서 계속 변형시켜 나가는 거야. 변형의 끝은 극단! 항상 극단으로 몰고 가는 것이 핵심!* 접선의 길이가 2인 조건만을 유지시키면 변하는 것은 없다. 확대시켜 보거나 축소해 보자.

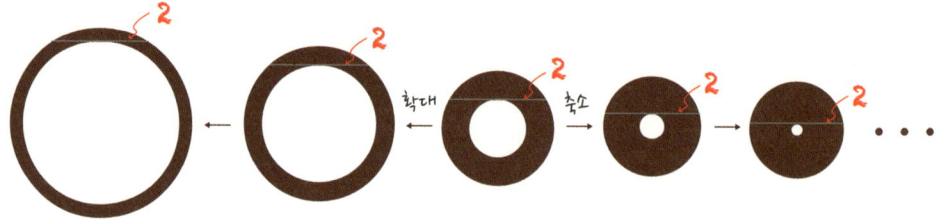

이제 축소 변형의 극단에 있는 마지막은 무엇이겠니?"

"계속 축소시키면 결국 지름이 2인 원이 되겠군요."

"결국 토성의 링의 면적이 바로 이 원의 면적이 되는 것이고 따라서 답이 파이가 된단다(반지름 1인 원의 면적 = $\pi r^2 = \pi$)."

"아하. 그렇군요."

"이미지 연속 기법에 대해서는 앞에서도 많이 설명했었지."

"네. 기억나요. 삼각형 설명할 때. 이것이 여기에도 이용되는군요."

---

* 극단사고(extreme)와 변환(transfrom)은 생각의 기술(변형=변환).

"이런 문제를 만나면 보통은 처음부터 미지수로 두면서 기억 속에 어떤 공식을 회상하기 마련이지. 문제가 생각의 레일을 만들고 머리는 그 레일 속으로만 달려 간단다. 기억나지? 그러니 항상 너의 생각에 대해서 다시 관찰하고 의심해봐. 특히, 이미지를 무기로 삼는 준비 태세가 중요한 것이란다."

"네. 메타생각이군요. 근데 실천이 잘 안 돼요."

"그럼 아예 공식처럼 입에 달고 다녀라. 메타생각! 이것을 잘 사용할 수 있다면 직관적으로 수학을 이해하는 것이 무엇인지 스스로 깨우칠 수 있게 된단다. 특히, 이 문제에선 주어진 정보가 1개뿐이라는 점에 대해서 이상한 느낌을 가져야 돼. 그 후에 이미지를 변형하면서 극단적인 형태를 상상하다 보면 직관적으로 결론을 내릴 수 있는 거야."\*

"그런데 변형을 해도 면적이 변하지 않는 것을 직관적으로 어떻게 알아요?"

"좋은 질문이다. 이 문제에선 그것을 바로 알아채기는 쉽지 않아. 다만 결과를 보고(두 원의 반지름에 상관 없다는 것), 의심하면서 역으로 그렇게 접근할 뿐이지. 이 예제를 통해서 결과 음미와 연속 변형에 대한 중요성을 깨닫는 것만으로도 충분하단다. 사실 다음 그림처럼 화살이 도는 것을 순간순간 포착하는 방법으로 접근해도 된다."

---

\* 문제 속에서 이상한 부분을 찾아서 스스로 질문할 수 있어야 한다. 왜 정보가 1개뿐인가? 이상하다는 것을 어떻게 알 수 있는가? 그것은 자신의 생각에 대해 다시 생각해 보는 '메타생각'이 필요하다.

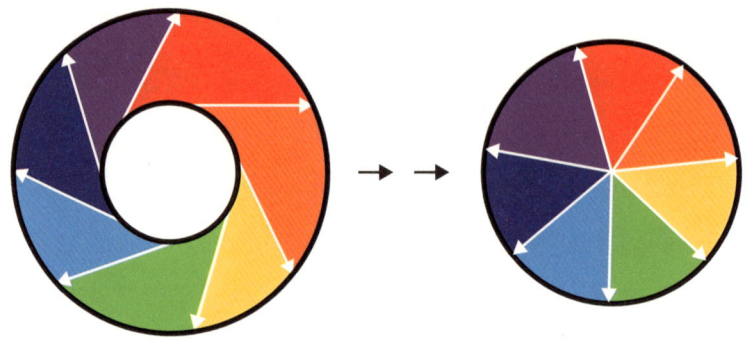

"화살 포착은 잘 모르겠는데요."

"그래? 그럼 그것은 집에서 생각해 보거라."

"네. 또 다른 예는 없나요?"

"잘 관찰하면 수학 도처에서 발견할 수 있지. 그러나 직관적 생각을 위해 특별한 것을 하나 보여 줄게."

"뭐죠?"

**루드비히 비트겐슈타인** (1889-1951) 철학자

"질문할 수 있다면 답을 구할 수 있다."

## 직관기술 2

"다음 그림처럼 정사각형의 대각선에 임의로 핀을 꼽는다. 그 핀을 중심으로 새로운 정사각형 두 개를 생각해 봐라. 왼쪽 파란색( 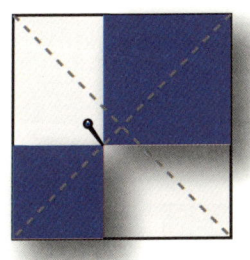 )의 면적 과 오른쪽 빨간색( 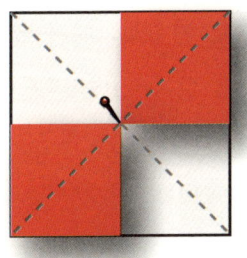 )의 면적 중 어느 쪽이 더 크니?"

"음. 아무 조건도 없나요?"

"그냥 보이는 그대로가 조건이다."

"음. 글쎄요 그냥 보기에는 파란색이 더 큰 것 같기도 하고…. 두 면적이 같나요? 불변량인가?"

"불변량?* 발상은 좋은데 근거가 없다!"

"그럼 잘 모르겠는데요?"

"정답은 왼쪽의 파란 쪽이 더 크다."

"아무 정보도 없는데 계산 없이 어떻게 알아요?"

"전체 시스템을 이해하는 것이 중요해. 일단 이미지 연속 기법을 이

---

* 변형시켜도 변하지 않는 어떤 성질. '등적 변형'을 생각하라(p.164 참조).

용해 보자. 핀을 계속 이동시키면서 변형해 보거라. 연속 변형과 극단! 극단으로 가면?"

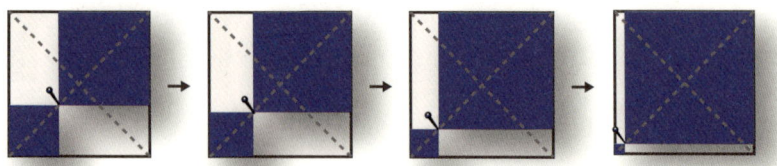

"원래 정사각형에 가까워 지는 군요."

"극단적으로 변형시키면서 살펴보면 전체적으로 면적이 증가하고 있다는 것을 느낄 수 있다. 감각적으로!"

"그렇군요."

"결국 계산 없이도 면적이 증가하는 것을 직관적으로 아는 거지. 다시 거꾸로 변형하면 작아진단다.

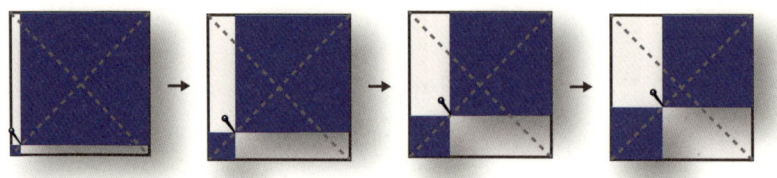

면적의 변화 느낌을 머릿속에서 그래프로 상상하면 다음 그림처럼 되는 거야."

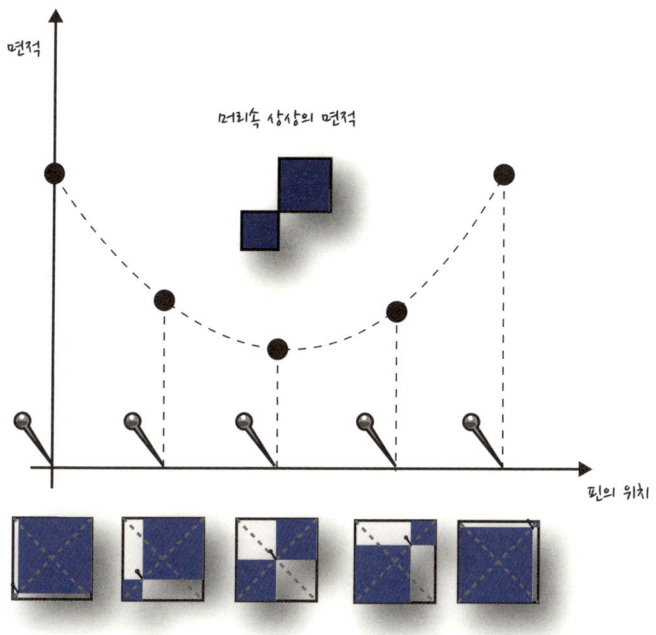

"그런데 저 면적의 그래프가 정확한가요?"

"그런 것은 중요한 것이 아니야. 대략적이나마 그래프로 면적의 움직임을 파악하면 충분하단다. 문제를 보자마자 수와 식을 이용해서 정교하게 푸는 것이 아니라 움직이는 것을 미리 상상하면서 전체 시스템을 직관적으로 이해하는 것에 주안점을 두는 것이지. 오로지 머릿속에서!"

"음, 전에 설명하신 것과 비슷하군요."

"그렇지, 전체 시스템을 직관적으로 파악하고 의미를 잘 이해하거라."

"네. 알겠습니다."

## 생각의 2중 스캐닝

우리는 살아가면서 무수한 문제를 만난다. 공부뿐 아니라 경영, 마케팅, 기술, 예술 등 모든 분야에서 한 발짝 전진을 위해 주어진 문제점을 파악하고 그것을 해결하기 위해 노력을 한다. 모든 공부의 세계나 창의성의 세계는 본질적으로 주어진 문제를 풀 수 있어야 전진을 할 수 있다. 문제를 푼다는 것은 가장 좋은 해결책을 찾는 과정이다. 그 해결책을 찾기 위해 머리가 움직이는 것을 1차 생각이라고 불러 보자. 1차 생각은 머릿속에 있는 지식을 찾고 그것을 연결하는 행위이다(1차 스캐닝). 문제를 못 푼다는 것은 적절한 지식을 못 찾았거나 지식의 연결에 실패한 것이다. 그러나 생각하고 생각하고 또 생각하면 언제가 문제가 풀린다. 이 풀리는 순간을 우리는 통찰이라고 하며 그 통찰은 오랜 생각의 숙성물이다. 여기까지 우리가 아는 문제 풀이의 일반적인 과정이다. 그런데 천재라고 불리는 돌연변이는 우리의 이 일반적인 과정을 뛰어넘어 단번에 발상을 전환하여 해법을 찾아낸다. 아쉽지만 우리는 갑자기 이런 천재가 될 수는 없을 것이다. 다만 천재의 발상 과정을 잘 이해하고 훈련을 한다면 우리의 숨은 창의성이나 능력을 극대화할 수는 있다. 메타생각 훈련은 바로 이런 훈련의 하나로 보면 된다.

여기서 1차 생각(1차 스캐닝)과 메타생각을 좀 더 고찰해 보자. 기존 지식을 스캐닝하는 1차 생각에서 해법을 찾지 못하면 미궁에 빠진다. 이때 생각의 전환을 하면서 새로운 생각을 생성시키지 못하는 이유는 '내가 모르는 것'이 무엇인지 생각하지 못하기 때문이다. 1차 생각은 내가 아는 것만 스캐닝하는 것이다. 이것은 우리가 길을 잃고 헤매는 과정하고 비슷하다. 눈 앞에 보이는 건물이나 도로를 우리는 모두 알고 있고, 어떤 방향으로 길을 잡아도 눈에 보이는 것은 모두 알 수 있다. 그러나 전체 도로망을 이해하지 못하면 목적지로 향하는 길을 찾지 못하고 계속 헤맨다. 자신의 위치를 모르기 때문이다. 결국 지도가 필요하다. 지도를 통해서만 자신을 볼 수 있다. 정확하게는 자신이 아니라 자신의 위치를 보는 것이다. 이 단계에서 자신이 모르는 것을 알게 된다.

길 문제처럼 자신의 위치를 알기 위해서는 1차 생각을 하는 자신을 생각해 보아야 한다. 이 생각은 동시에 불가능하므로 생각을 일단 멈춰야 한다. 1차 생각을 과거로 이동시키면 1차 생각이 움직이는 과정을 다시 생각할 수 있다(2차 스캐닝). 이것이 메타생각기법의 기본 원리이다. 1차 생각을 다시 스캐닝하면서 자신이 모르는 것과, 왜 그렇게 생각하고 있는가를 분명하게 잡아낸다. 이것이 생각의 위치를 만들어 준다. 위치를 파악한 후 새로운 생각을 만들기 위해 생각의 기술을 재구성 해 본다. 이런 과정을 통해서 최초 1차 생각과는 다른 새로운 생각 체계로 들어간다. 즉 메타생각의 반복을 통해서 기발한 생각을 스스로 만들게 되는 것이다.

메타생각 과정은 수학을 통해서 좀 더 쉽게 이해할 수 있다. 이 책에서 소개하는 토성의 링 문제를 보자. 처음에는 단순하게 1차 생각이 작동한다. 이때 이미지 사고법을 작동시키기 위해서는 반드시 한 번 생각을 멈춘 후 2차 생각을 작동시켜야 한다. 이것을 통해 1차 생각의 구조를 보면서 내가 무엇을 모르고 있는가와 왜 그렇게 생각하는가를 분명히 알게 된다(물론 토성문제는 1차 생각으로 풀 수 있지만). 그 후에 생각의 기술을 재구성하면서 새로운 생각을 만들어 내게 된다. 이 때 메타생각을 빠르게 작동시키면 2중적인 생각구조가 동시에 발생하는 느낌이 든다. 그래서 이것을 '생각의 2중 스캐닝'이라고 하는 것이다.

## 창조의 즐거움

"마지막으로 생각의 최종 단계인 문제 창조에 대해서 알려줄게."

"아. 드디어 마지막 단계군요."

"이것은 문제집이나 참고서를 가지고 문제를 그냥 푸는 것이 아니고 스스로 창조를 해 보는 것이다. 창조를 하는 동안 두뇌가 엄청나게 작동하게 되는데 실질적으로 학창 시절엔 창조 훈련을 할 기회가 거의 없을 거야. 그러나 유일하게 수학에선 가능하지."

"창조? 수학이론을 만든다는 뜻인가요?"

"수학이론이라고? 하하, 이론을 만들 수 있다면 고수 정도가 아니라 이미 대학교수라고 해야지. 이론을 만드는 것이 아니고 문제를 만드는 것이다. '문제의 창조'라고나 할까?"

"수학 책에 있는 문제도 잘 못 푸는데 어떻게 문제를 만들어요?"

"문제를 잘 풀지 못해도 가능하지. 문제를 만드는 것이 쉬운 것은 아니지만 이것도 훈련을 하면 요령이 생긴단다. 항상 강조하지만 모든 일에는 요령이 있다는 것이야."

"음…. 요령! 근데 창조는 창의성이 있어야 하는데 그런 건 수학보다 더 어렵고 막연할 것 같아요."

"그렇지. 좀 막연하지. 그럼 먼저 창의성에 대해서 이야기해 보자."

"평소에 귀가 따갑도록 듣던 이야기네요."

"그래, 저번에 많이 설명했었지? 그럼 창의성은 무엇이더냐?"

"엉뚱한 생각, 세상을 보는 눈, 아니 우리 머리의 태도나 성격 같은 것! 뭐 이런 말씀 자주 하셨잖아요."

"그렇지. 세상을 다르게 보는 태도! 여기서는 직접 수학을 통해서 창의성 계발에 도전할 거야."

"창의성 계발이라 근사한데요."

"그동안 우리가 공부한 것을 다시 살펴보자. 처음 무엇을 공부했는지 기억나니?"

"음….신기한 원 샷 계산…. 그리고 뭐더라…."

"벌써 다 까먹었구나. 패턴 인식, 관찰, 역발상, 이미지, 직

관 등….″

″네. 그렇죠.″

″창조라는 것은 기발한 아이디어를 만드는 것과 비슷하단다. 그 발상연습을 먼 곳에서 찾지 말고 직접 수학 속에서 찾아서 해 보는 거야. 사실 지금까지 공부한 과정 자체가 '창의 훈련'을 한 것이라고 보면 된단다. 자, 창조 요령 첫 단계! 우선 자기가 이미 풀어 본 문제들을 잘 살펴본 후 조금씩 숫자나 식을 바꾸면서 문제를 다시 구성하는 거야. 이것이 창조의 시작인데 모방에 가깝지(모방변형). 모방은 언뜻 보면 시시한 것이지만 이 단순한 모방이 결국 큰일을 낸다.

두 번째 단계는 여러가지 공식이나 법칙을 결합하여 한 문제 속에 집어넣는 단계인데 이것을 결합변형이라고 한단다. 마지막 단계는 유추와 추상이다.″

″유추와 추상요? 점점 말이 어려워지는군요.″

″어. 좀 어렵지. 그러나 대단한 의미로 해석하지 말고 실생활의 응용 정도로 생각하거라. 주변의 사물을 잘 관찰하여 수학으로 변화시킨다. 그냥 이것을 유추와 추상이라고 부르기로 하자. 이것을 통해 무궁무진하게 문제를 만들 수가 있단다. 선생님이 평소에 너한테 준 생활 응용 문제도 그렇게 만든 거지.″[*]

″아…. 생각만 해도 머리 아파.″

″처음에는 누구나 그래. 조급하게 생각하지 말고 차근차근 해 보면 어느 순간에 깨치게 될 거야. 단순히 문제를 풀었을 때 느끼는 쾌감과

---

[*] 이러한 문제 창조 혹은 문제 생성 부분이 학습에 중요한 역할을 한다는 점에 많은 학자들이 공감하며, 발산적 사고와 창의적 사고에 도움이 된다는데 의견이 모아지고 있다. 교육학적으로는 Problem generation (Silver, 1993), Problem formulation(Kilpatrick, 1987) 등의 용어로 사용되고 있다.

"Creativity is just connecting things."
**스티브 잡스**

는 비교가 안 되는 짜릿함도 맛보게 될 테고…. 자, 이제 감상해 보자꾸나. 교과서에 있는 기본적인 개념과 테크닉을 익힌 다음에 문제를 잘 관찰한 후 변형을 시작해 보자. 이 문제 기억나지? 직각 이등변 삼각형과 내접하는 정사각형의 면적 비율을 구하는 문제! 이 문제를 보면서 모방창조를 하려면 어떻게 해야 되겠니?"

"글쎄요. 단순 변형해서 모방에 가깝게…. 그냥 삼각형을 바꾸어 볼까요?"

"그래 잘했다. 쉽지? 이런 방법도 있겠지. 사각형을 바꾸어 볼까?"

"아, 이렇게 바꾸어도 되는군요."
"그래. 이런 창조를 모방변형이라고 하는 거야."
"네, 모방변형 별것 아니군요. 그런데 해답이 없잖아요?"
"그렇지 해답이 없지. 그래서 문제 창조가 재미있다는 거야. 해답이 없으니 틀릴 걱정도 없지, 시험 스트레스 없지, 얼마나 신 나니? 문제 만드는 순간 훈련 끝!"
"음. 그렇게 생각하니까 편하네요. 근데 왜 이 짓을 해야 합니까? 문제집 여러 권 사서 보면 다양한 문제를 다뤄 볼 수 있는데."
"앞에서도 말했지만 문제를 푸는 것이 아니고 창의성 계발이라는 것에 집중을 해봐라. 문제를 새로 만드는 것 자체가 엄청난 생각 연습이 되는 거야. 머리 굴리기!"
"네, 머리 굴리기!"

"결합 변형이나 생활 응용(유추와 추상)*이 습관이 되면 보이지 않는 숨은 패턴들을 볼 수 있는 눈이 생기기 시작한단다. 사물을 볼 때 예리한 눈으로 관찰을 하면서 그 본질적 패턴을 잡아낼 수 있게 되는 것이지. 즉 거추장스런 것들을 모두 버려 나가면서 단순함으로 다가가는 거야. 수학의 제 1원리 기억 나니?"

"네. 심플리시티!"

"그 단순함이 바로 추상이며 창조인 거야. 이것이 수학이 주는 최고의 선물이란다. 숨은 패턴을 찾아서 응용하는 생활 응용도 나중에 연습해 보거라. 여러모로 이 문제 창조가 '생각 훈련'이라는 것을 명심하고."

"알겠습니다. 피곤한 여행이 계속되는군요."

"평소 때는 책에 있는 문제들을 공부하고 좀 지루해지면 한 번씩 문제 창조 모드로 들어가 보거라. 창조한 문제는 노트에 잘 정리해 두고 우리의 공부는 비록 미완성이지만 이제 마무리 하자꾸나."

이리하여 젬에게 마지막 기법을 대충 설명하여 주었다. 모든 공력을 전수하지는 못하였지만 핵심적인 것은 그럭저럭 다 알려 주었다. 이젠 끝이구나. 젬도 해방이겠지!

---

* 유추(analogy)는 사물간의 유사성이나 관련성을 찾는 것이다. 넓은 의미로 사용되고 추상하는 것도 포함한다(생각의 기술).

## 메타의 역습

그 후, 나는 늦추어진 미국 유학을 다시 준비하면서 바빠졌고 영어 공부에 진땀을 흘리고 있었다. 가끔 전화로 인사를 하던 젬도 갑자기 소식이 뜸해져 버렸다. 녀석을 마지막으로 본 건 어느 늦가을 저녁, 비가 억수같이 내리던 토요일이었다. 비에 흠뻑 젖은 젬은 야릇한 표정을 지으면서 봉투 하나를 건네주었다. 큰절을 넙죽 하고는 애써 눈물을 감추면서 또 인사하러 오겠다고 하면서 문을 나섰다. 그 봉투에는 감사의 글과 함께 수학 문제 몇 개가 들어 있었다.

그 후로 많은 세월이 지났다. 난 아직도 젬의 문제를 다 풀지 못하고 있다. 지금 하늘은 잔뜩 먹구름이 끼어 있다. 곧 비가 올 것 같다.

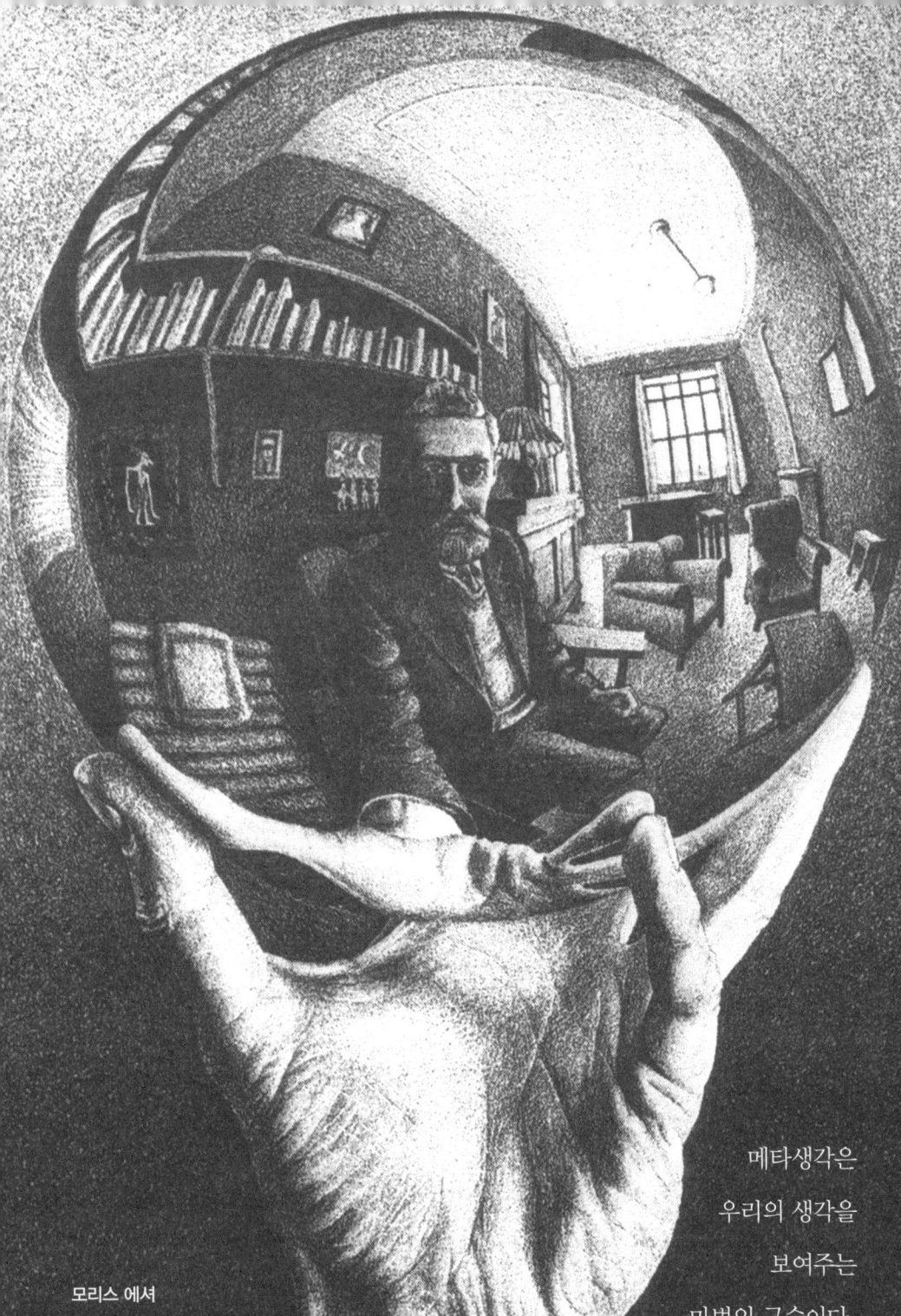

모리스 에셔
Hand with Reflecting Sphere, 1935

메타생각은
우리의 생각을
보여주는
마법의 구슬이다.

chapter

10

# 생각의 기술

끝나기 전에는 끝난 것이 아니다.
• 요기 베라 •

잃어버린 강의 노트 ❶

# 생각의 확산

미국의 심리학자 길포드(J. Guilford)는 1950년대에 창의성에 관한 연구를 하면서 사고의 범주를 수렴적 사고(convergent thinking)와 확산적 사고(divergent thinking)로 구분하였다. 수렴적 사고는 명확하고 일의적인 답을 생각하는 것이고(5 곱하기 17=?), 확산적 사고는 여러 가지 가능한 경우를 생각하면서 아이디어를 확산시키는 것이다(지구가 자전을 멈춘다면 어떻게 될까?). 길포드는 이런 전제에서 창의성 계발에 확산적 사고를 강조하였다.

실전에서 생각의 확산을 시도하기 위해서는 기본적으로 생각의 기술이 필요하다. 본문에서 등장하는 8개의 기술(IDEA-CART)을 가져와서 재구성하면 쉽게 확산이 일어난다. 이것을 메타생각에 의한 생각의 폭발이라고 한다. 생각의 폭발은 생각의 점화장치가 필요하다. 이 점화장치가 바로 생각의 2중 스캐닝을 통한 메타생각이다.

여기에 소개하는 문제들을 통해 생각의 기술과 메타생각을 만끽하기 바란다. 문제의 답을 보기 전에 미리 고민해 보시길.

# 생각은 생각이다

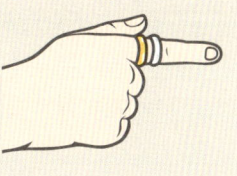

| 훈련 | 그림처럼 크기가 같은 금반지와 은반지를 손가락에 끼고 있다. 안쪽에 있는 금반지를 빼려면 어떻게 해야 할까? 단, 은반지는 항상 손가락에 있어야 한다. |

### 황당한 놈의 풀이

손가락을 칼로 잘라 버린다.

### 기발한 놈의 풀이

서로 손가락 끝을 붙인 후 은반지를 다른 손가락으로 이동시킨 다음 금반지를 빼면 된다(항상 은반지는 손가락에 있다).

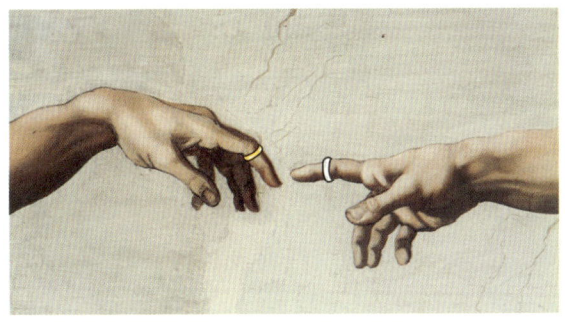

관점의 전환(change of viewpoint)이 필요하다.

## 커피잔과 맥주캔

**훈련** 커피잔으로 맥주캔을 공중으로 들어 올리는 방법을 찾아 보라. 이용할 수 있는 도구는 양초와 성냥뿐이다. 조심할 것은 편하게 커피를 마실 수 있어야 한다.

**해설**
1. 촛농을 이용해 컵 옆에 맥주캔을 붙인다.
2. 촛농을 이용해 맥주캔 위에 컵을 붙인다.

**Tip**
위의 답은 누구나 생각을 할 수가 있다. 왜냐하면, 양초와 성냥이 이미 해법을 암시하고 있기 때문이다(생각의 프레임). 여기서 완전히 다른 방법을 생각해보자. 먼저 맥주캔 뚜껑을 살짝 딴다. 그럼 캔 뚜껑 손잡이에 구멍이 보인다. 다음은 양초의 심지를 뽑는다. 양초 심지로 컵 손잡이와 캔 뚜껑 구멍을 묶는다. 그럼 마음 편하게 커피를 마실 수 있다. 이런 생각의 기술을 분해분석(analysis)법이라 한다. 주어진 도구(정보)를 완전히 분해해서 그 구성 성분을 다시 관찰하는 것이다. 그럼 양초와 성냥이 주는 생각의 프레임에서 빠져나올 수 있다.

## 하트 만들기

훈련  타원을 두 번 칼질해서 하트 모양을 만들어 보라.

해설  이것을 처음 본 사람이 풀기는 힘들다. 만약 이 방법을 찾았다면 대단한 상상력의 소유자이다.

훈련  타원을 한 번 칼질해서 하트 모양을 만들어 보자.

해설  한 번 칼질한다. 그리고 나누어진 타원 한 조각을 뒤집어서 붙이면 된다.

뒤집어 붙인다

### Tip

생각의 기술에 '역발상'이라는 것이 있다. 뒤집는 기술(reverse)로 생각을 완전히 180° 바꾸는 것이다. 생각의 프레임 자체를 살펴본 후 자신의 생각이 움직이는 것을 관찰한다. 이 메타생각을 통해서 생각의 방향을 거꾸로 잡는 것이다. 만약 생각 자체를 뒤집기가 힘들면 생각의 '대상'을 뒤집어 봐도 된다. 한 번 칼질해서 하트 모양 만드는 것이 바로 그런 예이다.

# 두부는 왜?

> 훈련

그림처럼 직육면체 모양의 두부가 있다. 이 두부 위에 있는 점 A에서 점 B까지의 거리를 눈금자 하나만을 가지고 재려고 한다. 어떻게 하면 되겠는가?

> 수학하는 놈의 풀이

가로, 세로, 높이의 길이를 각각 눈금자로 잰 후 피타고라스의 정리를 이용하여 구한다.

$$\overline{AB} = \sqrt{x^2 + y^2 + z^2}$$

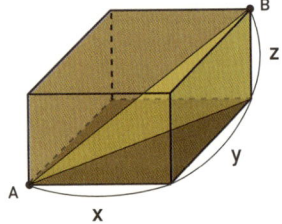

> 황당한 놈의 풀이

두부를 그림처럼 눈금자로 정교하게 잘라서 눈금자를 이용해 길이를 바로 잰다.

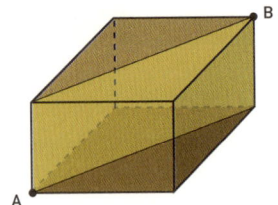

**기발한 놈의 풀이**

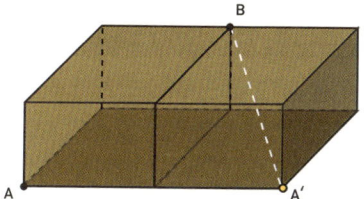

그림처럼 책상의 모서리에 두부 두 개를 위치시킨다. 그리고 하나를 치우고 나서 치운 두부의 점 A′에 해당하는 부분에서 점 B에 해당하는 부분까지 거리를 눈금자로 구하면 된다.

생각의 프레임을 생각해 보는 것이 중요하다.

## 화장실에서 – 두루마리 휴지

> **훈련** 아래처럼 두루마리 휴지가 있다. 이 휴지를 풀었을 때 총 휴지 길이의 반이 되는 지점은 어디일까?

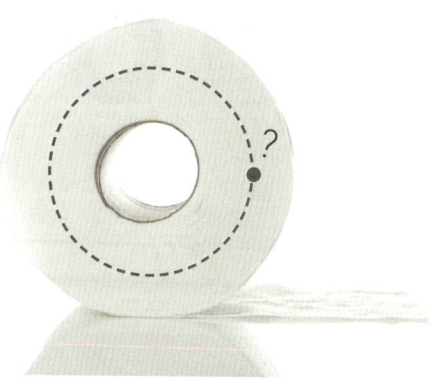

### 수학 잘 하는 놈의 풀이

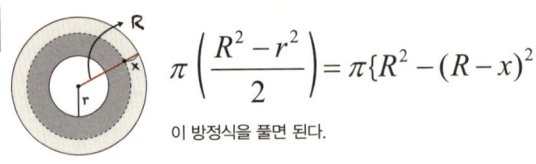

$$\pi\left(\frac{R^2 - r^2}{2}\right) = \pi\{R^2 - (R-x)^2\}$$

이 방정식을 풀면 된다.

### 기발한 놈의 풀이

휴지의 중간에 있는 롤을 뺀다. 조금씩 휴지를 풀면서 빈 롤에 감는다. 두 개의 롤이 같은 두께가 되는 지점에서 멈춘다. 바로 그 지점이 휴지의 길이의 반이 되는 지점이다.

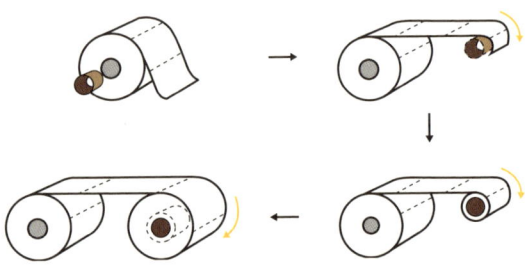

### Tip

휴지의 총 길이를 구하는 방법을 소개한다(휴지의 두께는 d로 둔다). 페인트로 휴지 옆면을 색칠한 후 펼친다는 생각으로!

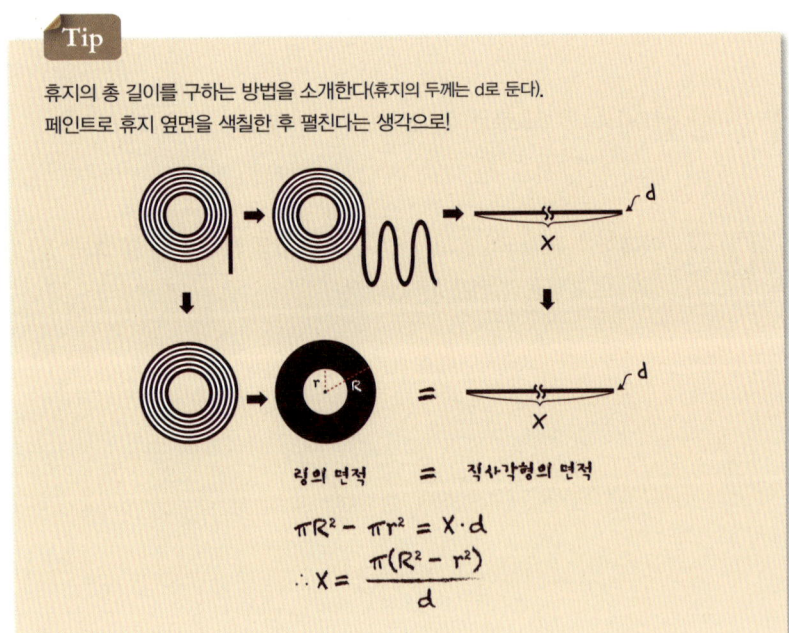

링의 면적 = 직사각형의 면적

$\pi R^2 - \pi r^2 = X \cdot d$

$\therefore X = \dfrac{\pi(R^2 - r^2)}{d}$

# 알파벳 상상

**훈련** 종이를 오려서 영어 알파벳을 만들었다. 글자 하나가 그림처럼 접혀 있다. 무슨 알파벳일까? (상상력을 동원하라!)

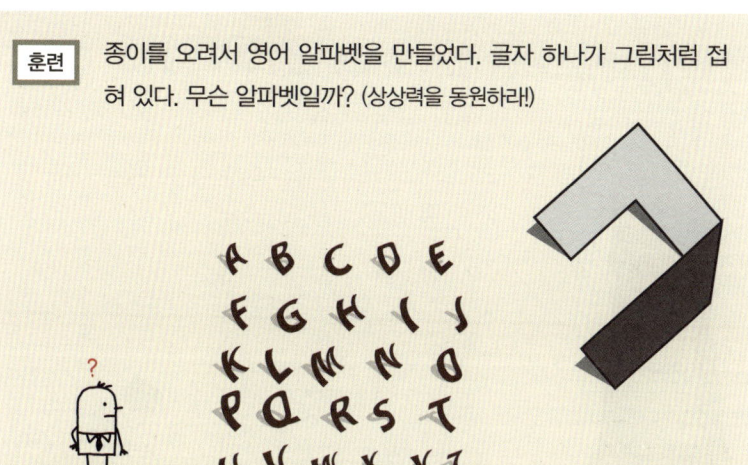

**해설**

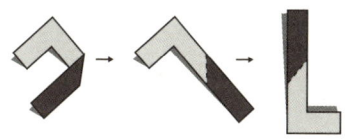

다른 답은 p.311로 가라.

# 소주병의 비밀

**훈련** 소주병의 부피를 구하는 5가지 방법에 대하여 알아보자.

1. 평범한 풀이 : 소주병에 물을 가득 채운 후 메스실린더에 따라 붓고 부피를 구한다.
2. 기발한 놈의 풀이 : 소주병을 큰 통에 넣어서 넘치는 물의 양을 잰다.
3. 수학 잘하는 놈의 풀이 : 소주병 외부 라인의 함수를 구한 다음 적분한다. (열나게 어렵지?)
4. 머리 좋은 놈의 풀이 : 소주 회사에 전화한다.
5. 진짜 머리 좋은 놈의 풀이 : 소주 상표 라벨을 자세히 읽어본다.

이것 말고 다른 방법도 있을까?

> 해설

다음과 같은 기발한 방법이 있다.

**1단계**: 소주를 대충 반 정도 마신다(취하면 더 잘 풀리려나?).
**2단계**: 남은 소주의 높이($a$)와 밑바닥의 반지름($r$)을 구한다 (그냥 눈금자로 재 보면 된다).

단순한 계산으로 남은 소주의 부피를 구할 수 있다.

$$\therefore \text{남은 소주의 부피 } V_1 = \pi r^2 a$$

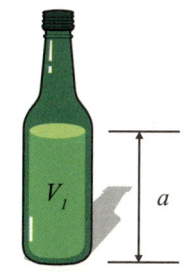

**3단계**: 거꾸로 뒤집은 후 빈 공간의 높이($b$)를 구한다. 마찬가지로 빈 공간의 부피는 단순한 계산으로 구할 수 있다.

$$\therefore \text{빈 공간의 부피 } V_2 = \pi r^2 b$$

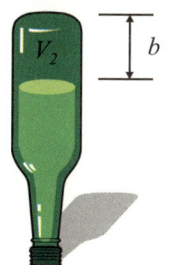

**4단계**: 소주병의 부피는 2단계에서 구한 소주의 부피와 3단계에서 구한 빈 공간의 부피를 더한 것이다.

$$\therefore \text{소주병의 전체 부피} = V_1 + V_2 = \pi r^2 a + \pi r^2 b = \pi r^2 (a+b)$$

생각의 프레임이 생각을 유도하는 현상을 이해해야 한다.

**Tip**

두 가지 모두 생각하지 못한 이유는 무엇일까? (p.309 참조)

# 98%가 못 푸는 문제

훈련 1    성냥개비 12개로 다음 그림처럼 정사각형 개수가 여러 가지 나오도록 만들 수 있다(단, 성냥개비가 서로 겹치면 안 된다).

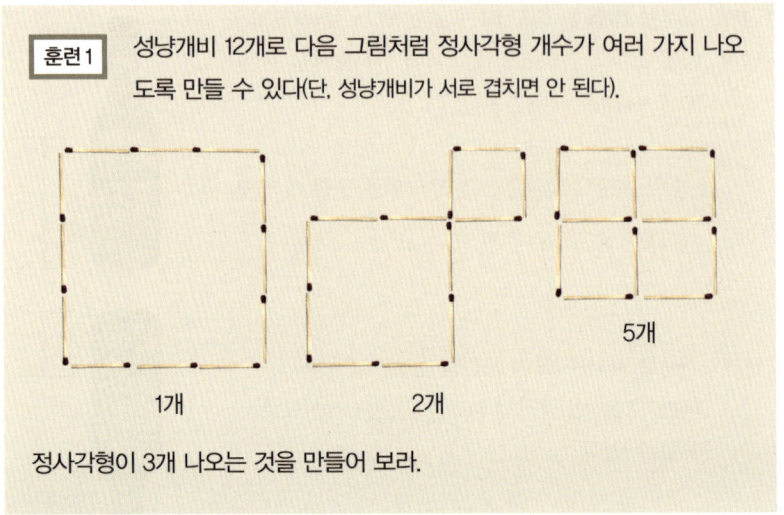

정사각형이 3개 나오는 것을 만들어 보라.

해설

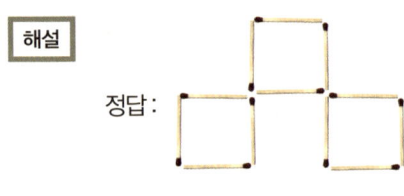

훈련 2    정사각형이 6개인 것을 만들어 보라.

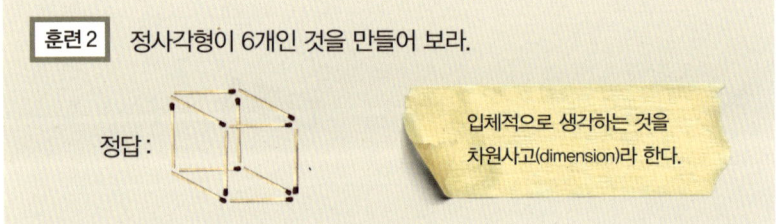

입체적으로 생각하는 것을 차원사고(dimension)라 한다.

도전 문제    정사각형이 4개인 것을 만들어 보라. 98%가 못 푼다.

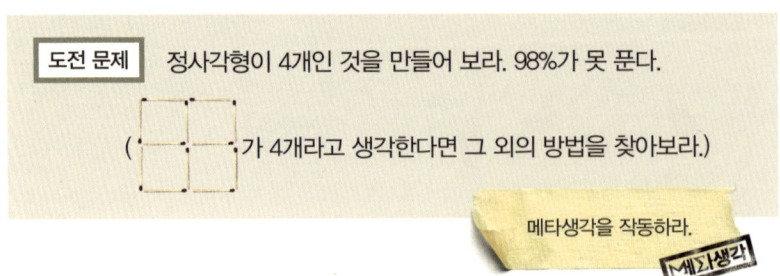

메타생각을 작동하라.

## 줄 당기기

**훈련** 그림처럼 16개의 톱니바퀴가 있다. 이 톱니바퀴 위로 줄이 팽팽하게 지나간다.

**문제1**: 줄을 화살표 방향으로 1m 당기면 끝에 묶여 있는 폭탄은 얼마나 움직일까?

**문제2**: 줄을 화살표 방향으로 당기면 톱니 바퀴들이 회전한다. 이때 시계 방향으로 회전하는 톱니는 모두 몇 개일까?

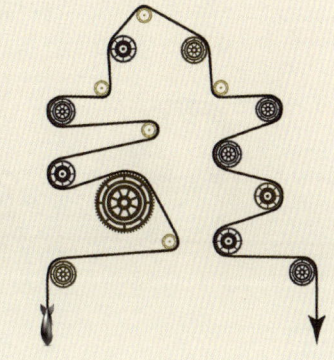

**해설1** 폭탄은 위로 1m 움직인다(너무 당연, 이 문제는 그냥 워밍업).

**해설2** 줄을 당기면서 회전하는 톱니 방향을 하나씩 체크해서 구할 수도 있다. 그러나 눈이 핑핑 돌면서 머리가 아플 것이다. 정답은 9개.

> **Tip**
>
> **KISS(Keep It Simple, Stupid!)**
>
> 간단한 아이디어를 이용하는 법이 있다. 먼저 배치된 줄 모양을 그대로 둔 채 맨 아랫부분에 보조선을 만들어 폐곡선을 하나 생각한다. 폐곡선의 내부에 있는 톱니바퀴와 외부에 있는 톱니바퀴는 돌아가는 방향이 서로 반대라는 것을 알 수 있다. 따라서 내부에 있는 바퀴를 모두 세어보면 끝이다.
> 별 재미없는 문제이지만 단순화 시켜서 본질을 파악하는 기초적인 원리인 KISS의 예를 들기 위해 이 문제를 만들어 보았다.
>
>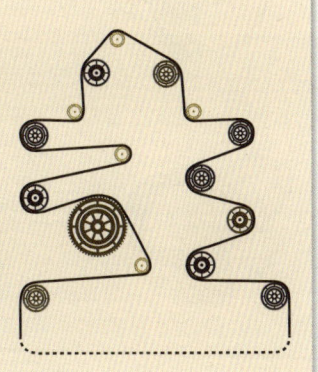

## 속임수냐? 수학이냐?

| 훈련 | 고리를 끊지 않고 왼쪽에서 오른쪽 상태로 만들어보라! 고리는 고무처럼 마음대로 줄이고 늘일 수 있다. 찰흙이라고 생각하라. |

해설

 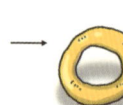  

우리 눈에 보이는 것이 전부가 아니다.

잃어버린 강의 노트 ❷

# 발상의 전환

> 창의적 생각은 발상의 전환이 필요하다. 발상의 전환이라는 것은 일반적인 생각의 흐름을 전환해 새롭고 기발한 생각을 떠올리는 것이다. 우리는 이런 생각의 전환을 위해 메타생각을 작동시킨다. 여기서는 간단한 문제를 풀어 보면서 8가지 생각의 기술을 활용하는 연습을 할 것이다. 역시 해답을 보기 전에 충분히 생각해 보자. 풀지 못하는 문제를 만나는 것은 행운이다. 실패를 통하여 자신의 문제점을 발견할 수 있기 때문이다. 이것도 메타생각이다.

# 관점의 전환(change of viewpoint) – 돌리기

정삼각형(노란색)에 내접하는 원이 있다. 그 원 안에 또 작은 정삼각형이 내접한다. 이 때 큰 삼각형의 면적은 작은 삼각형 면적의 몇 배일까? 다음 두 사람의 이야기를 읽고 관점의 전환이 무엇인지 생각해 보자.

헛똑똑이 : 음, 상당히 난해하군. 먼저 원의 중심을 찾고 작은 삼각형과의 내접 조건을 따진 다음 삼각형 면적 공식을 이용하면…. 어쩌고 저쩌고….

꾀돌이 : 음, 머리를 굴려보면……. 좋은 생각이 떠올랐다!

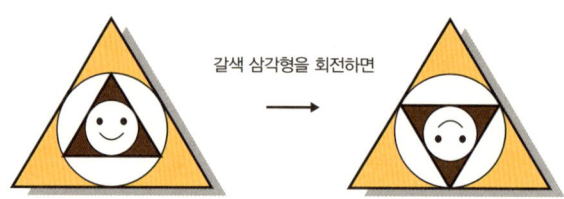

갈색 삼각형을 회전하면

그러니까 4배이다(면적비율을 통해 닮음비가 2:1인 것도 알 수 있다).

### Tip

**원도 닮았다.**

여기서 큰 원의 면적이 작은 원 면적의 몇 배일까를 생각해 보자. 삼각형들의 닮음 비율과 원들의 닮음 비율은 같다(왜?). 큰 삼각형 면적은 작은 삼각형 면적의 4배이다. 따라서 큰 원의 면적은 작은 원 면적의 4배이다.

## 병 속의 무당벌레

**훈련** 병 속에 갇힌 무당벌레를 빨리 구하라(물론 병을 깨뜨리거나 코르크 마개를 뽑아서는 안 된다).

**해설** 코르크 마개를 안으로 밀어 넣으면 된다.

역발상(reverse)의 예이다.

# 졸릴 때 푸는 문제

**훈련** 그림처럼 성냥개비로 로마숫자를 표현한 후 등식을 만들었다. 그러나 이 등식은 잘못된 것이다. 성냥개비 한 개를 이동해서 올바른 등식을 만들어 보라.

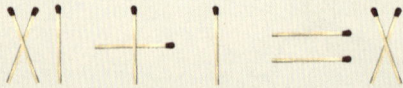

**해설** 그림처럼 1개를 이동하면 된다.

> 여기서 잠깐! 성냥개비를 전혀 이동시키지 않아도 등식이 성립한다. 왜 그럴까? 돌려서 거꾸로 보면 된다(역발상).

# 도넛 자르기

| 훈련1 | 도넛을 4번 칼질해서 18조각으로 만들어 보라(진짜 도넛이라고 생각하자!). |
|---|---|
| 훈련2 | 2번 칼질해서 6조각으로 만들 수 있을까? (90%가 못 푸는 문제) |

해설1

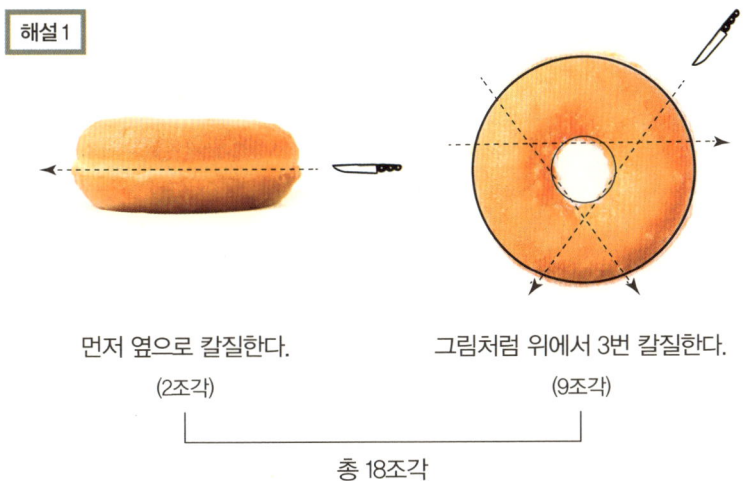

먼저 옆으로 칼질한다.      그림처럼 위에서 3번 칼질한다.
(2조각)      (9조각)

총 18조각

해설2   비스듬하게 자르면 6조각이 된다.

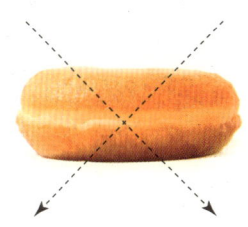

# 엄마는 수학자

**훈련** 수학자인 엄마는 매일 아침 일찍 출근하면서도 두 아들을 위해 간식을 준비한다. 엄마는 건강을 생각해서 도넛이나 베이글을 한 개만 사서 아들에게 나누어 준다. 엄마가 출근 전에 도넛을 정확하게 반으로 잘라 놓으면 형제들은 싸우지 않고 도넛 조각을 각자 챙겨서 학교로 간다. 그런데 어느 날 형제들은 잘려진 도넛 두 조각을 보고 기절할 뻔 하였다. 엄마가 정확하게 도넛을 2등분 하여 조각을 낸 것은 분명하지만 두 조각이 분리되지 않는다. 도대체 엄마는 어떻게 조각을 낸 것일까? 도넛을 정확하게 2등분한 후에도 조각들이 서로 분리되지 않도록 만들 수 있을까?

① 만들 수 있다.
② 만들 수 없다.
③ 몰라!

③번을 택한 분들은 너무 짜증 내지 말고 바로 답을 보시라. 다른 분들은 답을 보기 전에 충분히 생각을 해보시기를….

**해설** 가능하다. 그냥 동영상을 보라 (백문이 불여일견).
http://www.youtube.com/watch?v=dN8AwGUaqDA

## 직관의 파탄

> [훈련] 동전 두 개를 던졌다. 한 개의 동전이 앞면이라는 것을 알았을 때, 다른 동전이 뒷면일 확률은?

[해설]

동전의 앞면을 ○, 뒷면을 ×라 하자. 동전 두 개를 던졌을 때, 가능한 경우는 (○○), (○×), (×○), (××) 4가지이다. 여기서 동전 한 개가 앞면이 나오는 경우는 (○○), (○×), (×○) 3가지이다. 이 3가지에서 뒷면이 있는 경우는 2가지이므로 답은 $\frac{2}{3}$이다(대부분의 학생은 $\frac{1}{2}$이라고 대답하겠지만, 곰곰이 생각해 보면 $\frac{2}{3}$인 것을 알 수 있다. 잘 모르겠으면 직접 실험을 해 보시라).

## 입체화 기법

> [훈련1] 이 도형에서 직사각형은 모두 몇 개인가?
> (정사각형 포함)

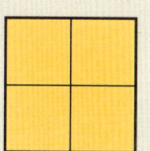

| 해설 | 다음과 같이 경우를 나누어 생각하면 총 9개가 등장한다.

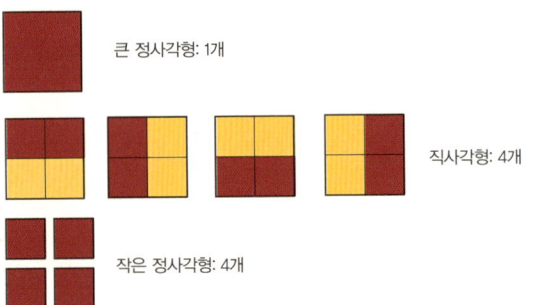

| 훈련 2 | 다음 그림의 경우 직사각형은 모두 몇 개인가?
(정사각형 포함)

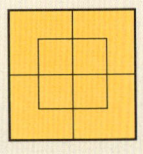

| 해설 1 | 그냥 단순하게 세면 된다.
이 경우는 착시 현상이 일어날 수 있고, 체계적으로 전략을 세우기 어렵다.

| 해설 2 | 차원확장 기법을 사용한다(입체화).
차원을 확장해서 입체적인 이미지를 머릿속에 상상한다.
이런 발상을 통해 앞에서 구한 지식을 연결한다.
그렇다면 답은 18개가 된다.

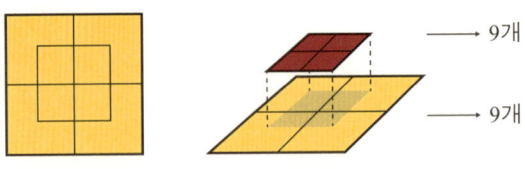

이것을 차원사고(dimension)라고 한다(생각의 기술).

## 잔디 깔기

**훈련** 그림처럼 마당에 잔디 길을 만들었다. 잔디를 깔 때 폭을 일정하게 (1m) 유지하도록 하였다. 그림에 있는 3개의 잔디 길 중에서 면적이 가장 큰 길과 가장 작은 길을 골라라.

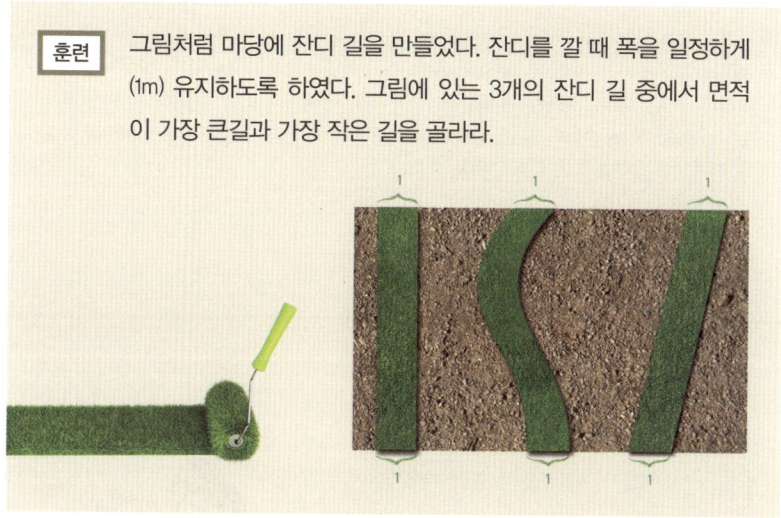

**해설**

먼저 동전을 쌓아 두고 동전들이 만드는 도형의 부피를 생각해 보자. 쌓여진 모양과 상관없이 부피는 모두 같다(너무나 당연하다). 이런 것을 카발리에리(Cavalieri) 원리라고 한다. 단순하지만 중요한 성질이며 미적분에 응용된다. 우리 책에 등장하는 등적 변형도 카발리에리 원리에 기초를 두고 있다.

그림처럼 잔디 길 위의 임의의 점에서 서로 폭을 비교해 보면 모두 같다는 것을 알 수 있다. 이것은 잔디 길의 면적도 모두 같다는 것을 암시하고 있다(위 동전의 예를 잘 생각해 보시길).

> **Tip**
>
> **유추(analogy)**
>
> 유추는 사물 간의 유사성이나 관련성을 찾는 것이다(생각의 기술). 유추는 포괄적인 개념으로 창조적 활동에 자주 등장하는 중요한 기법이다. 뉴턴의 사과나무 이야기가 대표적 유추의 예이다. 최초로 프로그램 내장형 컴퓨터(우리가 매일 보는 컴퓨터)를 고안한 폰 노이만은 우리 두뇌의 작동방식에서 아이디어를 얻었다. 이것도 유추의 예이다. 잔디 문제는 동전의 성질을 이해한 후 유추를 하면 쉽게 이해할 수 있다.

# 슈퍼맨의 굴욕

**훈련** 악당이 슈퍼맨의 발에 수갑을 채우고 도망갔다. 천하무적 슈퍼맨이 이따위 수갑 하나 부술 힘도 없고, 날지도 못하고 있다. 왜 그럴까? (관찰하라! 그것이 힌트다.)

① 이따위 문제를 풀라고?
② 몰라!
③ 앗! 그 이유를 알았다.
④ 가짜 슈퍼맨이라서 그렇다.

> ④를 택한 분에게: 진짜 슈퍼맨이라고 가정하고 한 번 더 생각해 보시길.
> 그 외 분들에게: 바로 해설을 보고, 그 해설 속의 문제에 다시 도전해보시라.

| 해설 | 슈퍼맨이 팬티를 뒤집어 입어 힘이 없다(그냥 관찰연습을 위해 만든 문제다). 이제 본격적인 문제를 하나 낼 것이다. 슈퍼맨이 팬티를 다시 뒤집어 입는다면 힘이 나서 수갑을 부술 수 있게 된다. 발목이 수갑으로 묶인 상태에서 팬티를 뒤집어 입는 것이 가능할까? 바로 정답을 공개한다. 놀라지 마시라. 다음처럼 뒤집어 입으면 된다.

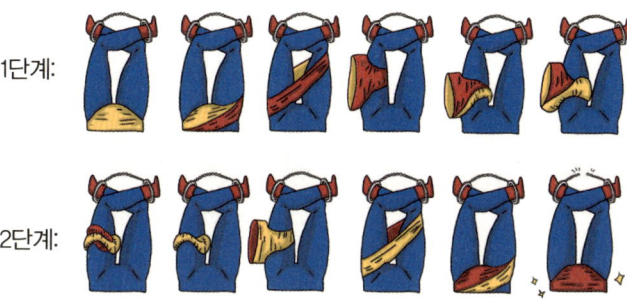

1단계:

2단계:

## 십자가의 동전

| 훈련 | 동전이 십자가 모양으로 배치되어 있다. 동전 하나만 움직여서 가로와 세로의 동전의 개수를 같게 만들 수 있을까?

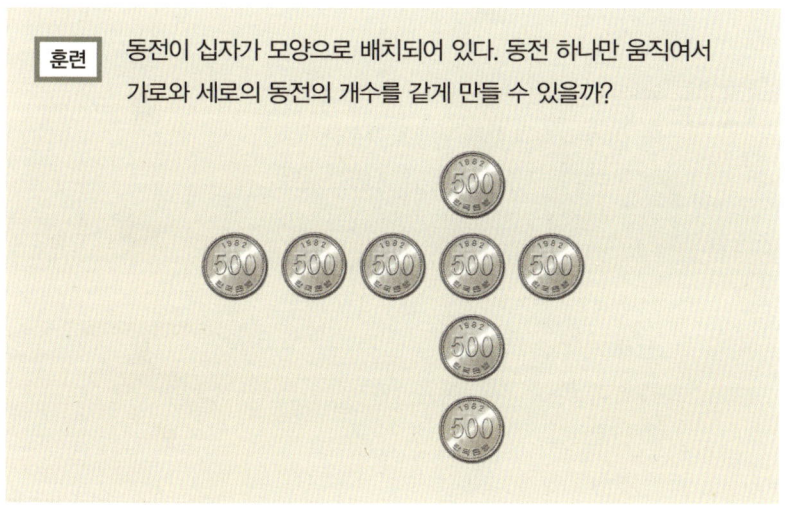

> **해설** 맨 왼쪽 동전을 중앙으로 이동하여 포개면 된다. 매우 간단한 아이디어지만 그런 생각이 쉽지는 않다. 이런 생각의 기술을 '차원사고(dimension)'라고 한다. 머릿속으로 이리저리 동전을 움직이는 과정을 관찰해 보면 2차원 평면 속에서 움직이는 것을 확인할 수 있다. 아이디어 카트를 가져와서 하나씩 체크하다 보면 '차원사고'가 좋다는 것을 알 수 있다.

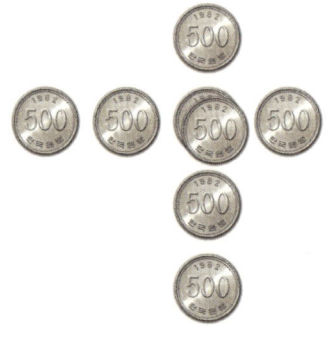

# 병 속의 새

> **훈련** 밀폐된 유리병 속에 새가 한 마리 앉아있다. 이 유리병의 전체 무게를 측정하기 위해 유리병을 저울에 올렸다. 저울 눈금을 읽고 있는데 갑자기 앉아있던 새가 날아올랐다. 그렇다면 병 전체의 무게는 어떻게 될까?
> ① 줄어든다.
> ② 늘어난다.
> ③ 변함없다.
> ④ 몰라!

| 해설 | 정답은 ③이다. 이유를 알기 위해서는 약간의 물리지식이 필요하다. 새가 날게 되더라도 공기를 통해 새의 중량이 병에 모두 부가되기 때문이다.

| 훈련 | 여기서 밀폐된 유리병에서 공기를 모두 빼고 진공으로 만들었다고 가정하자. 이때 앉아 있던 새가 날게 되면 병 전체의 무게는 어떻게 될까?

| 해설 | 무게가 줄어든다고 하면 틀린 답이다. 왜냐하면, 진공 상태에서는 새가 날 수 없기 때문이다. 문제 자체가 이상한 것이다.

생각은 생각의 프레임 속에서 움직인다. 이 문제는 생각의 프레임이 무엇인지를 설명하기 위한 것이다. 생각의 프레임을 관찰하기 위해서 메타생각이 필요하다.

## 놈. 놈. 놈.

| 훈련 | 총잡이인 갑, 을, 병 3명이 서로에게 총을 쏘는 위험한 게임을 한다. 3명의 명중률은 각각 50%, 80%, 100%이다. 공정한 게임을 위해 명중률이 낮은 순서대로 쏘아야 한다. 즉 갑, 을, 병 순서로 돌아가면서 계속 총을 쏘게 된다. 갑은 누구를 먼저 쏘는 것이 가장 좋을까?

해설　갑은 실력 좋은 병을 먼저 쏘는 것이 좋은 것처럼 보인다. 그러나 갑이 허공을 향해 쏘는 것이 더 좋은 전략이다. 갑이 허공을 쏘면, 다음 차례인 을은 백발백중 실력을 가진 병을 쏠 것이다. 운이 좋아 병이 맞으면 갑은 또 기회가 돌아온다. 총알이 빗나가면 병은 갑보다 더 실력이 좋은 을을 공격하게 되고(을은 사망) 갑은 역시 기회를 잡게 된다. 이런 전략이 아니라 갑이 을이나 병을 먼저 공격하게 되면 갑은 더 위험해진다.

관점의 전환(change of viewpoint)과 역발상(reverse)이 필요하다.

# 황당한 발명

훈련　엄마는 청각장애인이다. 효자 아들은 엄마를 위해서 깜짝 발명을 하였다. 전화에 전구를 달아서 벨이 울리면 전구에 불이 켜지도록 만들었다. 놀라운 발명 아닙니까?

해설　엉터리 발명이다. 엄마는 청각장애인이다. 따라서 전화기 자체가 무용지물이다.

# 규칙

**훈련** 어떤 규칙에 따라 자연수를 그림처럼 계속 배치한다. 이제 12차례다. 어디에 배치해야 할까?

**해설** 숫자의 모양을 보라. 숫자는 직선 또는 곡선으로 이루어져 있다. 배치 규칙은 직선으로만 이루어지면 사각형에, 곡선이 있다면 원에 배치한다. 12는 이 두 가지 성질을 모두 가지고 있으므로 공통 부분에 배치해야 한다.

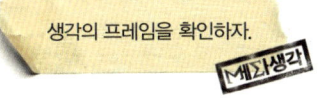

생각의 프레임을 확인하자.

# 카지노

**훈련** 도박은 마약과 같다. 한 번 빠지면 나오기 힘들다. 그러나 우리는 카지노에서 게임을 한 번쯤 하고 싶은 로망이 있다. 우리의 로망 카지노에는 없는 것이 3가지 있다. 거울, 창문, 그리고 이것이 없다. 과연 이것은 무엇일까?

**해설** 정답은 시계.

카지노는 시간이 멈추는 곳이다. 시계가 있으면 안되고 시계를 보아서도 안된다. 우리 공부방도 시간이 멈추면 얼마나 좋을까마는 공부가 게임보다 더 재미있을 수는 없다. 각설하고 공부방에 시간을 멈추게 하는 시계를 하나 장만하면 어떨까? 이름하여 수학시계. 별로 안 내킨다고? 그럼 그냥 다음 문제나 하나 풀어 봅시다.

## 수학시계

**훈련** 이 수학시계의 빈칸을 채워라.

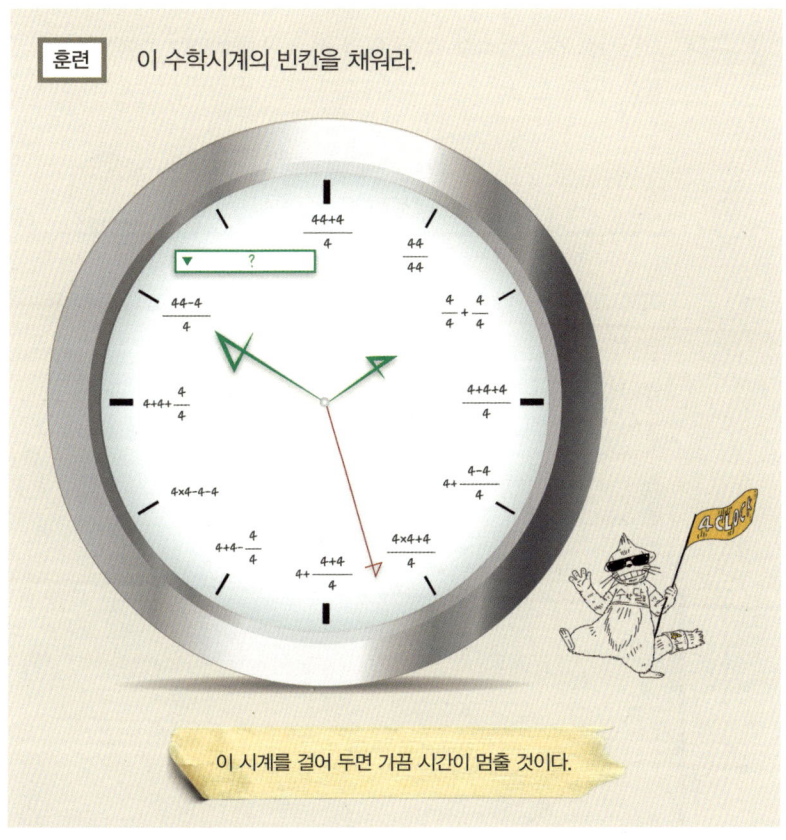

이 시계를 걸어 두면 가끔 시간이 멈출 것이다.

**해설** 정답은 공개하지 않겠다(왜?).

# 사이클로이드(cycloid)

> 훈련  그림처럼 원이 굴러갈 때 원 위의 한 점이 움직이는 자취를 사이클로이드라 한다.

아래 그림처럼 생긴 곡선면(뒤집어진 사이클로이드) 위로 구슬을 굴린다.
높이 h 지점에서 굴린 구슬이 바닥에 도착하는 시간이 10초였다.
높이 $\frac{h}{2}$ 지점에서 구슬을 놓으면 얼마 후에 바닥에 도착할까?

① 5초  ② 7초  ③ 10초  ④ 몰라!

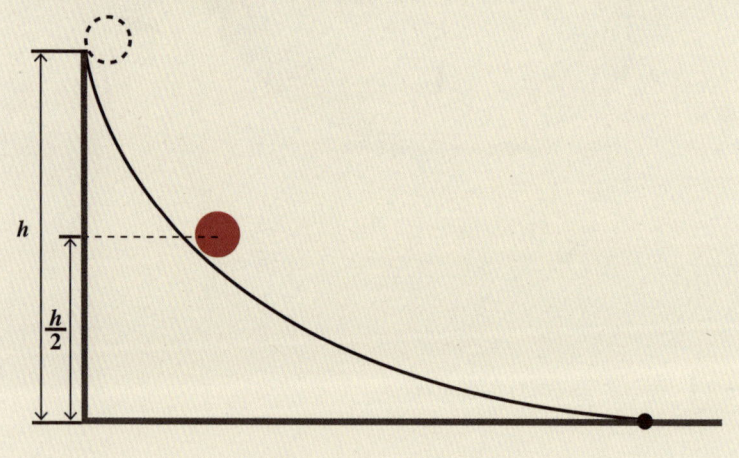

**해설** 정답은 10초이다. 이것은 직관적으로 이해하기 힘든 결과이다. 사실 어느 위치에서 공을 굴려도 바닥에 도착하는 시간은 동일하다(물리학적 해석은 생략). 이 문제가 신기하게 느껴지는 분들은 다음 동영상을 보시길!
http://www.youtube.com/watch?v=FAYWccuLVvY

이 문제를 통해 '이해한다는 것'이 정확하게 무엇인지 생각해 보기를 바란다. 사이클로이드 문제 자체가 중요한 것은 아니다.

## 도전 문제

## 달리기

도전1  달리기 실력이 비슷한 A와 B가 그림처럼 달리기 경주를 한다. 남쪽에서 북쪽으로 달릴 때는 A가 이기고 반대로 달릴 때는 B가 이긴다. 몇 번을 해도 결과는 마찬가지이다. 왜 그럴까?
① 달리기 실력이 약간은 다르기 때문에.
② 바람 방향이 바뀌기 때문에.
③ 몰라!

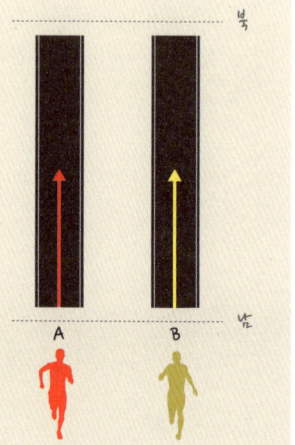

## 세 명의 여자들

도전2  세 명의 여자들이 나란히 서 있다. 두 명의 여자는 슬프고 나머지 한 명은 행복하다. 슬픈 여자들은 웃고 있고 행복한 여자는 울고 있다. 왜 그럴까? 이 정보만 가지고는 잘 모를 수도 있다. 위 세 명은 모두 비키니 수영복을 입고 있단다. 이제 좀 쉬워졌다. 왜 그럴까?

## 역발상

> **도전 3**   5는 0보다 강하고 0은 2보다 강하고 2는 5보다 강하다. 왜 그럴까?

## 관찰

> **도전 4**   다음 그림 4개 중에서 본질적으로 다른 모양은 어떤 것일까?

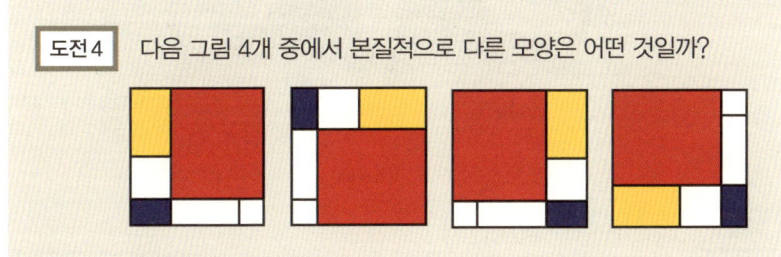

해설은 뒷페이지에…

| 해설 1 | 1번과 2번 모두 정답이 될 수 있다. 그러나 상상력을 동원해보면 다른 가능성도 찾을 수 있다. 반대로 움직이는 에스컬레이터에서 달리기를 하면 이런 결과가 나온다(역발상).

| 해설 2 | 정답은 미인대회 중이다.

| 해설 3 | 가위바위보를 생각하자.

| 해설 4 | 90° 회전시킨 것들이다. 그러나 3번째 그림은 거울상이다.

잃어버린 강의 노트 ❸

# 생각의 기술들

메타생각을 통해 여러 가지 생각의 기술들을 활용해 보았다. 모든 창조는 통찰이 필요하고 그것은 관찰하는 것에서 출발한다. 통찰은 간단하다. 관찰을 모으면 된다. 관찰은 생각의 기술을 만들어 내는 중요한 생각의 태도이다.

이 장에서는 여러 가지 생각의 기술들이 점점 정교화되면서 수학으로 이동하는 것을 구경할 것이다. 해답을 보기 전에 너무 고민할 필요는 없다. 수학적인 것은 관찰만 하시길.

# 사각형 상상

훈련 | 그림 A와 같이 다섯 개의 점을 지나는 정사각형을 상상할 수 있다. 그림 B의 점 다섯 개를 지나는 정사각형을 그려 보라.

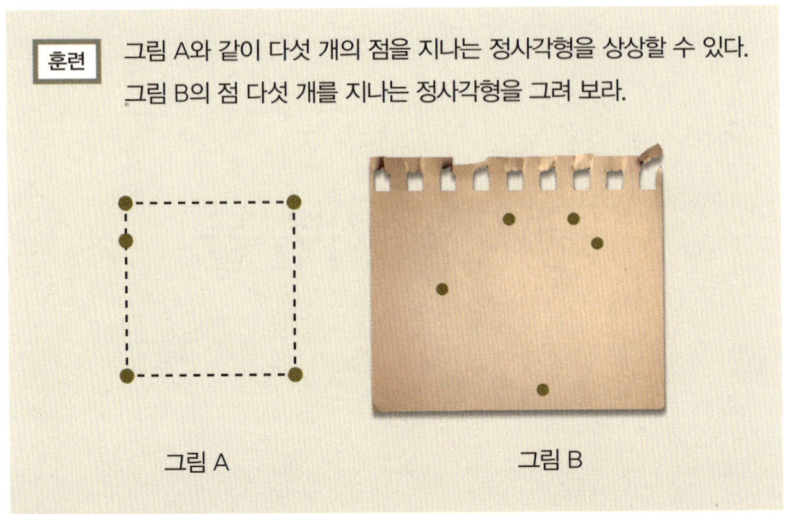

그림 A        그림 B

해설

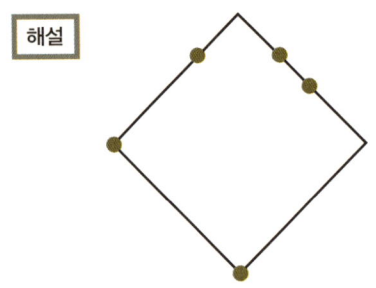

상상력을 동원해서
몇 번 시행착오를 해 보면 된다!

훈련 | 다음 점 4개를 지나는 정사각형을 만들 수 있을까? (단순 무식한 문제지만 조심하라!)

**해설**

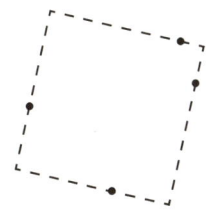

역시 시행착오가 무기이다.

**Tip**

사실 시행착오를 하다 보면 이런 생각이 들 때가 있다.
시간 아깝게 왜 이 짓을 하고 있지? 혹시 어떤 법칙이 없을까?
수학지식을 응용할 수 있을까? 답은 존재할까? 답은 한 개일까?
생각 훈련을 위한 문제이지만 이런 질문이 생기기 시작하면 대성공이다. 다음은 수학적 지식을 연결하는 과정이다.

**1단계**: 먼저 주어진 점을 A, B, C, D라 하자. 점 A와 점 C를 잇는 선분을 그린다. 점 B에서 시작하여 위 선분과 수직이며 길이가 같은 선분을 만들고 그 끝점을 P라 둔다.
**2단계**: 위 가상의 점 P와 점 D를 연결하는 직선을 그린다(직선 *l*).
**3단계**: 점 A에서 위 직선에 수선이 되는 반직선을 그린다(점 C에서도 마찬가지). 위 각 수선이 만나는 각 점 Q, R을 잇는 선분과 길이가 같게 되는 점 T, S를 찾으면 끝이 난다.

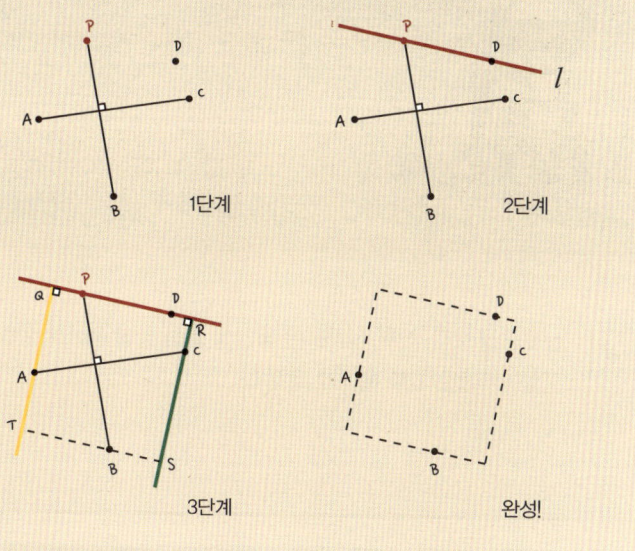

# 명탐정 김 박사

> **훈련** 한 학생이 횡단보도를 건너다가 교통사고가 났다. 명탐정 김 박사는 현장사진을 보고 있다. 이 사진을 보자마자 김 박사는 사진이 조작되었다는 것을 알았다.
>
> 그는 현장사진이 조작된 것을 어떻게 알았을까?

> **해설** 신호등을 보라. 진짜 신호등은 빨간색 불이 항상 왼쪽에 있다. 관찰이 무엇인지를 깨닫게 해 준다.

# 틀린 것 찾기

**훈련** 다음 그림에는 잘못된 것이 모두 3개 있다. 잘 관찰해서 모두 찾아 보시길.

① $\dfrac{56}{99} = \dfrac{5}{9}$

② $\dfrac{2+2}{2} = \dfrac{1+1}{1}$

③ $(7+6)^2 = 7^2 + 6^2$

④ $3^7 - 7$은 소수이다.

**해설** 3번, 4번은 틀린 수식이고, 마지막 한 개는 연필그림이 엉터리이다(조작한 이미지). 연필을 깎으면 깎인 물결 모양이 반대로 나온다(당장 연필을 확인해 보시길).

### Tip

**KISS!**

$3^7 - 7$은 소수가 아니다. 왜냐하면, $3^7$은 홀수이고 7도 홀수이므로 $3^7 - 7$ 항상 짝수이다. 그러므로 소수가 아니다(소수는 2를 제외하면 모두 홀수이다).

# 유언장과 명판사

**훈련** 시한부 인생을 사는 사업가가 다음과 같은 유언장을 남기고 사망하였다.

그 후 아내는 출산을 하였는데, 태어난 아이가 쌍둥이다(남자와 여자의 이란성 쌍둥이). 수학 도사인 명판사는 어떻게 분배 결정을 하였을까? 아내의 재산 비율을 구해보라.

**해설** 태어난 아기가 남자와 여자의 이란성 쌍둥이이므로 유언장 문구대로 재산 비율을 정한다.

여자아이와 아내의 비율은 2 : 1
남자아이와 아내의 비율은 1 : 2
여아 : 아내 : 남아 = 4 : 2 : 1

명판사는 아내에게 재산의 $\frac{2}{7}$를 가지라고 판결하였다(아내의 몫이 너무 작은 것 같다. 다른 방법도 생각해 보시길).

# 관점의 전환(change of viewpoint) 2

**훈련** 한 변의 길이가 1인 정사각형이 있다. 직각으로 그림과 같이 톱질하여 잘라냈을 때 색칠한 도형의 둘레 길이는?

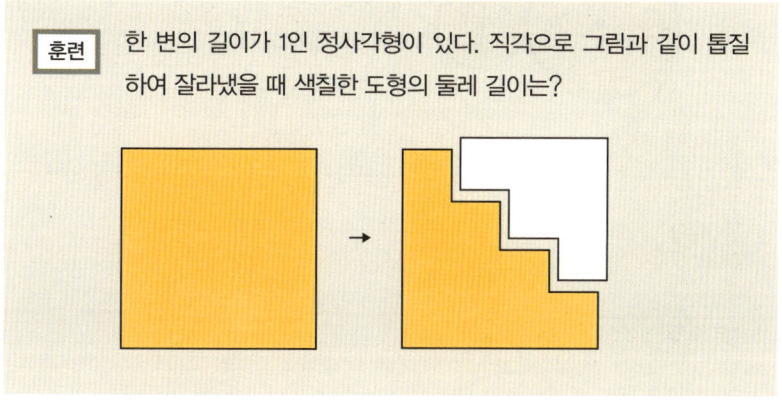

**해설** 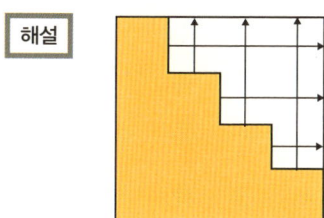 화살표 방향으로 변들을 이동시키면 정사각형이 된다. 따라서 둘레의 길이는 4.

# 원들의 둘레

**훈련** 그림처럼 원들이 접하고 있다. 작은 원들의 중심이 큰 원의 지름 위에 있다. 내접하는 작은 원들의 둘레 길이의 합은 얼마인가? 가장 큰 원의 지름은 10이다.

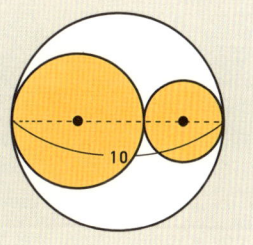

| 해설 |

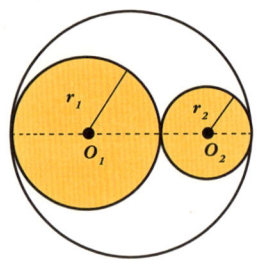

반지름이 $r$인 원의 둘레 길이 : $2\pi r$
$O_1$의 반지름을 $r_1$으로, $O_2$의 반지름을 $r_2$로 두자.
$O_1$의 둘레 : $2\pi r_1$
$O_2$의 둘레 : $2\pi r_2$
총 원주의 합은
$2\pi r_1 + 2\pi r_2 = \pi(2r_1 + 2r_2) = \pi \times 10$

| Tip |

가장 바깥 원의 둘레는 $10\pi$이다. 결국, 내접하는 두 원의 둘레의 합과 같다. 원이 여러 개 있어도 결론은 같다(그림참조).

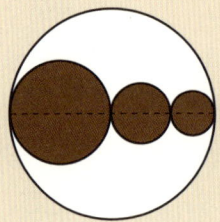 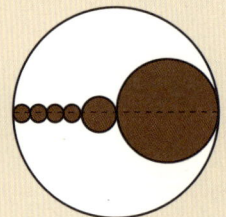

## 축구공의 세계

| 훈련 |

축구공은 5각형 조각들과 6각형 조각들로 이루어져 있다. 5각형이 12개 있다는 것은 이미 알고 있다. 그럼 6각형은 몇 개일까? 축구공 사러 가지 말고 머리로 생각해 봐!

| 해설 | 그림을 잘 보면 5각형 하나에 6각형이 5개씩 붙어 있다. 그럼 일단 6각형이 60개(12×5)가 있다고 보면 되는데 6각형을 다시 잘 보면 5각형이 3개 붙어 있다. 중복해서 3번씩 계산한 것이니까, 6각형은 20개가 존재하는 것을 알 수 있다(60÷3).

# 아나콘다와 방울뱀

| 훈련 | 아나콘다가 방울뱀을 먹고 있다. 아나콘다는 방울뱀을 시간당 15cm씩 삼킨다. 그런데 방울뱀의 꼬리는 시간당 5cm씩 자란다. 아나콘다가 방울뱀을 완전히 삼키는 시간은 먹기 시작한 후 몇 시간 지나서인가? 단, 방울뱀의 원래 몸길이는 1m이고 아나콘다의 몸길이는 5m이다.

| 그래프 풀이 | 아나콘다가 삼킨 길이 $f(t) = 15t$이고, 방울뱀의 길이 $g(t) = 100 + 5t$(원래 1m였기 때문에)이다. 두 그래프의 교점이 아나콘다가 방울뱀을 삼키는 순간이다.

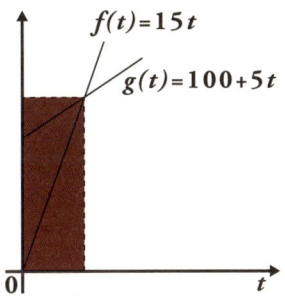

단순 계산 풀이

$15t = 100 + 5t$

$\therefore t = 10$ (시간)

기발한 풀이

다음 소개하는 방법은 속도, 시간문제에서 가장 유용하게 쓰이는 기술이다. 삼키는 속도가 15cm/h이고, 꼬리가 길어지는 속도가 5cm/h이므로, 전체적으로는 10cm/h의 속도로 들어가고 있는 것이다. 그러므로 열 시간 후에는 다 들어간다. 상대적으로 보면 쉽게 이해가 될 것이다(상대속도 원리).

이 문제는 중학교 1학년 문제에 많이 등장하는데, 어떤 방법이 더 마음에 드는지 확인해 보라.

# 성냥개비

훈련  다음 그림에서 성냥개비 3개를 제거해서 정사각형이 하나도 없도록 만들 수 있을까?
① 있다.  ② 없다.  ③ 몰라!

③번을 택한 사람은 메타생각을 작동하라.

해설 | 아래와 같이 제거하면 된다.

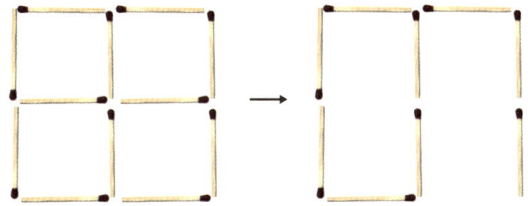

## 방향 바꾸기

훈련 | 그림처럼 성냥개비로 만들어진 물고기가 있다.
성냥개비 2개만 움직여서 물고기의 방향을 바꾸어 보라.

해설 | 아래와 같이 이동하면 된다.

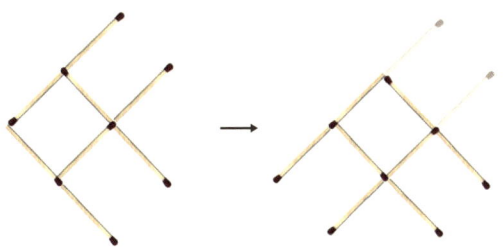

# 구멍 난 치즈

**훈련**  구멍 난 정사각형 치즈가 있다. 이 치즈를 정확하게 2등분하는 직선을 찾아라(작은 구멍의 지름은 1이고, 큰 구멍의 지름은 2이다).

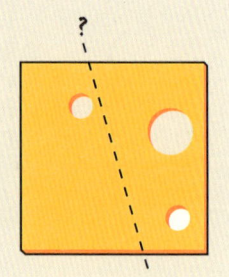

**해설**  그림과 같이 정사각형의 중심과 큰 원의 중심을 지나게 직선을 그으면 된다.

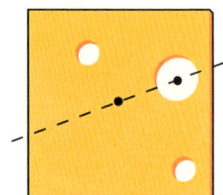

수학이 필요 없다는 것은 메타생각으로 알아낸다.
이 방법 외에도 다른 해법이 있다. 그것은 무엇일까?

# 시간은 금이다

**훈련**  모래시계 5분짜리 하나와 3분짜리 하나로 4분을 잴 수 있는가? (뒤집는 시간은 무시)

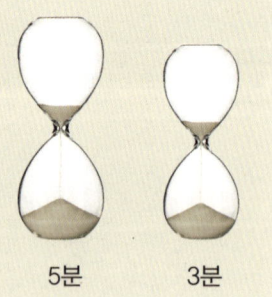

5분  3분

> **해설**

동시에 5분짜리와 3분짜리를 시작한다. 3분짜리가 다 내려가면(3분 경과) 3분짜리를 즉시 뒤집는다. 이때 5분짜리는 2분만큼 남아있는 상황이다.

그렇다면 그다음 2분이 지나는 즉시(5분 경과) 5분짜리를 뒤집는다. 이때 3분짜리는 1분만 남게 되는데 이 3분짜리가 끝나고 나서 5분짜리 모래시계는 4분을 잴 수 있다 (5분짜리, 3분짜리 모래시계만 있으면 1, 2, 3, 4, 5, 6, 7, 8, 9, 10분을 다 잴 수 있다. 모래시계 문제는 머리 훈련으로 아주 좋다. 귀찮더라도 한번 연습해 보길…).

이 방법보다 더 좋은 방법도 있다. 생각해 보라.

## 당신은 합리적인가?

> **훈련**

청소 당번 A, B, C가 방과 후에 교실 유리창 아홉 개를 청소해야 한다. 각자 세 개씩 청소하기로 하였는데, 갑자기 A가 아파서 조퇴를 하는 바람에 B가 5개, C가 4개를 청소했다. 다음 날 A는 미안해서 9,000원을 B와 C에게 주면서 나누어 가지라고 했다. C는 자신이 4개를 청소했으므로 4,000원을 가지고, B는 나머지 5,000원을 가지면 된다고 주장한다. C의 주장은 합리적인가?

> 해설

어떻게 보면 합리적인 주장같지만 정답은 '비합리적이다'. 왜냐하면 어차피 B와 C는 유리창 세 개씩은 무조건 청소해야 하는 것이었으므로 B와 C는 실질적으로 A가 청소해야 할 원래 유리창 세 장을 각각 두 장, 한 장을 덤으로 닦은 것에 불과하다. 그러므로 9,000원 중에서 $\frac{2}{3}$인 6,000원을 B가 가지고, $\frac{1}{3}$인 3,000원을 C가 가지는 것이 합리적이다.

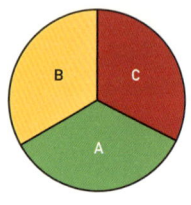

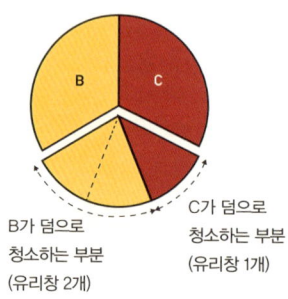

B가 덤으로
청소하는 부분
(유리창 2개)

C가 덤으로
청소하는 부분
(유리창 1개)

# 못된 놈들

> 훈련

담임 선생님이 기분이 좋아 자기 반 학생들 50명에게 도넛 50개를 선물로 나누어 주었다. 그런데 그 반에는 못된 일진 멤버가 몇 명 있었다. 이 놈들은 한 명당 4개씩 먹어 버렸다. 결국 도넛이 모자라서 나머지 착한 학생들은 4명당 1개씩 먹을 수 밖에 없었다. 못된 학생은 이 반에 몇 명이나 있을까?

> 해설

수식을 세우기 전에 아이디어를 생각해 보자. 다음 그림처럼 못된 학생 1명과 착한 학생 4명을 묶어서 조를 만들어 나간다.

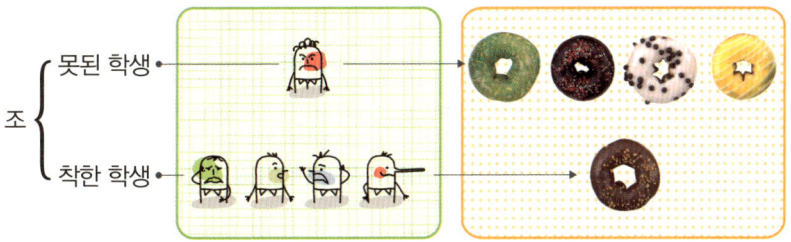

이것을 한 조라 하자. 한 조당 5명이므로 도넛이 5개씩 돌아가게 된다. 총 50명이면 10조를 만들 수 있고, 한 조에 못된 학생 1명이니까 모두 10명.

∴ 못된 학생은 10명

> **Tip**
>
> 머리 굴리기 싫다고? 못된 학생의 수를 x, 착한 학생의 수를 y라 두고 식을 세우자.
>
> $$\left.\begin{array}{l} x + y = 50 \\ x \times 4 + \dfrac{y}{4} = 50 \end{array}\right\}$$ → 이 연립방정식을 풀면 ∴ $x = 10$

# 공부의 기술 – 늘이고 줄이기(더해주고 빼주고)

**훈련** 한 변의 길이가 3인 정사각형과 2인 정사각형이 있다. 그림처럼 두 사각형이 겹쳐 있다. 빨간색 부분의 면적과 검은색 부분 면적의 차이를 구해 보자.

**해설**

식을 세우는 대신에 공통부분을 삽입하여 이미지로 보면 간단하다.

→ 늘이고 줄이기 기술

$= 9 - 4$
$= 5$

**Tip**

1. 늘이고 줄이기(수술의 원리) 기법을 잘 기억하라.
2. 두 사각형의 위치에 상관없이 면적의 차이는 항상 5이다(불변량).

# 입체적 생각

**훈련** 정육면체의 전개도이다. 이것을 접어서 정육면체를 만들 때 빨간색 선분과 노란색 선분이 이루는 각도를 구하라.

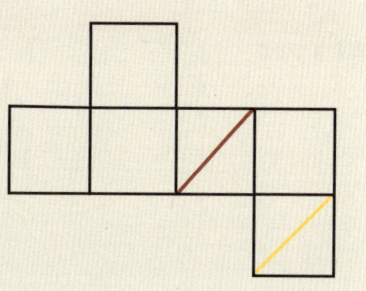

**해설**

공간적으로 상상해 보면 그림처럼 배치가 된다는 것을 알 수 있다. 여기서 보조선을 하나 만들어 보면(파란 점선) 정삼각형이 생긴다. 그러므로 구하는 답은 60°이다.

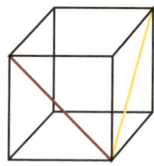 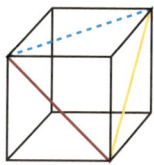

차원사고와 변환을 이용했다(생각의 기술).

# 로또복권 1등 당첨되는 비결

![복권 선택지 A, B, C, D, E]

| 훈련 1 | **복권 당첨번호의 패턴** |
|---|---|
| | 사람들에게 복권을 선물할 때가 있다. 선물은 항상 기분이 좋다. 받는 사람이나 주는 사람이나. 그런데 복권 선물은 다른 선물과는 좀 다르다. 1등이 당첨되면 꼭 싸움이 일어난다. 정말 기묘한 선물이다. 복권을 선물로 1장 줄 테니 위 번호 중 마음에 드는 번호로 한 개만 선택하라고 하면 사람들은 절대로 A나 B는 선택하지 않는다. A나 B는 당첨될 가능성이 낮다고 생각하기 때문일까? 정말 당첨 확률이 다른 3가지 번호보다 낮을까? |

| 해설 1 | 위 5가지 복권들은 당첨될 확률이 정확하게 같다(왜?). 나는 인생에 처음 로또를 구입했을 때 재미삼아 A와 B같은 패턴으로 번호를 선택하였다. "이런 번호는 당첨 안 돼요." 라는 복권가게 사장님의 소중한 조언(?)이 기억난다. 수학적으로 보면 1등 번호는 완전히 무작위이고 번호 선택지의 시각적 패턴은 아무 의미가 없다. |
|---|---|

> **훈련 2** **복권 명당의 존재성**
> 복권 1등 당첨이 유별나게 많이 나오는 가게를 '명당'이라고 부른다. 실제 1등이 10번 이상 나온 복권 집이 있다고 한다. 정말 '명당'이 아닐 수 없다. 그럼 이 명당에서 다음 주에 로또 1등이 나올 확률이 여러분 집 앞 복권 가게보다 높을까?

**해설 2** 정답은 '더 높다'이다. 명당이라고 알려진 가게는 복권을 사려고 하는 사람의 줄이 동네 한 바퀴라고 한다. 그 팔리는 복권 양이 어마어마하다. 오죽했으면 '로또 판매 제한법'을 만들자는 이야기가 나왔을까? 이 명당이 확률이 더 높은 이유는 이렇다. 극단적으로 생각해서 우리나라에 복권판매점이 명당과 보통집 2개만 있다고 하자. 평균적으로 명당에서 전체 복권의 99%가 팔리고 보통집에서 나머지 1% 복권이 팔린다고 생각해 보자. 그럼 금방 이 결론을 알 수 있을 것이다(극단사고).

> **훈련 3** **복권 명당을 찾아서**
> 이 문제를 읽던 한 친구는 "그럼 로또 1등은 그 명당에서 또 나오겠군!"이라고 말한다. 돈이 급히 필요한 이 친구는 이번에 꼭 로또 1등을 먹고 싶어한다. 그는 그 명당에서 로또를 사는 것이 더 유리할까?

**해설 3** 정답은 '아니다'이다. 2번 문제와 3번 문제를 혼동하면 안 된다. 명당에서 1등 당첨이 나오는 것 하고 내가 1등 당첨되는 것은 전혀 다른 문제다. 명당에서 1등이 나올 확률이 높은 이유는 순전히 그만큼 더 많은 사람이 그 가게로 몰려서 복권을 사기 때문이다. 로또는 아무 번호나 정해서 아무 가게에서 사도 당첨 확률은 모두 같다. 결국 비결은 없다!

# 2등분 하기

**훈련** 다음 그림처럼 정사각형 7개로 만들어진 도형이 있다. 이 도형의 면적을 2등분하는 직선을 찾아라.

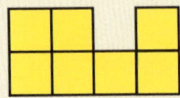 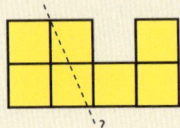

**해설** 그림과 같이 그으면 된다.

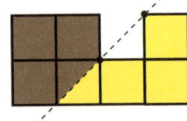

**Tip**

시행착오로 해법을 발견할 수 있다. 그러나 어떤 원리를 찾으면 쉽다. 그 원리는 무엇일까?

## 천재들의 착각

**훈련** 천재 수학자 최 박사는 아파트에서 조용히 혼자 살고 있다. 어느 날 앞집에 두 아이를 가진 천재 물리학자 김 교수가 이사를 왔다. 김 교수는 저녁에 한 아이와 함께 최 박사 집에 놀러 왔다. 김 교수는 같이 온 아이가 자기 아들이라고 소개한다. 최 박사는 갑자기 궁금해서 "교수님의 다른 아이도 아들이세요?"라고 물었다. 김 교수는 잠시 머뭇거리다가 "한 번 맞춰 보세요."라고 되묻는다. 최 박사 하는 말 "글쎄요. 아들이거나 딸이거나 확률은 반반이겠죠." 김 교수는 씩 웃으면서 "최 박사님이 틀릴 때도 있네요." 누구의 말이 맞는 것일까?

**해설** 해설은 없다(왜?).

*이 문제는 p.321와 동일하다.*

## 조리개의 비밀

**훈련** 한 변의 길이가 3인 정삼각형 6개가 그림처럼 배치되어 있다. 가운데 정육각형의 면적과 정삼각형 면적의 비율을 구하라 (정육각형 한변의 길이는 1이다).

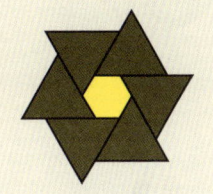

**해설** 그림처럼 나누어서 보면 된다(관점의 전환).
$$\therefore \frac{6}{9} = \frac{2}{3}$$

# 크롬이 만들어지는 과정

**훈련** 대표적인 웹 브라우저인 구글 크롬의 로고가 있다. 빨간색 부분의 면적(한쪽 날개)을 구할 수 있을까? (주어진 정보는 날개의 한쪽 길이가 1인 것 뿐이다)

① 풀 수는 있지만 그냥 답 볼래.
② 정보가 너무 부족해서 풀 수 없다.
③ 기발한 아이디어로 풀면 된다.
④ 몰라!

**해설**

**1단계**: 먼저 삼각형을 만들어(보조선) 로고가 어떻게 탄생했는지를 관찰한다.
**2단계**: 맨 오른쪽 그림을 보면 구하는 날개(빨간색)가 링의 $\frac{1}{3}$ 임을 알 수 있다.
**3단계**: 링의 면적은 주어진 정보만으로 충분히 구할 수 있다(p.282 참조).

# 사각형 분할

> **훈련** 한 변의 길이가 1인 정사각형의 각 중점과 꼭짓점을 연결해서 그림처럼 분할하였다. 노란색 정사각형의 면적은?

> **해설** 이 문제를 푸는 방법은 여러 가지가 있다. 소개하는 방법은 회전 훈련용이다. 눈으로 보기만 해도 알 수 있다(정답은 $\frac{1}{5}$).

 → 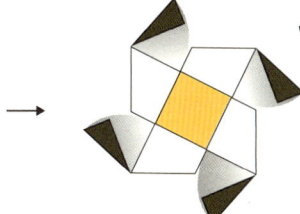 →

> **다른 풀이** 보조선을 이용해 작은 삼각형을 만든 후 단순하게 세어 보면 된다.

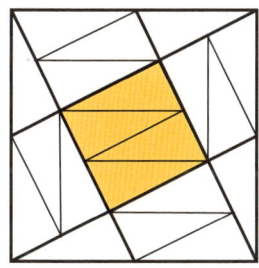

$$\frac{4}{20} = \frac{1}{5}$$

p.370 참조.

10장 생각의 기술

잃어버린 강의 노트 ④

# 회전 상상

도형들을 직접 회전시키거나, 회전하면서 팽창시키면 서로 겹치게 만들 수 있다(합동 혹은 닮음). 평소에 도형에 관한 정리들을 잘 관찰해보면 그 증명 속에서 이런 기법들이 많이 녹아 있음을 확인할 수 있다. 물론 거울상으로 되어 있는 경우에는 회전기법을 적용하기 전에 한 번 뒤집는 작업이 필요하다. 이 장에서는 매우 기초적이며 간단한 회전응용 문제를 구경할 것이다. 이것이 바로 시험에 연결되는 것은 아니지만, 머리 훈련과 아이디어 발상 훈련에 초석이 되는 것이므로 잘 감상하길 바란다.

# 천사가 보는 각도

**훈련** 다음과 같이 재미있는 삼각형이 있다. 두 천사가 째려보는 삼각형의 각도는 서로 같다는 것을 증명하라.

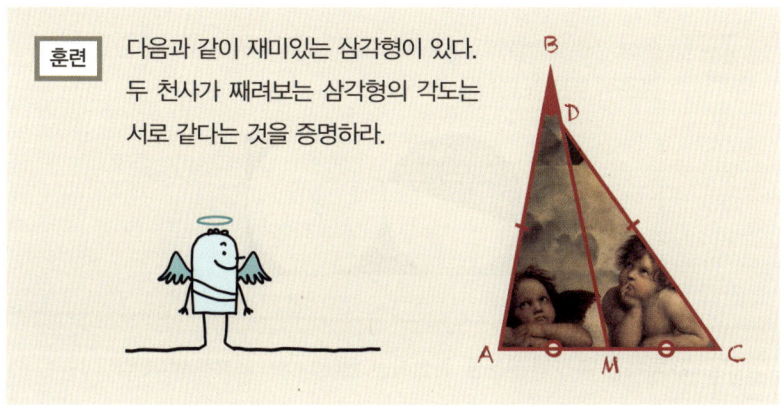

**해설** 그림처럼 회전시키면 이등변 삼각형이 나온다. 그러므로 두 각은 같다.

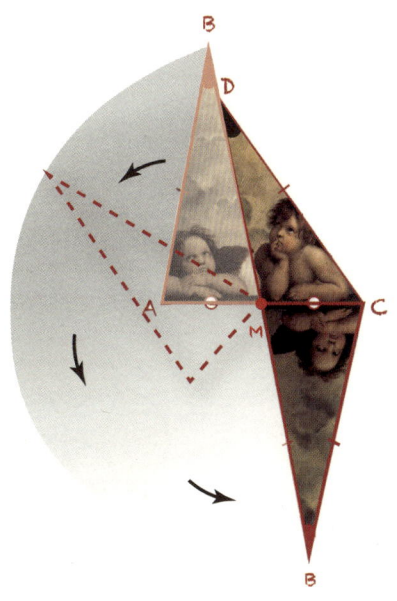

어렵다고 생각되면 직접 종이를 가지고 실험할 것.

# 면적 구하기

> **훈련** 직사각형에 원들이 그림처럼 서로 접하고 있다. 검은색 부분의 면적을 구하라.

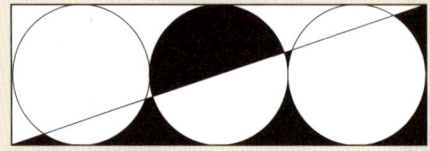

> **해설** 그림처럼 빨간색 부분을 회전하면 된다(나머지 과정은 생략한다).

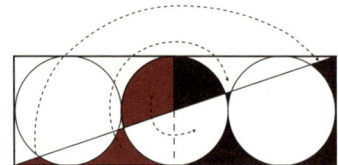
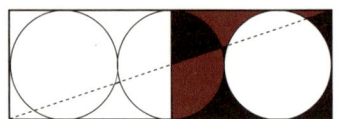

# 은행잎

> **훈련** 큰 원 안에 작은 원 4개가 그림처럼 배열되어 있다. 은행잎 4개(노란색 부분)의 면적을 어떻게 구하면 될까? 다음 해법 중에 하나를 골라라.
> ① 기하학을 이용해서 계산한다.
> ② 아이디어를 이용한다.
> ③ 몰라!

③을 택한 분들은 너무 짜증 내지 말고 바로 답을 보시라.

> **해설**

①을 택한 분도 있을 것이다. 그러나 ②를 선택해도 된다.

작은 은행잎 하나를 골라서 다음과 같이 도형 일부를 회전 이동시킨다. 나머지 은행잎도 모두 이처럼 이동시키면 정사각형이 나온다. 구하는 답은 원에 내접하는 정사각형의 면적이다(나머지 계산은 너무 쉬워 생략—아이디어만 감상할 것).

  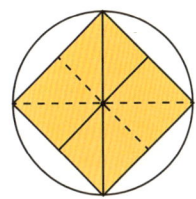

## 도끼의 면적

> **훈련**
>
> 한 변의 길이가 2인 정사각형에 반지름 1인 원들이 그림처럼 배치되어 있다. 빨간색 부분(도끼 모양)의 면적은?

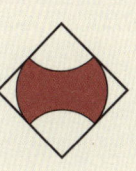 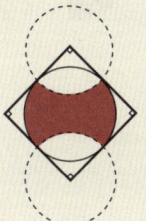 

> **해설**
>
> 그림처럼 보조선을 만든 후 이동시키면 정사각형이 나온다.
> 계산하지 말고 그냥 보라!

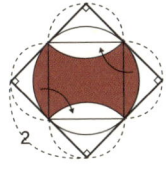 

# 이미지 방정식

> **훈련** 한 변의 길이가 1인 정사각형에 사분원과 반원이 그림처럼 배치되어 있다. 갈색 부분의 면적을 구하라.

**해설**

아래 이미지 방정식을 자세히 보라.
구하는 면적 = 반원 + 부채꼴(8분원) − 삼각형
계산을 하지 말고 그냥 보라!

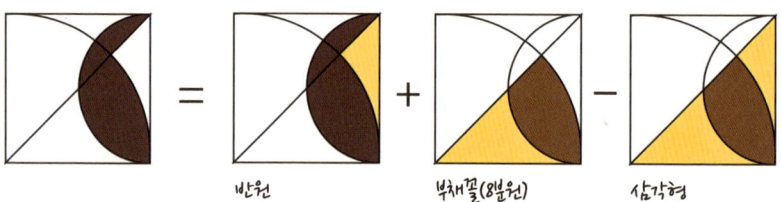

반원　　　　부채꼴(8분원)　　　삼각형

늘이고 줄이기 기법(p.352 참조).

## 내접원 외접원

**훈련** 그림처럼 정삼각형에 외접원과 내접원이 배치되어 있다. 질문에 답하라.
1. 외접원의 반지름 R=1이면 내접원의 반지름 r은 얼마인가?
2. 빨간색 부분의 면적을 구하라.

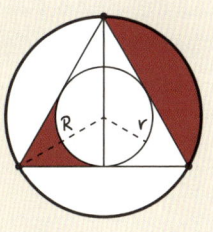

**해설**
1. 작은 원의 면적은 큰 원의 면적의 $\frac{1}{4}$이다. 그러므로 $r=\frac{1}{2}$이다(이해가 안 되면 p.316 참조).

2. 그림처럼 색을 구분해서 보면 같은 모양이 3개 나온다. 그러므로 구하는 면적은 링의 $\frac{1}{3}$이 된다. 링의 면적은 큰 원에서 작은 원을 빼면 된다(당연한 소리! 링의 면적에 대한 자세한 설명은 p.282 참조).

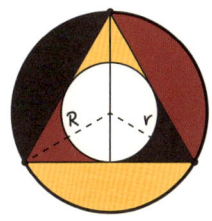

## 정삼각형 분할

**훈련** 면적이 1인 정삼각형이 있다. 각 변의 3등분점과 꼭짓점을 이어서 그림처럼 만들었다. 중간에 작은 정삼각형(노란색)의 면적을 구하라.

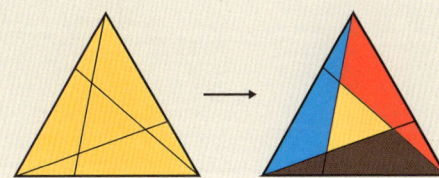

**해설**

이 문제는 도형 분할 문제로 유명한 문제이다. 면적과 비율의 관계를 이용해서 풀 수 있다(반드시 스스로 해 보아야 한다). 그러나 여기서는 회전시키는 법을 소개한다. 중점(하얀 선)을 연결한 후 작은 삼각형을 회전시킨다. 변형된 것을 잘 보면 작은 정삼각형이 7개임을 알 수 있다. 그러므로 정답은 $\frac{1}{7}$이다. 계산하지 말고 그냥 보라!

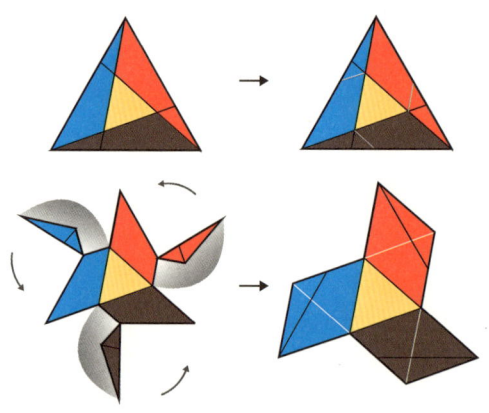

## 어려운 분할

**훈련** 앞 문제와는 달리 한 변의 길이가 1인 정사각형을 a : 1-a로 내분하는 점과 꼭짓점을 연결하였다(0<a<1). 중앙 정사각형(갈색)의 면적을 어떻게 구할까?

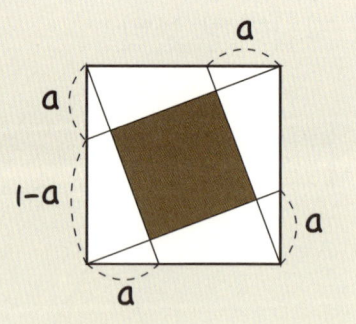

수학을 증오하는 분은 보지말 것.

| 해설 | 접근하는 방법은 여러 가지가 있지만 여기서는 이미지 훈련을 위해서 다음 방법을 소개한다.

**1단계:** 먼저 갈색 정사각형의 한 변의 길이를 $x$라 둔다.

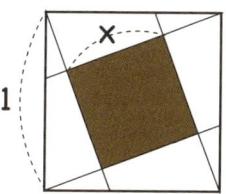

**2단계:** 그림에서 직각삼각형의 한 변의 길이 ($\sqrt{a^2+1^2}$)를 쉽게 구할 수 있다(피타고라스 정리 이용).

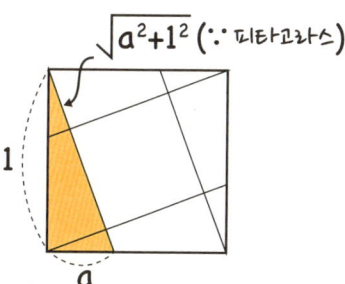

**3단계:** 그림처럼 조각 한 개를 회전하여 평행사변형을 직각사각형으로 변환한다 (일종의 등적 변형 p.164 참조).

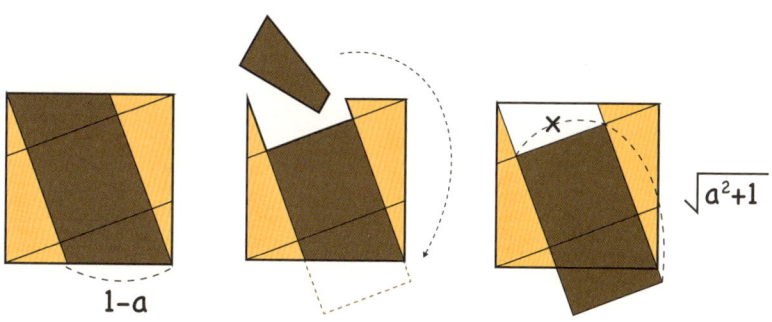

**4단계:** 갈색 평행사변형의 면적은 $(1-a) \times 1$(밑변×높이)이고 직사각형의 면적은 $x \times \sqrt{a^2+1}$ 이다. 그런데 위 평행사변형과 직사각형은 면적이 같다(∵3단계).

$$1-a = x(\sqrt{1+a^2})$$
$$\therefore x = \frac{1-a}{\sqrt{1+a^2}}$$

그러므로 구하는 면적은 $x^2 = \frac{(1-a)^2}{1+a^2}$

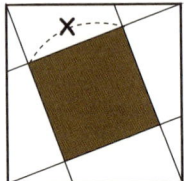

위 면적 $\frac{(1-a)^2}{1+a^2}$ 에서 $a = \frac{1}{2}$ 를 대입하면 $\frac{1}{5}$ 이 나온다(p.359 참조).

## 비비아니 정리

**훈련** 정삼각형 ABC 내부의 임의의 점 P에서 변 AB, 변 BC, 변 CA에 내린 수선의 발을 각 $X$, $Y$, $Z$라 하자. $\overline{PX} + \overline{PY} + \overline{PZ}$의 값은 항상 일정함을 증명하라.

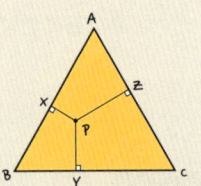

> 해설

### 1. 회전 기법

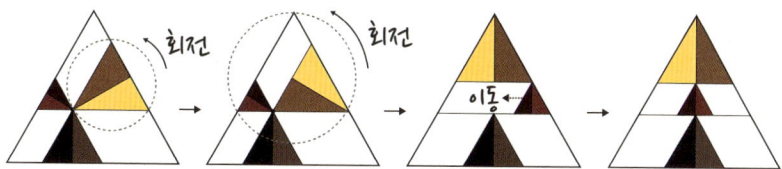

위 그림을 잘 보면 $\overline{PX} + \overline{PY} + \overline{PZ}$ 가 정삼각형의 높이임을 알 수 있다.

### 2. 이미지 연속 기법(극단으로 몰기)

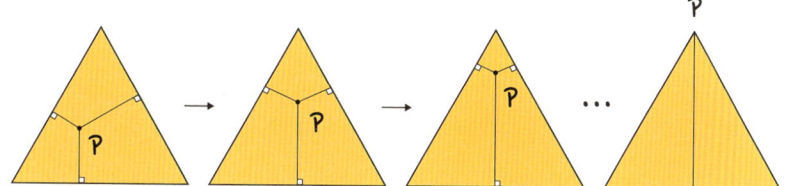

점 P를 극단적으로 움직여서 꼭짓점으로 이동시켜 보자. $\overline{PX} + \overline{PY} + \overline{PZ}$ 가 바로 이 삼각형의 높이가 됨을 직관적으로 알 수 있다. 질문에서 $\overline{PX} + \overline{PY} + \overline{PZ}$ 값이 일정 하다는 것을 미리 알려 주고 있다(즉 불변량). 따라서 이것이 일정하다는 전제하에 신속하게 그 값을 확인해 본 것이다.

> **Tip**
>
> 위의 정리는 갈릴레오(Galileo)의 제자였던 비비아니(Viviani)가 발견하였다. 정삼각형이 아닌 경우에는 위 정리가 성립하지 않는다. 비비아니 정리는 넓이를 이용하면 간단히 증명되지만 훈련을 위해서 다른 방법을 소개한 것이다.

## 전구에 물 채워 넣기

왜 1+1=2가 성립되는지를 질문하는 등 호기심이 하늘을 찌르던 에디슨은 학교를 중퇴하였지만 훗날 위대한 발명가가 되었다. 에디슨이 연구실에서 실험 도중 전구의 부피를 구하려고 하다가 갑자기 바쁜 일이 생겨서 그의 조수에게 전구의 부피를 알아내라고 지시했다.

저녁에 돌아와서 보니 그의 조수가 땀을 뻘뻘 흘리면서 아직도 부피 계산을 하고 있었다. 아주 복잡한 적분을 하고 있는 조수를 보고 기겁을 하면서 에디슨이 이렇게 말했다.

"전구에 물을 넣어보면 될 것을… 쯧쯧. 머리는 왜 달고 다니냐…."
도대체 수학이란 무엇일까? '생각한다는 것'과 '수학'은 어디가 다를까?

비커에 물을 담은 후 전구를 넣어 올라오는 수면의 높이를 봐도 된다.

잃어버린 강의 노트 ❺

# 계산과 이미지

수학의 첫 관문이 계산이므로 이것에 익숙하지 못하면 수학이 힘들어질 수밖에 없다. 따라서 계산 훈련을 소홀히 할 수는 없다. 그러나 여기서는 계산 연습보다는 좀 더 다른 각도에서 계산과 이미지의 관련성을 살펴볼 것이다. 몇 가지 예를 가지고 모든 것을 이해할 수 없겠지만, 본질적인 의미를 깨닫기를 바란다. 별것 아니지만 재미를 위해서 혹은 기발한 아이디어를 위해서 좀 더 확장된 세계를 경험한다는 마음으로 편하게 여행해 보자.

# 계산의 도형 이미지

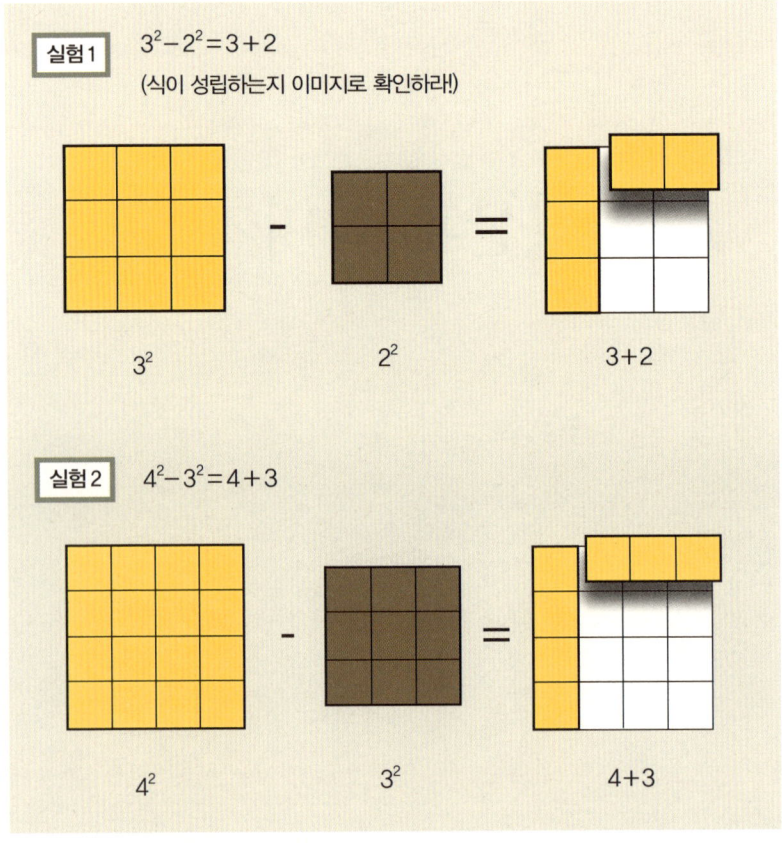

**결론**  $n^2 - (n-1)^2 = n + (n-1)$ ← 일반화 공식(이것을 연속 합차 공식이라 한다).

합차 공식을 바로 이용해도 된다.

## 인수분해와 이미지

### 기본형

$a(b+c) = ab+ac$

전개 / 인수분해

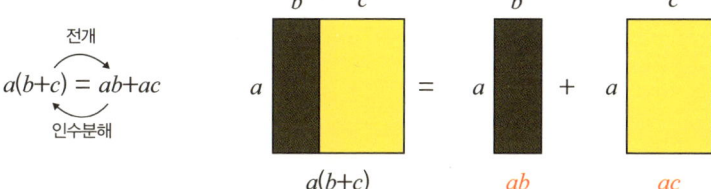

### 완전제곱형

$(a+b)^2 = a^2+2ab+b^2$

전개 / 인수분해

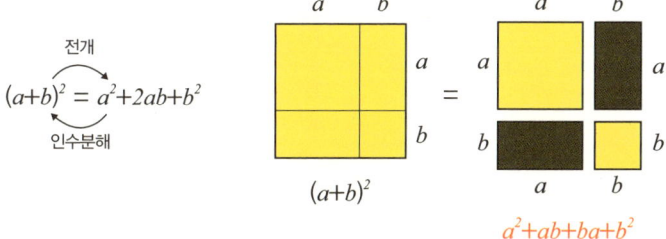

### 합차형

$a^2-b^2 = (a+b)(a-b)$

인수분해 / 전개

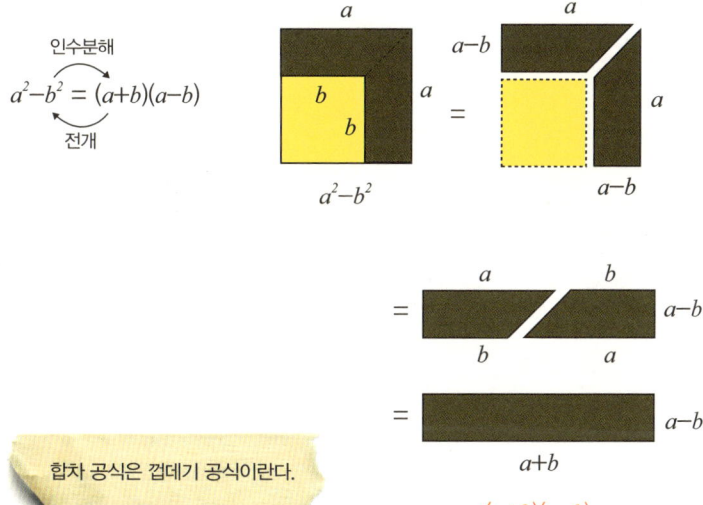

합차 공식은 껍데기 공식이란다.

**훈련** 빈칸에 들어갈 수식은? (도형의 이미지를 잘 관찰하면 쉽게 알 수 있다. 물론 단순 계산을 해도 되고!)

$(a+b)^2 - (a-b)^2 = \boxed{?}$

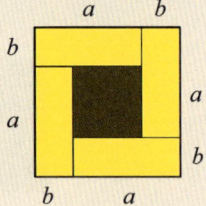

**해설** $4ab$(껍데기 법칙!)

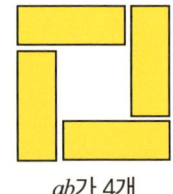

$ab$가 4개

**훈련** 다음 도형의 움직임을 잘 보고 공식을 만들어 보라. (이것도 껍데기 비슷하지?)

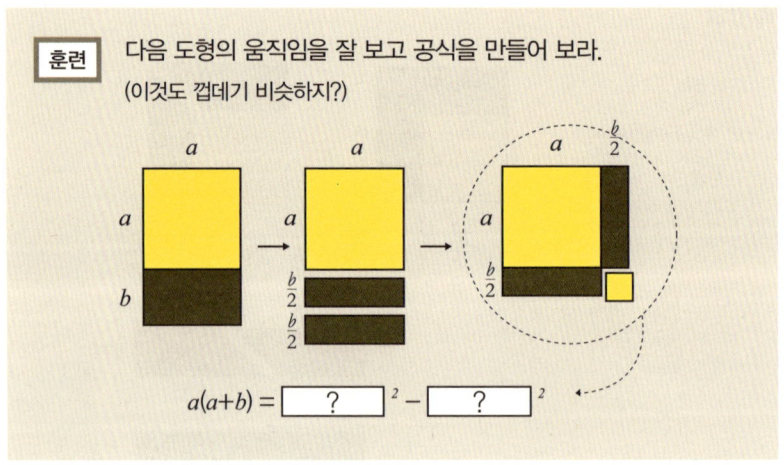

$a(a+b) = \boxed{?}^2 - \boxed{?}^2$

**해설** $(a+\dfrac{b}{2})^2 - (\dfrac{b}{2})^2$

## 계산의 기술

$1^2-2^2+3^2-4^2+5^2$을 빨리 계산해 보자.
연속 합차 공식을 이용한다.
$1^2-\underbrace{2^2+3^2}-\underbrace{4^2+5^2}$
$1^2+3^2-2^2+5^2-4^2$
$=1+(3+2)+(5+4)$
$=1+2+3+4+5$
위 실험을 이용해서 일반적인 형태를 만들어 보시길….

연속 합차 공식 $n^2-(n-1)^2=n+(n-1)$

**Tip**

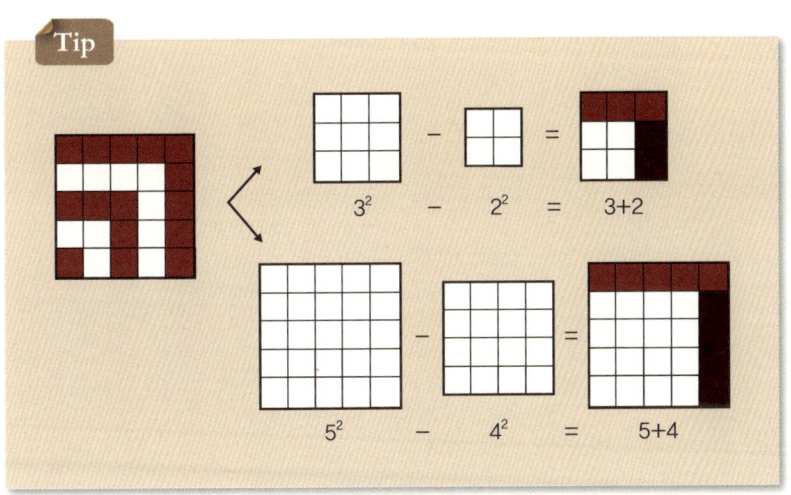

# 수학자의 직업은?

제자 중 수학에 천재적인 재능이 있는 학생이 한 명 있었다. 장래 희망이 뭐냐고 물었더니 아직 정하지 않았지만, 창의적인 일을 하는 직업을 갖고 싶다고 했다. 수학자가 되는 것이 어떻겠느냐고 하니까 그 녀석이 하는 말, "수학자라는 직업도 있습니까?"

수학자가 수학으로 밥을 먹게 된 것은 언제부터일까? 직업으로서의 수학자는 아마 오늘날에 와서야 가능했을 것이다. 물론 옛날에도 대학교수가 되면 수학자도 직업이 되었겠지만, 지금은 대학교수가 아니라도 직업이 될 수 있다. 미국의 빌 게이츠는 프로그램 개발을 위해 수학자를 많이 초빙하고 있고, 월 스트리트에서도 1,000명 이상의 수학자가 활동하고 있다. 선진국에서는 많은 연구소(수학과 직접 관계가 없어도)에서 수학자가 활발히 활동하고 있다. 다음을 보면 유명한 수학자들의 직업이 좀 뜻밖이라는 것을 알 수 있을 것이다(백수도 있다).

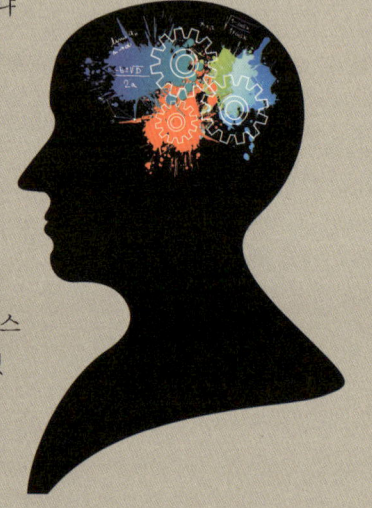

### 수학자들의 직업

**에바리스트 갈루아**(1811–1832): 독학으로 수학 공부, 대수방정식의 해법 – '군' 개념을 도입
직업: 백수, 프랑스의 루이스 필립스 정부에 항거하다 투옥, 불운한 천재로 평가

**닐스 헨리크 아벨**(1802–1829): '아벨의 적분', '아벨의 정리', '아벨 방정식' 등 수많은 수학 용어가 그의 이름을 땀
직업: 백수, 26세에 베를린 대학에 교수 초대를 받았으나 그해 사망

**조지 그린**(1793–1841): 수학을 독학으로 공부, 전자기 현상의 수학적 이론 정리, '그린의 정리(적분정리)'를 유도
직업: 제빵사(집안의 가업)

**제라르 데자르그**(1591–1661): 기하학에 무한 원의 사상을 도입, 기하학적 표시법의 체계를 건설
직업: 군대 건축가

헤르만 그라스만(1809-1877): 수학을 독학으로 공부, '광연론' 저서(수(數)에 관한 기초이론), 이는 추후 그라스만 대수로 전개
직업: 중학교 선생, 언어학자

고트프리트 라이프니츠(1646-1716): 미적분법 창시, 에너지 보존 법칙을 예견
직업: 변호사, 철학자, 자연과학자, 신학자, 언어학자, 역사가

지롤라모 사케리(1667-1733): 비유클리드 기하학의 선구자
직업: 예수회 신부, 신학교 신부

지롤라모 카르다노(1501-1576): 1545년 대수학저서 '아르스 마그나' 출간, 3차 및 4차 방정식의 이론을 개척
직업: 의사, 자연철학자, 수학 및 의학 강의, 파비아 시장, 물리학자

아이작 뉴턴(1642-1727): 근대 이론 과학의 선구자
직업: 물리학자, 천문학자, 조폐국장

피에르 페르마(1601-1665): 근대 정수이론 및 확률론의 창시자
직업: 변호사, 지방의회 의원

레오나르도 피보나치(1180-1250 추정): 아라비아 숫자를 유럽에 소개, '주판 책(Liber Abaci)' 저술-근대 수학사에서 최초의 상업 산술서
직업: 상인

오말 카이얌(1048-1123): 수학적 계산으로 페르시아 달력을 수정, 가장 정확한 달력으로 현재에도 사용
직업: 천문학자, 시인

르네 데카르트(1596-1650): '근대 철학의 아버지', 해석기하학의 창시자
직업: 철학자, 수도사, 물리학자, 생리학자

존 네이피어(1550-1617): 산술, 대수, 삼각법 등 계산의 단순화를 추구, 로그 법칙을 발명, 소수법칙 도입자
직업: 군인, 기술사, 스코틀랜드 귀족(남작)

조지 불(1815-1864): '사고의 법칙' 발간, 기호논리학의 창시, 논리대수의 전개
직업: 초등학교 보조교원

블레즈 파스칼(1623-1662): 독학으로 유클리드 기하학을 생각, 계산기 발명(1642), 진공이 존재한다는 가설 주장, 원뿔곡선 시론 및 파스칼의 정리 등
직업: 물리학자, 발명가, 철학자, 신학자

알콰리즈미(780-850): 아랍식 기수법을 뜻하는 알고리즘이 이 이름에서 나옴. 대수학 저서인 '복원과 대비의 계산' 저술(1차 및 2차 방정식의 해석적 해법 포함), 지구의 경위도 측정에도 종사
직업: 천문학자, 지리학자

잃어버린 강의 노트 ❻

# 이미지 패턴

패턴이라는 말의 의미를 깨닫게 되면 수학이 색다르게 보인다. 기초적인 계산법을 익힌 다음 곧바로 패턴 훈련으로 이동해야 한다. 문제 속에 있는 패턴뿐 아니라 그 패턴을 다시 패턴화하는 것도 중요하다. 패턴은 신기하고 재미있고 그 자체로 이미 수학이다. 이 장에서는 수식계산을 패턴화하는 것을 감상할 것이다. 결론을 잘 기억하고 그것을 다른 패턴에 다시 연결하는 기법을 익히기 바란다.

# 계산과 이미지

수에 대한 두려움을 없애야 한다. 계산이 없다면 좋겠지만 그럴 수는 없다. 계산 그 자체를 보지 말고 숨은 패턴을 보면서 새로운 눈을 키워보자.

1에서 11까지 모든 홀수를 더하면?
(1+3+5+7+9+11=?)

가우스가 천재성을 자랑했던 그 방법으로 해 보자.
순서를 반대로 배열한 후 더한다.

$$S = 1 + 3 + 5 + 7 + 9 + 11$$
$$+\ S = 11 + 9 + 7 + 5 + 3 + 1$$
$$2S = 12 + 12 + 12 + 12 + 12 + 12$$

$2S = 12 \times 6$
$\therefore S = 36(= 6^2)$

> 1, 3, 5, 7, 9, … 와 같이 수가 나열된 것을 수열이라고 한다.
> 특히, 두 수의 차가 일정한 수열을 등차수열이라고 한다.

그런데 이보다 더 멋진 방법이 있다. 계산은 귀찮으니까 보기만 하자.

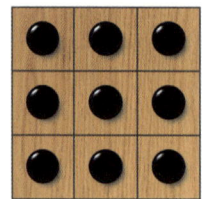

이 바둑알은 모두 몇 개? 당연 9개.
어떤 사람은 손가락으로 하나씩 세어 보겠지만, 구구단을 이용하면 그만! 이미지와 수를 연결해 보자. 실험 들어간다!

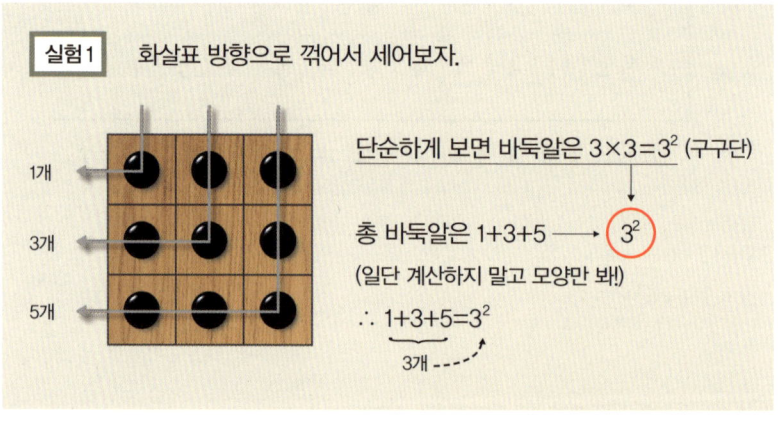

| 실험 2 | 같은 방법으로 다시 해 보자.

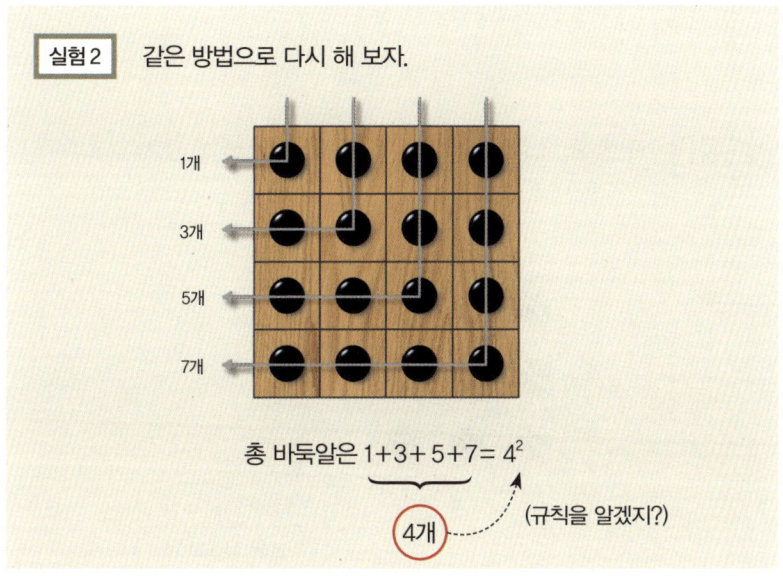

| 결론 | $1+3+5+7+\cdots+(2n-1)=n^2$

1부터 시작하는 연속된 홀수를 n개 더하면 항상 $n^2$이 나온다. 이미지를 잘 보면서 결론을 기억하라!

| 훈련 | $1+3+5+\cdots+99$는 얼마일까?

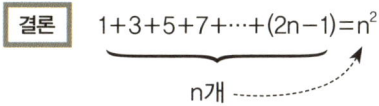

1, 3, 5, 7, 9...와 같은 홀수를 99까지 세어 보면 총 50개가 된다(좀 더 어렵게 말하면 n번째 홀수는 2n-1로 표시된다. 2n-1=99이므로 n=50이 되는 것이다).

# 내려치기

실험1  이젠 좀 더 다른 시각으로 바둑알을 세어 볼까? 꺾지 말고 대각선으로 내리 쳐 보자.

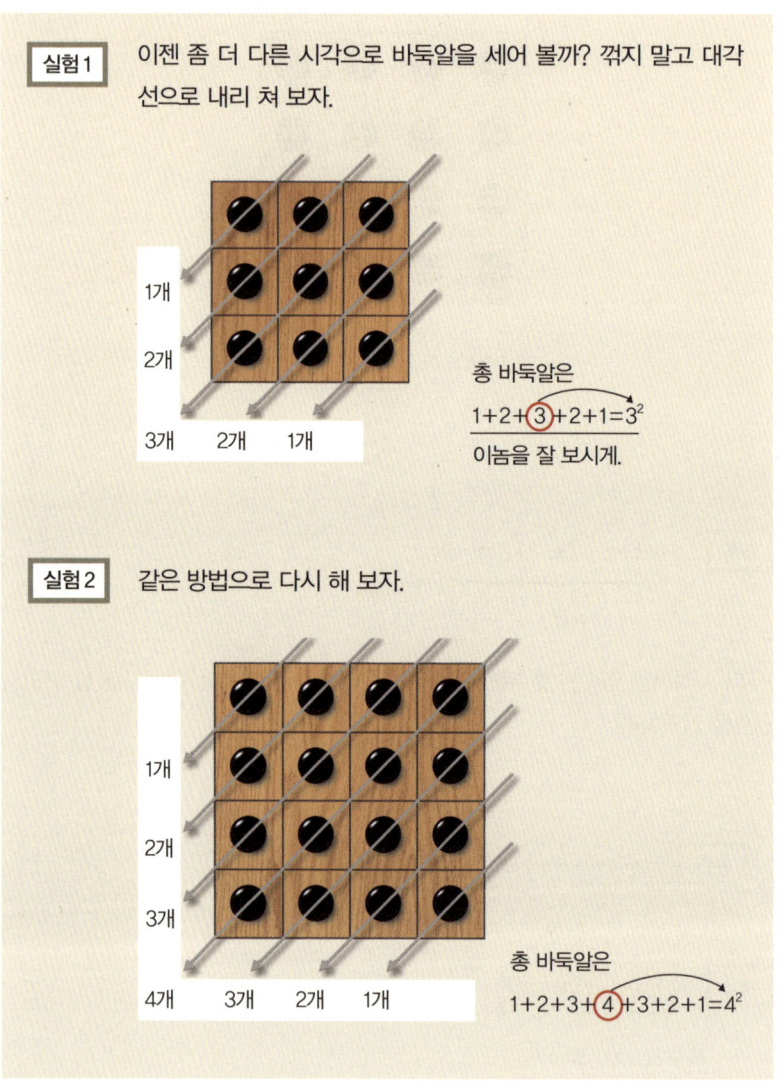

총 바둑알은
$1+2+③+2+1=3^2$
이놈을 잘 보시게.

실험2  같은 방법으로 다시 해 보자.

총 바둑알은
$1+2+3+④+3+2+1=4^2$

결론  $1+2+3+\cdots+(n-1)+⑪+(n-1)+\cdots+3+2+1=n^2$

# 전뇌학습

**훈련** 1, 1, 2, 1, 1, 2, 3, 2, 1, 1, 2, 3, 4, 3, 2, 1
① 이 숫자의 규칙은?
② 모든 숫자를 더하면?

**해설** ①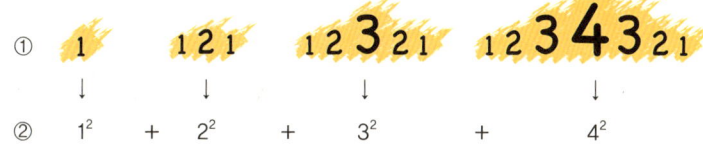

②    $1^2$    +    $2^2$    +    $3^2$    +    $4^2$

답은 $1^2+2^2+3^2+4^2$이다(더 이상 계산은 생략).

**Tip**
이 퀴즈는 분명 계산을 하는 전형적인 수학 문제이지만 이미지와 머리 굴리기를 앞세워 쉽게 풀 수가 있다. 이미지는 다음 그림처럼 즉시 떠올릴 수 있다.

# 또 다른 실험-마운틴 배열

**또 다른 실험**

1단계: 1 2 3 2 1은 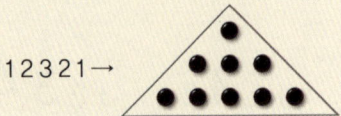 산처럼 생겼다(마운틴 배열).

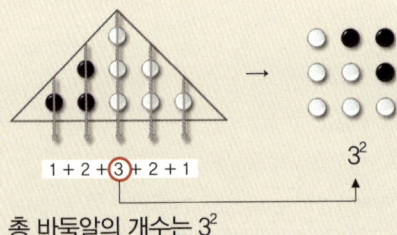

2단계: 검은색 돌을 옆으로 이동한다.

1 + 2 + ③ + 2 + 1

총 바둑알의 개수는 $3^2$

3단계: 한 번 더 실험을 해 보자.

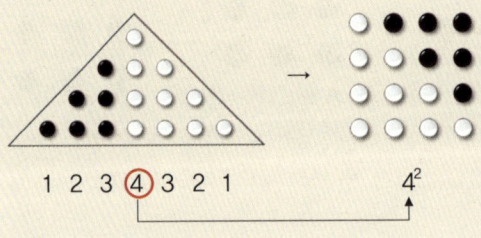

1 2 3 ④ 3 2 1 → $4^2$

**결론**  $1+2+3+\cdots(n-1)+⑩+(n-1)+\cdots+3+2+1=n^2$

| 훈련 | 삼각형 내부에 있는 바둑알은 몇 개일까?
단순하게 세지 말고 배운 것을 활용해 보자.

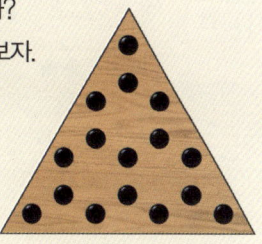

| 해설 | 아주 간단히 답을 알 수 있지만, 배열의 규칙을 좀 더 생각해 보라!
먼저 그림처럼 보조선을 만들어 규칙성을 발견한다(눈으로만 상상!).

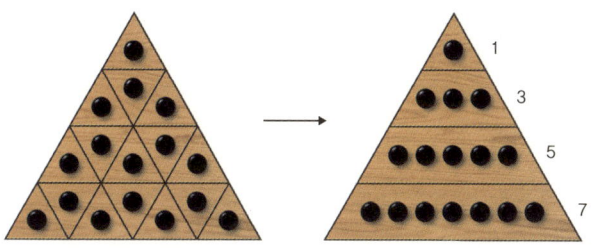

잘 보면 홀수 배열이라는 것을 알 수 있다.

$$\underbrace{1+3+5+7}_{4개}=4^2$$

| 훈련 | 흑 돌이냐? 백 돌이냐?

●●○●○●○○●○○○●○○○○●○○○○○●●…

그림처럼 바둑알이 어떤 규칙에 따라 계속 배열되고 있다.
100번째 오는 바둑알은?

| 해설 |

배열 규칙을 찾는 것이 핵심이다.
여러 가지 가능성이 있지만, 다음과 같이 그룹으로 나누어 생각해 보자.

●●○●○●○○●○○○●○○○○●○○○○○●●…
 1   3     5       7         9

각 그룹은 홀수 개의 바둑알을 가지고 있고 양쪽에는 흑 돌이 배치된다.
이런 그룹이 n개가 있다고 가정하자. 첫 번째 그룹부터 n번째 그룹까지 모든 바둑알의 개수는 $n^2$개가 된다. 왜냐하면 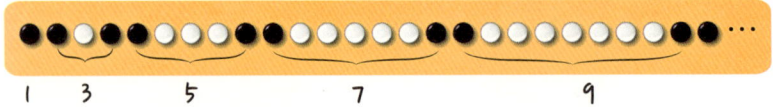 $\underbrace{1+3+\cdots}_{n개}=n^2$ 이라는 것을 우리는 이미 알고 있기 때문이다.

따라서 100번째 바둑알은 10번째 그룹의 마지막 바둑알이라는 것을 알 수 있다.
즉 10번째 그룹까지 모든 바둑알을 더하면 $10^2=100$이 나온다.
정답은 흑 돌이다.

## 배열된 원의 개수

**훈련** 그림처럼 배열된 구슬의 개수를 구해 보고 일반적인 패턴 식을 알아보자.

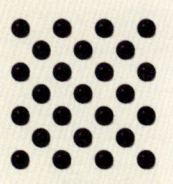

**실험** 1단계: 색깔을 이용해 패턴을 분리한다.
2단계: 검은색을 공중 부양(차원사고–생각의 기술).

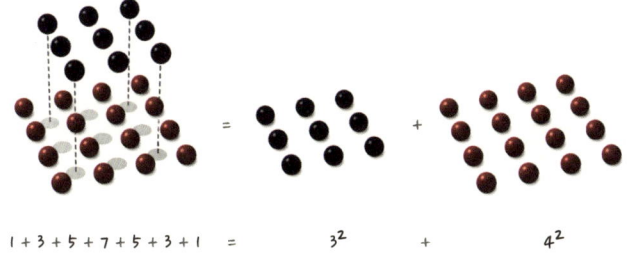

$$1+3+5+7+5+3+1 = 3^2 + 4^2$$

3단계: 위 그림을 잘 보면 다음과 같은 등식이 성립함을 알 수 있다.
∴ $1+3+5+7+5+3+1=3^2+4^2$

**결론** $\underbrace{1+3+5+\cdots+\cdots+(2n-3)}_{n-1개}+\underbrace{(2n-1)+(2n-3)+\cdots 3+1}_{n개}=(n-1)^2+n^2$

**Tip**
대각선으로 먼저 계산해 보라.
연속된 홀수 합이 제곱수라는 것을 이용한다.
$\underbrace{1+3+\cdots+(2n-1)}_{n개}=n^2$

여기에서는 입체화 훈련을 위해서 공중 부양한 것이다.

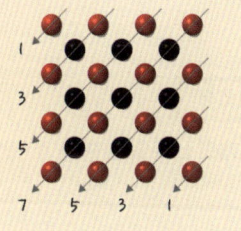

# 바둑알과 배열의 수

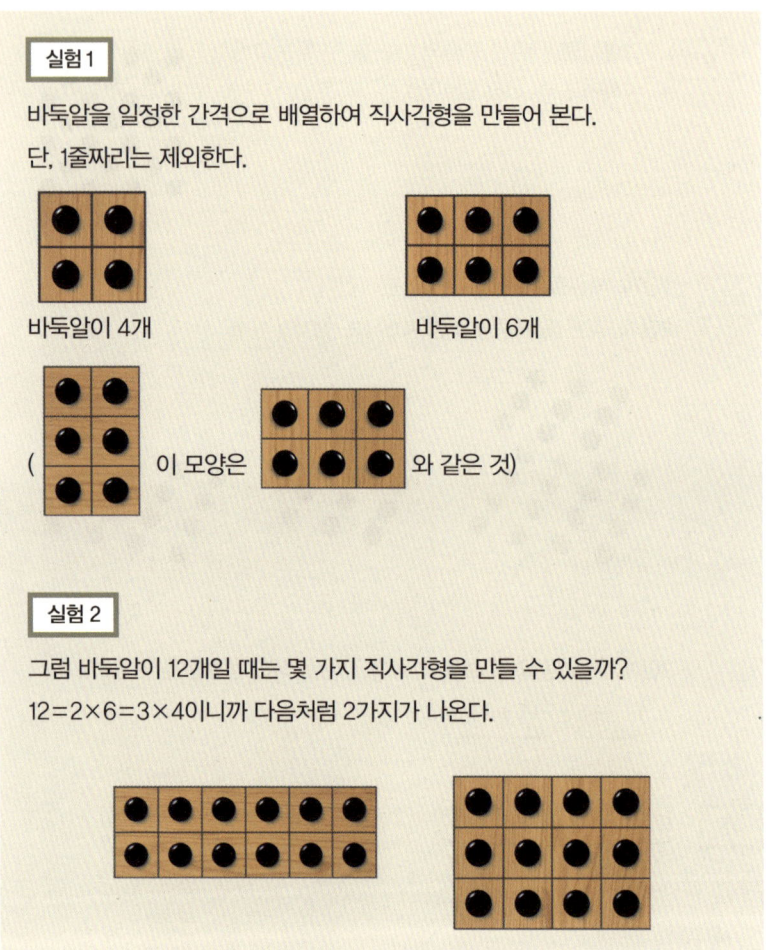

**결론**

n개의 바둑알로 만들 수 있는 직사각형의 개수는 n의 약수를 구해 보면 된다.

> 훈련

n=100일 때 바둑알을 배열하여 만들 수 있는 직사각형의 개수는?

> 해설

n=100=2×50=4×25=5×20=10×10

∴ 4가지

### Tip

**바둑알이 7개일 때는 어떨까?**

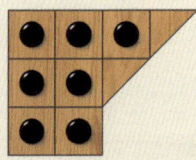 

절대로 직사각형을 만들 수가 없다. 수학적으로 따지면 7의 약수는 1과 7뿐이기 때문이다. 이런 수를 소수(prime number)라 하고 그 외의 수를 합성수라 한다. 소수는 2, 3, 5, 7, 11,…… 등 무한히 많이 있다.
결론적으로 소수는 이미지로 봤을 때, 사각형이 될 수가 없는 놈들이다.

# 육각형 수(hexagonal number)

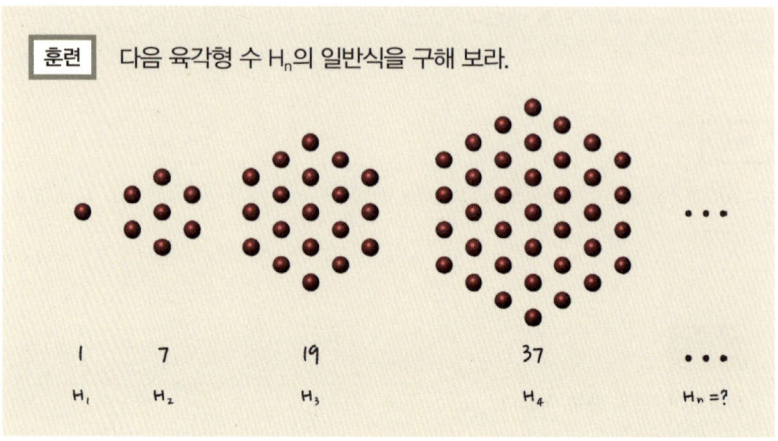

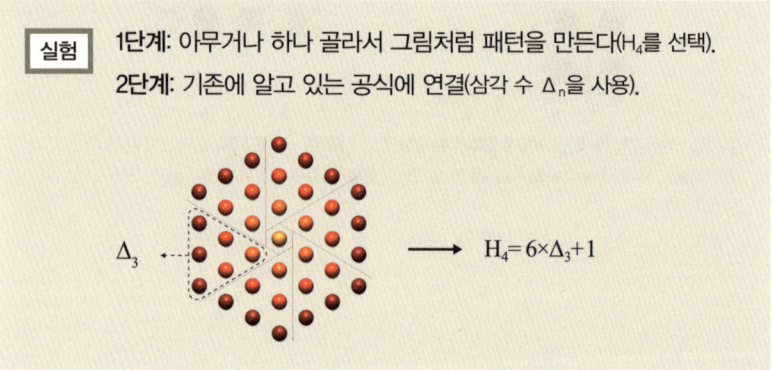

**결론** 이것을 일반화하면 $H_n = 6\Delta_{n-1} + 1 = 6 \times (\dfrac{n(n-1)}{2}) + 1$
$= 3n^2 - 3n + 1$

삼각 수 $\Delta_n = \sum_{k=1}^{n} k = \dfrac{n(n+1)}{2}$  p.406 참조

### Tip

패턴을 만드는 방법은 여러 가지 가능하다.

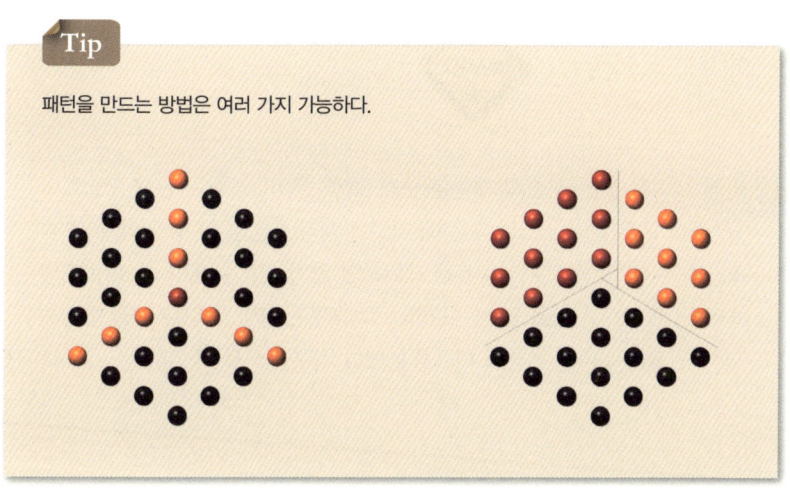

## 패턴의 패턴

아래 그림에 있는 구슬의 개수를 구해 보자. 무미건조한 검은색 구슬들이 규칙적으로 배열되어 있다. 한눈에 이것은 삼각 수임을 알 수 있다(p.406 참조). $\triangle_n = \dfrac{n(n+1)}{2}$ 에서 n = 15를 대입하면 답이 쉽게 나온다. 우리의 기억 속에 담겨 있는 지식을 단순 연결하는 작업이다. 이제 좀 다른 것을 구경해 보자. 관찰과 실험을 통해서 새로운 패턴을 연결하는 과정이다.

## 관찰과 실험

**1단계**
잘 관찰한 후
색깔로 구분해 본다.

**2단계**
입체화시켜서 상상을
한다(차원 사고–생각의 기술).

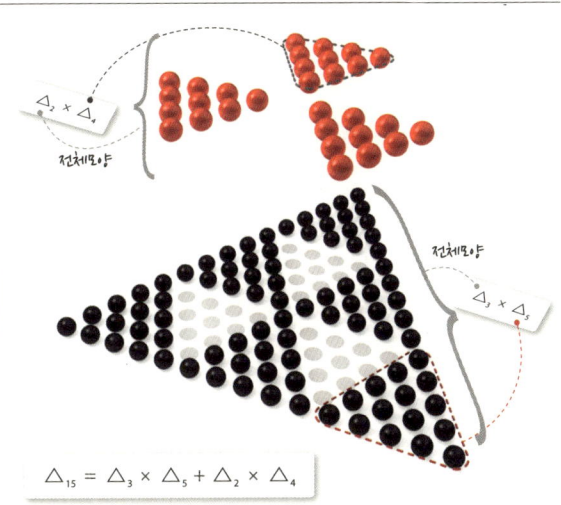

$\triangle_{15} = \triangle_3 \times \triangle_5 + \triangle_2 \times \triangle_4$

**3단계**
패턴 속에 새로운 패턴을
보면서 등식을 만들어 본다.

$\triangle_{15} = \triangle_3 \times \triangle_5 + \triangle_2 \times \triangle_4$

**4단계**
일반화해 본다(단순 추론).

$\triangle_{mn} = \triangle_m \triangle_n + \triangle_{m-1} \triangle_{n-1}$

**음미 과정**
$n=2$인 경우    $\triangle_{2n} = 3\triangle_m + \triangle_{m-1}$

# 평면 분할

> **훈련**  그림처럼 직선을 한 개씩 추가해서 평면을 분할해 나간다.
> 분할된 평면의 최대 개수를 $a_n$이라고 할 때 $a_n$의 일반식을 구하라.

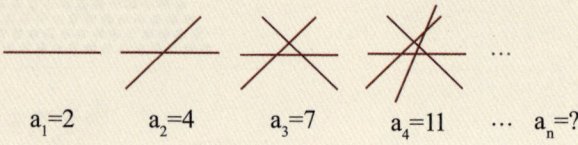

**해설 1**  계차수열임을 확인한 후 기계적으로 풀면 된다(이 방법에 익숙해지는 것이 중요하다).

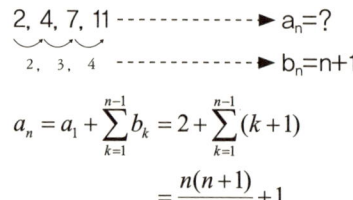

$$a_n = a_1 + \sum_{k=1}^{n-1} b_k = 2 + \sum_{k=1}^{n-1} (k+1)$$
$$= \frac{n(n+1)}{2} + 1$$

**해설 2**

1단계: 그림처럼 패턴을 생각하면서 직선을 정교하게 배치한다.
2단계: 분할된 평면을 점으로 대응시킨다.
3단계: 점의 모양을 잘 보면 삼각 수임을 알 수 있다($\triangle_n$임을 확인!).
4단계: 위 삼각 수에서 노란색 부분의 평면을 더하면 구하는 답이 된다
( $\triangle_n + 1 = \frac{n(n+1)}{2} + 1$, 삼각 수는 p.406 참조).

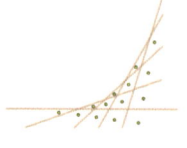

## 크리스마스트리의 비밀

**훈련** 다음 그림은 어떤 규칙에 따라 숫자를 나열해서 만든 14층의 크리스마스트리이다. 시행착오를 통해서 규칙을 찾아보고 (?)칸에 숫자를 채워보자.

이 문제는 어려운 문제이고 매우 수학적이다. 수학적이라는 말을 되새기면서 규칙을 찾아보자(30층 정도를 만들어 멀리서 그림을 보면 기묘한 모양이 나올 것이다. 악마가 보이는가?).

**해설**

삼각형을 먼저 만든다.
위 두 수를 곱해서 5로 나눈 나머지가 밑에 있는 수가 된다.

Optional Topics | 397

# 패턴과 이미지

이미지를 활용하는 것이 거창한 것은 아니다. 새로운 패턴을 상상한다고 생각하자. 단순 계산을 하기 전에 한 번 눈으로 전체 모습을 관찰하면 의외의 패턴을 발견할 수 있다.

예를 들어 보자.
그림처럼 콩이 십자가 모양으로 배열되어 있다. 비둘기가 하루에 1개씩 콩을 먹는다고 치자. 마지막 콩을 먹는 날은 무슨 요일일까? 처음 먹는 날은 월요일이었다.

**단순 계산**
콩을 세어보면 28개이다. 28 = 7 × 4이므로 마지막 콩을 먹는 날은 일요일이다. 따라서 4주차에 다 먹는다.

**패턴 이용**
그림처럼 7개씩 묶어 버리면 한눈에 알 수 있다(한 주가 7일임을 생각하면서). 이미지와 패턴이 힘을 발휘하는 순간이다.

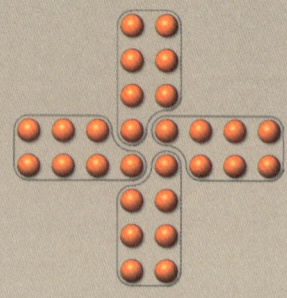

잃어버린 강의 노트 ❼

# 수에 대한 생각

'수'는 수학의 근원이지만 정말 무미건조한 존재다. 그저 지루한 계산에 나타나서 우리를 괴롭히는 나쁜 놈들이다. 재미없고 지루하지만 신기한 성질도 제법 숨어 있다. 신기한 수들의 세계를 구경해 보자.

# 참 나쁜 수

## 1. 복제 수(일공일과 일공공일)

DNA만 복제되는 게 아니라 숫자도 복제된다.

**실험 1  일공일 복제 실험**

$$23 \times 101 = 2323$$
$$35 \times 101 = 3535$$
$$58 \times 101 = 5858$$
$$11 \times 101 = 1111$$

→ ab × **101** = abab
      └ 복제 수

**실험 2  일공공일 복제 실험**

$$631 \times 1001 = 631631$$
$$231 \times 1001 = 231231$$
$$365 \times 1001 = 365365$$
$$111 \times 1001 = 111111$$

→ abc × **1001** = abcabc
        └ 복제 수

**결론**

$$a_1a_2\cdots a_n \times \underbrace{100\cdots01}_{0\text{이 }(n-1)\text{개}} = a_1a_2\cdots a_na_1\cdots a_n$$

## 2. 산처럼 생긴 수(마운틴 수)

곱하면 산처럼 생긴 수가 나온다(그냥 실험만 해 보자).

$$1 \times 1 = 1$$
$$11 \times 11 = 121$$
$$111 \times 111 = 12321$$
$$1111 \times 1111 = 1234321$$
$$\vdots$$

## 3. 복제와 마운틴

1111 × 1111
= (11 × 101) × (11 × 101)
= (11 × 11) × (101 × 101)
= 121 × (101)$^2$

## 4. 피라미드 수

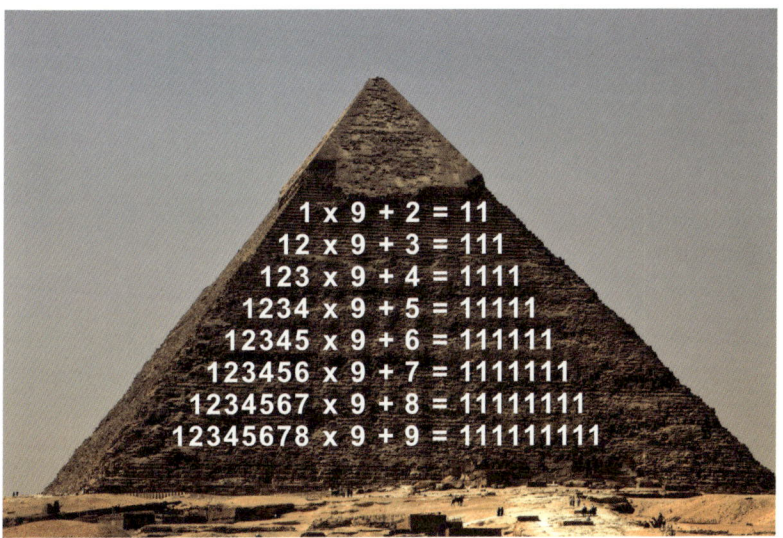

그냥 구경만 하고 다음으로 넘어가라.

# 이상한 계산

## 1. 원 샷 계산의 비밀

1) 36×34의 계산은 보통 다음과 같이 한다.

> **Tip**
>
> **곱셈 도형**
>
> 이렇게 한 자리씩 계산하여 순서대로 적고 다시 더하는 것을 20세기 가장 독창적인 수리 철학자 비트겐슈타인은 '곱셈 도형'이라고 명명했다.

2) 원 샷 계산

① 방법

모든 경우에 가능한 것은 아니고 일의 자릿수의 합이 10이고 십의 자릿수가 같은 경우에만 가능하다.

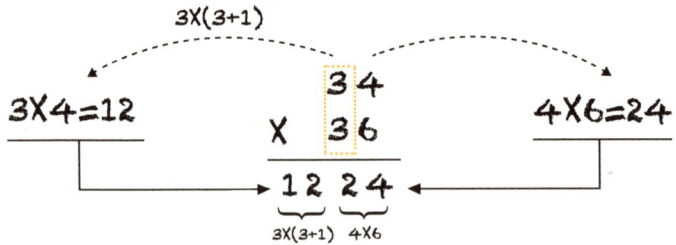

일의 자리 두 수(더해서 10)를 곱해서 바로 적는다(4×6=24).
십의 자리 두 수(같은 것)를 곱하되 한쪽에 1을 더해서 곱한다{3×(3+1)}.

② 원리

이 계산법의 원리를 도형의 면적을 이용해서 알아보자(13×17의 경우).

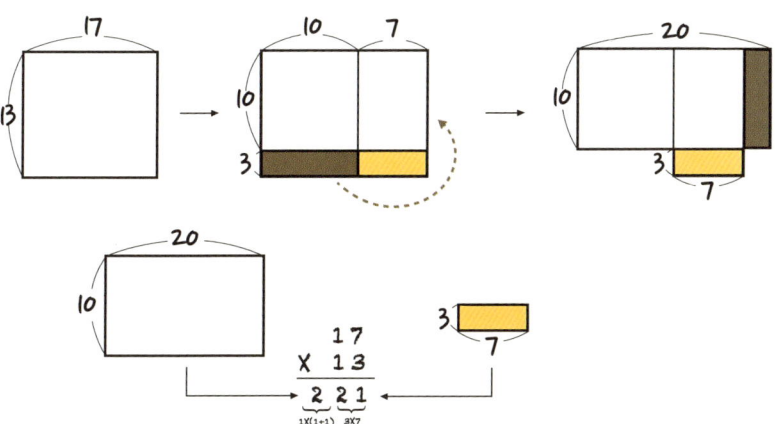

예 다음 계산을 암산으로 해 보자.

$$\begin{array}{r} 63 \\ \times\ 67 \\ \hline 42\ 21 \end{array}$$
  6X7  3X7

$$\begin{array}{r} 72 \\ \times\ 78 \\ \hline 56\ 16 \end{array}$$
  7X8  2X8

③ 다른 형태들(1을 더할 때 더하는 숫자 주의)

$$\begin{array}{r} 62 \\ \times\ 68 \\ \hline 42\ 16 \end{array}$$
  6X7  8X2

6X(2+1) $\begin{array}{r} 28 \\ \times\ 66 \\ \hline 18\ 48 \end{array}$ 6X8
         6X(2+1)  6X8

6X(8+1) $\begin{array}{r} 66 \\ \times\ 82 \\ \hline 54\ 12 \end{array}$ 6X2
         6X(8+1)  6X2

### ④ 꼬리형

십의 자리의 합이 10이고 일의 자리가 같은 경우는 앞의 두 자릿수를 곱한 후 뒤의 숫자와 더해야 한다.

$$\begin{array}{r} 2\overset{+}{\overset{\frown}{6}} \\ \times\ 8\,6 \\ \hline \underset{(8\times2)+6}{22}\ \underset{6\times6}{36} \end{array}$$

**예** 다음을 암산해 보라.

$$\begin{array}{r} 3\overset{+}{\overset{\frown}{5}} \\ \times\ 7\,5 \\ \hline \underset{(7\times3)+5}{26}\ \underset{5\times5}{25} \end{array} \qquad\qquad \begin{array}{r} 4\overset{+}{\overset{\frown}{4}} \\ \times\ 6\,4 \\ \hline \underset{(6\times4)+4}{28}\ \underset{4\times4}{16} \end{array}$$

## 2. 작대기 계산의 비밀

1) 2×3 계산은 다음과 같이 생각하면 쉽다.

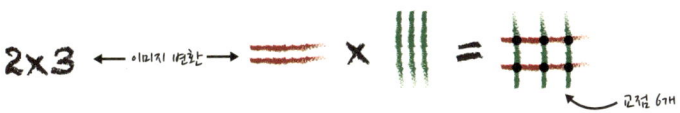

2) 21×13의 계산은 (20+1)×(10+3)으로 생각하면서 전개 공식으로 풀어 보면 된다. 이 과정을 작대기 이미지로 연결하여 살펴보자.

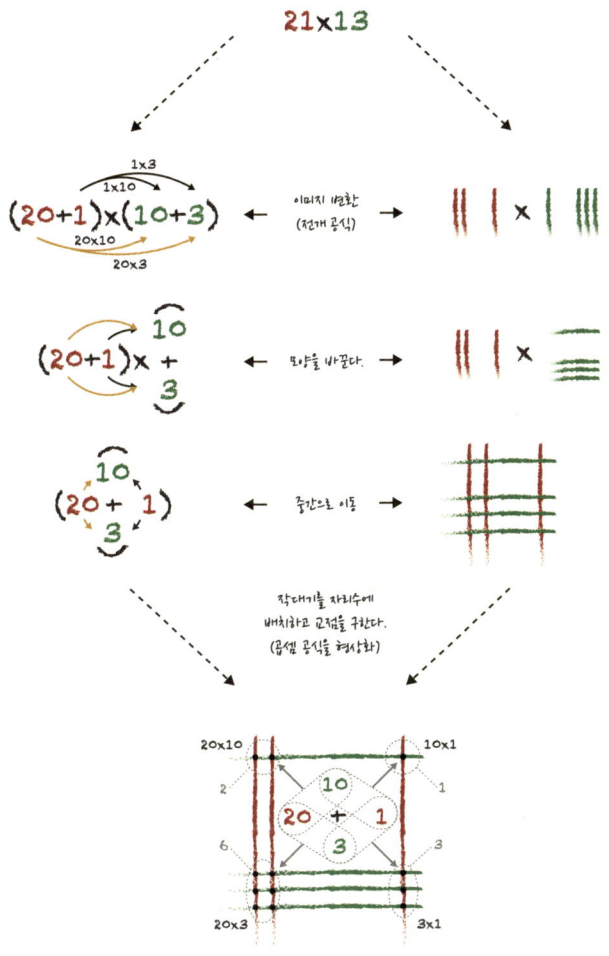

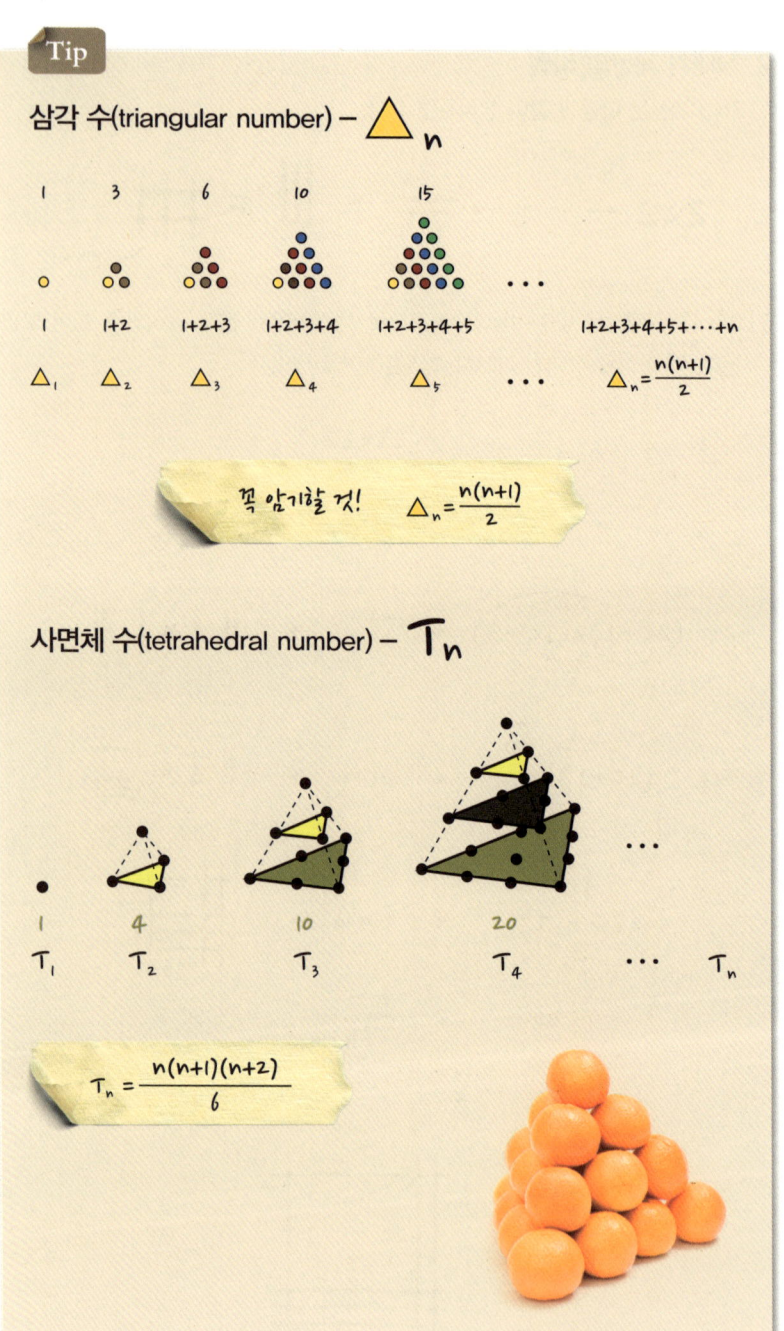

## 계산 없는 수학은 없을까?

프랑스의 수학자 푸앵카레(J. Poincaré)는 학창 시절 손으로 하는 모든 분야에 완전 젬병이었다. 만들기, 그리기는 모조리 빵점이었고, 손으로 하는 계산도 실수투성이였다. 계산 문제에서 좋은 성적을 못 받았던 그는 프랑스의 명문대학 에콜 폴리테크니크의 입학 시험을 보았는데, 구술시험에서 큰 실수를 하고 말았다. 그러나 무슨 영문인지 합격 통지서가 날아왔다(아마도 갈루아(E. Galois) 때문인 것 같다. 프랑스 역사상 가장 뛰어난 천재 수학자인 갈루아가 이 학교에 두 번이나 응시했으나 모두 불합격이 되었는데, 갈루아가 21세의 나이로 죽은 후 그의 천재성이 밝혀지자 이때 시험 담당관이 모두 징계당하였다. 두 번 다시 이런 실수를 하지 않기 위해서 학교 당국은 푸앵카레를 합격시킨 것 같다).

푸앵카레는 대학을 졸업하고 '위상 수학(topology)'이라는 계산 없는 수학을 집중적으로 연구해 발전시켰다. 계산을 싫어했던 푸앵카레가 위상 수학을 좋아한 것은 어찌 보면 당연한 일이었다. 푸앵카레는 계산 이전에 눈으로 전체적인 숨은 질서를 보고자 하는 마음을 중요하게 생각했다. 위상 수학은 기하학의 일종으로서 현대 수학의 바탕이 됐으며 이론 물리학에서도 큰 힘을 발휘하고 있다.

푸앵카레처럼 계산 이전에 눈으로 숨은 질서를 찾으려는 마음을 가진 사람이 또 있다. 뉴턴이나 아인슈타인은 하늘에 반짝이는 아름다운 별과 우주를 보면서 오묘한

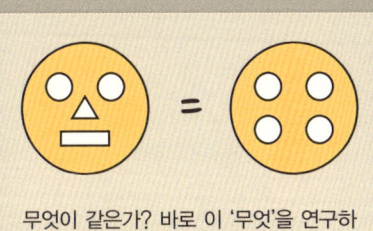

무엇이 같은가? 바로 이 '무엇'을 연구하는 것이 '위상수학'이라고 보면 된다.

질서를 머릿속에 연상하였다. 이렇게 연상된 이미지를 가지고 각고의 연구 끝에 위대한 발견을 하게 되었던 것이다.

이들은 화가가 캔버스에 그림을 그리기 전에 머리로 상상하듯이 새로운 우주 패턴을 머릿속에 그림처럼 상상하는 재주를 가졌다. 계산도 중요하지만, 전체의 모습을 머릿속 이미지로 상상하는 것, 이것이 위대한 발견의 힘이다.

여러분도 계산을 위해 손을 먼저 움직이기보다 머릿속으로 전체적인 이미지를 떠올려 보라. 뭔가 통일된 수학의 원리를 찾게 될 것이다.

잃어버린 강의 노트 ❽

# 기타 문제

# 이미지 연속 기법 3

> **훈련**
>
> 평행사변형 ABCD의 변 AD위에 임의의 점 P가 있다. 색칠한 삼각형의 면적을 각각 S, S′, S″라 하자. 선분 QR은 변 AD에 평행하고 점 Q는 변 AB를 1:2로 내분한다. 이때 S′+S″=4S가 성립함을 증명하라.

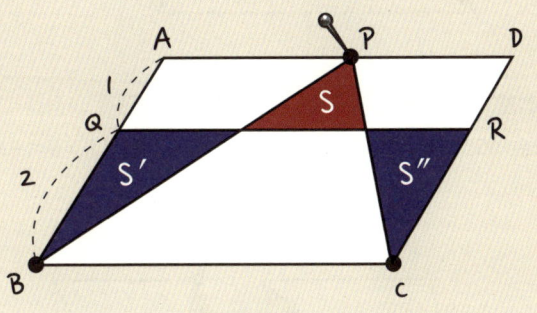

> **해설**

**1단계**: 점 P를 오른쪽 점 D까지 계속 이동시켜 본다(이미지 연속 기법).

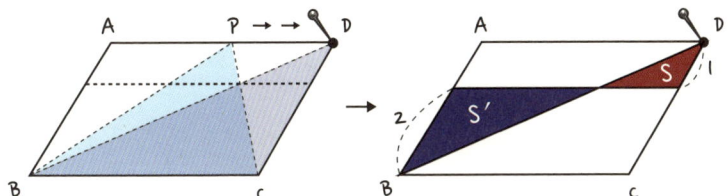

**2단계**: 점 P가 점 D에 오면 오른쪽 그림과 같은 모양이 나온다(S″는 사라져 버린다). 파란색 삼각형과 빨간색 삼각형은 서로 닮았다(증명 없이 눈으로!). 두 삼각형의 닮음비가 2:1이므로 면적 비는 4:1이 된다. 따라서 S′+S″=4S이다 (∵ S″=0).

**3단계**: 다시 일반적인 경우로 돌아가서 점 P를 지나는 보조선을 그어 본다(보조선은 평행하게!).

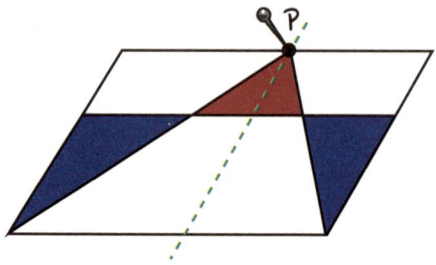

**4단계**: 보조선을 중심으로 왼쪽 부분에 집중하면서 2단계 과정을 그대로 적용하자. 오른쪽도 마찬가지이다. 그러므로 증명된 것이다(직관적으로 이해하는 것이 중요!).

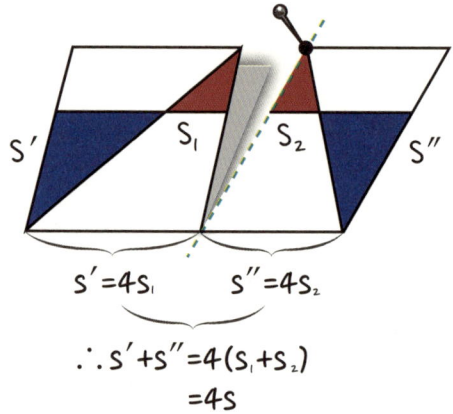

> 극단적으로 몰아가면서 전체 시스템을 이해하는 것이 중요하다.

# 이미지 연속 기법 4

> **훈련**  마름모(변의 길이가 모두 같은 사각형) 중에서 면적이 가장 큰 것은 정사각형임을 증명하라.

**해설1**  이미지 연속 기법
먼저 정사각형을 특별한 형태로 생각하여 고정한다. 이것을 누르거나 압축해 보면 면적이 줄어들고 있다는 것을 직관적으로 느낄 수 있다. 이를 통해 정사각형이 최대임을 알 수 있다.

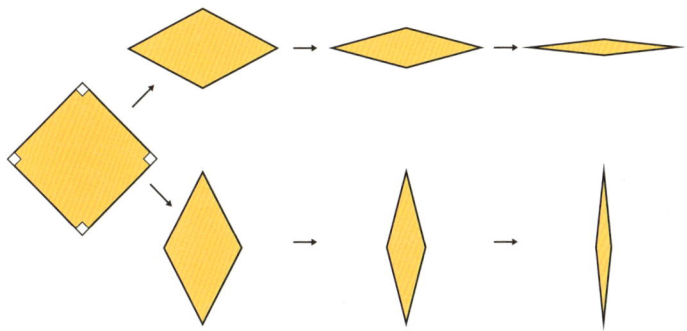

**해설2**  등적 변형에서 나온 기법을 그대로 적용한다(갈색 도형들은 모두 면적이 같다-등적 변형).
일반적인 마름모(노란색)는 항상 특별한 마름모인 정사각형보다 면적이 작다는 것을 눈으로 확인할 수 있다.

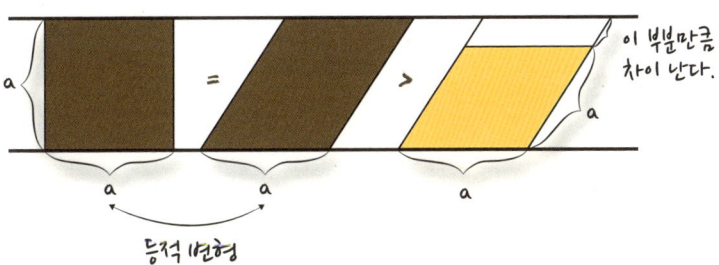

# 면적과 길이의 관계

> **훈련** 그림처럼 정삼각형에 원이 무한히 내접하면서 만들어지는 도형이 있다. 모든 원의 반지름의 합을 구하라(중앙에 있는 가장 큰 원의 반지름은 10이다).

**해설1** 일반적 수학 풀이
무한등비급수를 이용하면 된다(자세한 계산은 생략).

**해설2** 이미지 이용(회전)
그림처럼 지름을 모두 더하면 삼각형의 높이가 된다.
그러므로 모든 원의 지름의 합은 삼각형의 높이가 된다(반지름의 합은 이것의 반). 아이디어만 보라(자세한 계산은 생략).

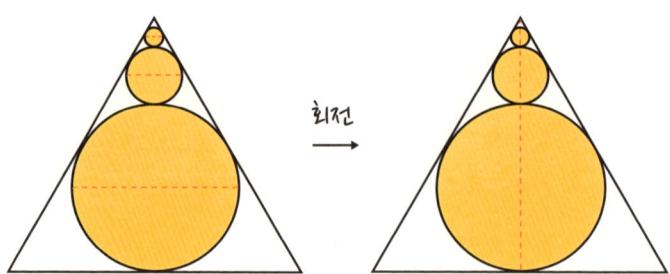

# 무한 상상 1

**훈련**  무한 등비급수의 합을 이미지로 확인해 보라.

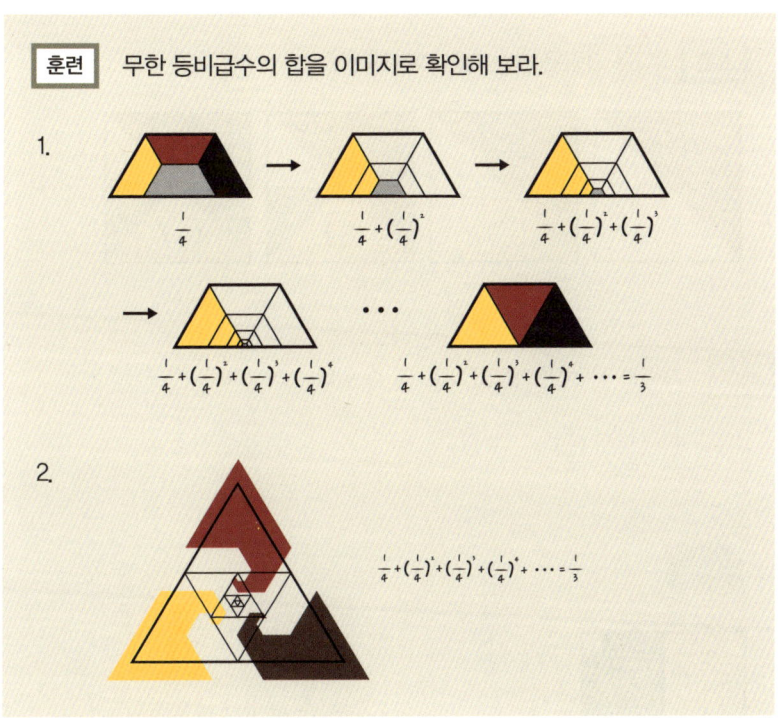

**해설**  우리는 무한 등비급수의 합을 공식처럼 외우고 있다.
$$a + ar + ar^2 + \cdots = \frac{a}{1-r} \quad (-1 < r < 1)$$
훈련 속 그림은 $\sum_{n=1}^{\infty} \frac{1}{x^n} = \frac{1}{x-1}$ 이 되는 것을 직관적으로 보여준다.
오른쪽 그림은 어떤 것인지 각자 생각해 보라.

# 무한 상상 2

**훈련**  다음 그림은 어떤 것을 의미하는가?

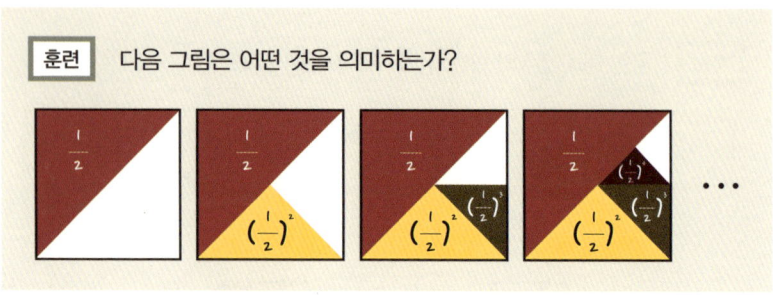

**해설**  그림을 잘 보면 다음을 바로 알 수 있다.

$$\frac{1}{2}+(\frac{1}{2})^2+(\frac{1}{2})^3+\cdots=1$$

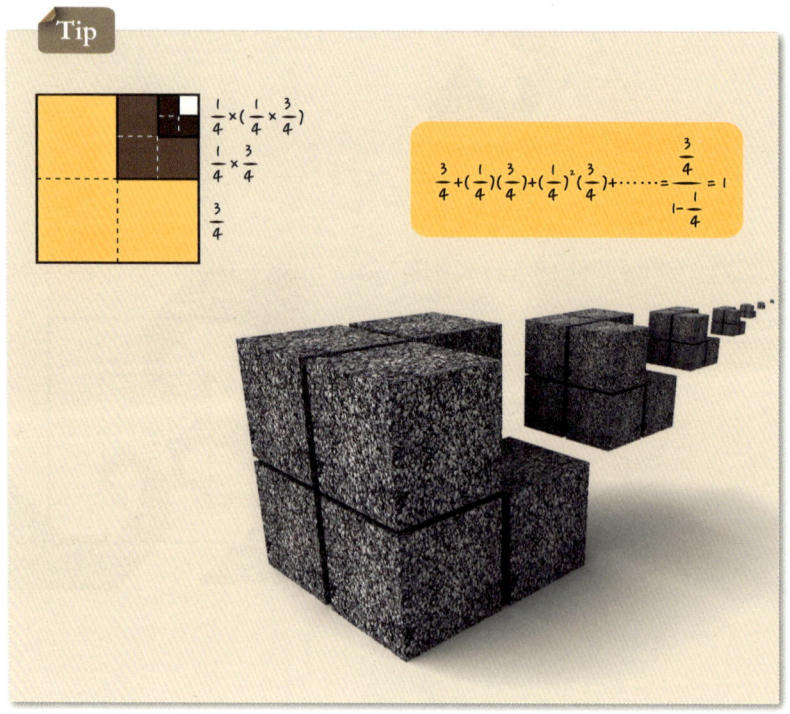

# 번쩍이는 아이디어

**훈련**   그림처럼 두 책이 포개져 있다. 위에 있는 책의 한 꼭짓점은 바닥에 접하고 나머지 꼭짓점들은 공중에 떠 있다. 각 꼭짓점에서 바닥까지의 거리를 $x$, $y$, $z$라고 하자($y$는 아래 책까지의 거리). $y$가 5이고 $z$가 2일 때 $x$는 얼마일까?

책의 가로, 세로, 두께는 각 10, 15, 3이라고 가정한다(두 책의 모양은 같다).

**해설**

답과 해설은 생략한다(왜?).

이 문제를 푸는 방법은 여러 가지가 있다.

## 몰입하는 공부-ET와 IT!

수학 공부는 엉덩이와 손이 필요하다는 말처럼 머리로 이해하는 것만으로는 끝이 나지 않는다. 많은 문제를 반복해 풀어 보면서 완전히 손에 익숙해져야 수학의 힘이 생긴다. 대부분의 학생은 이런 사실을 잘 알아서인지 매일 조금씩 손으로 직접 문제를 풀면서 꾸준히 수학 공부를 한다(시험 치기 직전에 벼락치기 하는 녀석도 있겠지만 요즘은 학원과 과외로 항상 수학에 노출되어 있다). 이런 공부 방식을 ET(Extensive Training) 방식이라 하는데 매일 조금씩 반복해서 꾸준히 공부하면 '가랑비에 옷 젖듯이' 실력이 늘어간다. 그런데 이 방식으로 수학 공부를 하면 생각보다 두뇌 계발이 잘 되지 않는다. 두뇌가 좋아진다는 것은 두뇌 세포에 변화가 일어나야 하는데 가랑비에 옷 젖는 식으로는 큰 기대를 할 수 없다.

근육을 발달시키려면 반드시 근육통을 앓아야 하는 것처럼 두뇌도 약간의 고통이 필요하다. 고통은 세포 변화의 신호라고 생각하면 되는데 '몰입'함으로써 고통을 만들 수가 있다. 이런 몰입의 상태로 장시간(6시간 이상) 공부하는 방식을

IT(Intensive Training) 방식이라 한다. 몇 시간 동안 집중적으로 공부하면 매일 조금씩 공부하는 것보다 두뇌 활성화가 더 잘 일어난다. ET와는 다르게, IT 방식으로 공부할 때는 문제를 많이 푸는 것은 중요하지 않다.

한 문제를 풀더라도 충분히 생각하고 음미해야 한다. 몇 시간 동안 두뇌를 혹사시키면 고통과 쾌감이 반복해서 나타나다가 갑자기 머리가 열린다. 즉 '생각'이 터지는 것이다. 이 순간 모호한 개념과 원리를 깨닫게 된다. 아래 도표를 보면 ET 방식으로 공부할 때와 IT, ET 방식을 병행할 때의 차이를 대략 알 수 있을 것이다.

수학 공부를 하면서 실력 향상과 두뇌 계발을 동시에 도모하려면 두 방식을 병행하는 것이 좋다(공부 잘하는 학생을 보라. 아마 병행하며 공부할 것이다). 매일 조금씩 '손'으로 공부하고 일주일에 하루 정도 날을 잡아서 '머리'로 공부해 보자. 몰입 상태로 '생각하는 것'을 장시간 유지해야 한다. '아하!'하는 순간을 만끽할 때까지. 이때 반드시 하루 정도는 휴식을 취해야 한다. 영화를 보든지, 음악을 듣든지, 게임을 하든지.

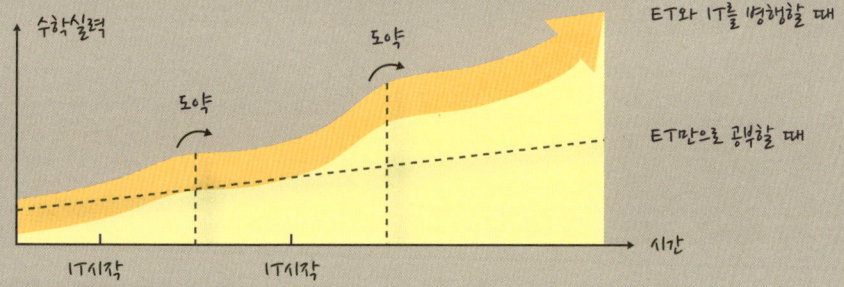

### 겜의 편지 중에서

사부님, 제가 몇 문제를 낼 테니까 한 번 풀어보세요.

1. 다음 숫자들은 어떤 규칙에 따라 배열됩니다. □에 오는 숫자는 무엇일까요?
   ① 1, 1, 1, 2, 3, 4, 6, 9, 13, □, ……
   ② 1, 3, 6, 10, 3, 9, 4, 0, 9, 7, 6, 6, 7, □, ……

2. 다음은 도형  세 개가 어떤 규칙에 따라 계속 배열됩니다. 규칙을 찾아보고, 다음에 올 도형을 구하세요.

   ●, ■, ▲, ▲, ●, ■, ■, ▲, ●, ■, ▲, ▲, ●, ▲, ▲,
   ■, ●, ●, ■, ●, ■, ●, ▲, ■, ●, ■, ■, ? …

3. 다음은 어떤 규칙에 의해 모양이 계속 변화됩니다. 규칙을 찾아보고 다음에 올 모양을 구하세요.

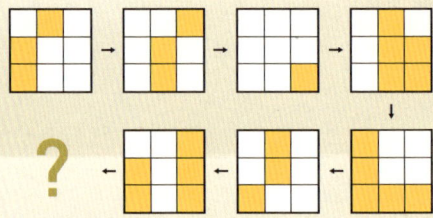

4. 자연수 전체에서 17개의 서로 다른 자연수를 임의로 선택합니다. 이 수들 중에서 더하면 9의 배수가 되는 아홉 개의 수가 항상 존재함을 증명해 보세요.

## 에필로그

누가 창작은 고통이라고 말했던가?

여러 가지 학문을 융합시켜 하나의 이야기로 만드는 것이 간단한 작업이 아니라는 것은 처음부터 각오하였다. 그러나 새로운 문제를 만들고 보기 좋게 디자인하는 작업이 그렇게 힘든 여정이 될 줄은 전혀 예상을 못 했다. 특히, 바쁜 변호사 업무로 시간에 쫓기면서 새벽까지 작업을 하는 것이 육체적으로도 매우 힘들었다. 지난 몇 년이 10년처럼 느껴진다.

이 책은 10여 년 전 처음 쓴 책 '니가 수학을 못하는 진짜 이유'의 전면 개정 작업에서 출발하였다. 처음 그 책이 나갈 때는 뇌과학이나 심리학을 접목한 새로운 수학의 발상법(이미지 사고법)을 소개하고자 하는 마음이 강했다. 그러나 당시 미국 유학 등의 이유로 시간 압박을 견디지 못하여 하고 싶은 이야기를 그 책에 모두 담지 못했었다. 그래서 늘 독자들에 대한 미안함으로 개정판을 만들고자 여러 번 시도 하였다. 그러나 10년이라는 세월이 흘러서야 실천으로 옮기게 되었다.

개정 작업을 하면서 수학보다는 '생각의 기술'을 더 비중 있게 다루었다. 그러다가 '메타생각'을 추가하면서 완전히 다른 책을 쓰는 쪽으로 방향을 바꾸었다. 그러나 예전 책의 기본적인 줄거리를 유지하면서 메타생각 이야기를 펼치기로 했다. 메타생각을 현실감있게 전달하기 위해서는 경험적인 이야기가 필요했다. 내가 직접 경험한 것이 그것의 실체를 증명하고 있기 때문이다. 그래서 아득한 기억 속으로 다시 돌아갔다.

  메타생각을 쉽게 이해하기 위해서는 우리 두뇌에 대한 생리학적 심리학적 지식이 필요하다. 그래서 여러 가지 뇌과학과 심리학 이야기를 중간중간 많이 삽입하였다. 그러나 욕심이 지나쳐서인지 책이 약간 어려워진 느낌이 든다. 여러분들께서 이 부분을 너그럽게 봐 주시면 감사하겠다. 학생들을 위해서 수학의 기술을 따로 정리해서 부록으로 소개하였다. 부록 문제들은 도형과 수열에 관한 것들이 많다. 책 작업을 시작할 당시에는 학생들에게 많은 도움을 주고자 방정식 같은 대수학 분야에 응용되는 이미지 기법도 수록할 계획이었다. 그러나 책의 분량이 너무 방대해져서 대수학 부분은 마지막에 모두 삭제해 버렸다. 아쉽지만 다음을 기대한다.

  이상 이 책이 세상에 나오는 과정이었다. 이 책을 끝까지 읽어 주신 독자들께 감사를 드린다. 메타생각이라는 낯선 세계로의 여행이 아름다운 추억이 되기를 진심으로 바라며 이 글을 마칠까 한다.

  메타생각이 여러분의 생각을 비춰주는 마법의 구슬이 되기를!

## 감사의 글

이 책이 나오기까지 도움을 주신 많은 분들께 감사를 드리고 싶다.

책의 완성은 인텔리콘 연구소의 서명석 팀장과 정선미 아티스트가 없었다면 불가능했을 것이다. 서 팀장은 다양한 문제들을 검토하면서 피가 되는 조언을 아끼지 않았다. 사진 하나하나 선택에도 그의 영감이 숨어 있다. 그의 창의성과 열정이 이 책에 고스란히 묻어 나오고 있다. 마지막 순간까지 이 책을 위해서 노고를 아끼지 않았던 서명석 팀장에게 감사한다. 이 책의 숨은 주인공은 정선미 아티스트이다. 그녀의 예술혼 덕분에 딱딱한 수학문제가 화려한 그림으로 부활하였다. 특히, 정선미 아티스트의 '수달'은 이 책을 유쾌하게 만들어 준 1등 공신이다. 고통스러운 작업 순간을 아름다운 추억으로 만들어 준 정선미 아티스트에게 감사한다. 또한, 책 속의 문제를 현실감 있게 표현하기 위해 3D작업을 도와준 권상현 디자이너에게 감사한다. 김나영 변호사는 혜성처럼 나타나서 책 갈무리 작업을 도와주었다. 책의 내용과 수학 문제의 오류를 잡아 주면서 마지막을 멋지게 장식해준 김나영 변호사에게 감사한다. 이 책을 탄생시켜 준 위 네 분께 다시 한 번 감사드린다.

처음 책을 쓸 당시부터 수학과 창의성에 관한 조언을 해 준 수학자 최정구 박사에게도 감사한다. 최 박사하고는 고등학교 시절부터 '수학'과 '생각'에 대한 이야기를 계속 나누어 왔다. 내 친구 최 박사와의 추억이 이 책의 거름이 되었다. 그로비스 인포텍 안태환 대표는 옆에서 책의 시작과 끝을 지켜보면서 묵묵하게 나를 응원해 주었다. 유머와 위트의 세계로 나를 인도한 안 대표는 생활 속 창의성을 몸으로 보여준 친구이다. 이 책의 시작에 불을 당긴 안태환 대표에게 감사를 드린다. 책 작업에 불을 지핀 또 다른 은인은 인텔리콘의 허익수 연구원이다. 허 연구원은 '창의성'에 대한 끝없는 열정으로 이 책을 시작하기 전부터 나를 자극하면서 많은 도움을 주었다. 창의성에 대한 다양한 이야기를 들려준 허익수 연구원께 감사를 드린다. 어린 시절부터 내 생각의 오류를 날카롭게 지적해 주신 분은 친형 임영보 엠아이티 원장님이다. 이 책을 위해 생각의 기술을 자유자재로 다루는 법과 수학에 대해서 많은 조언을 아낌없이 주셨다. 깊은 사랑으로 나를 이끌어 주신 수학 멘토이자 정신적 지주인 형님께 감사를 드린다.

생물학, 물리학, 수학의 융합에 대해서 일찍부터 많은 조언을 해 주신 분은 서울대학교 강사욱 교수님이시다. 항상 제자를 믿고 격려해 주신 강사욱 교수님께 감사를 드린다. 오묘한 수학의 세계로 인도해 주신 서울대학교의 여러 수학과 교수님들께 감사드린다. 심리학과 뇌과학을 가르쳐 주신 이건호 교수님과 퍼듀대학교의 여러 교수님께도 감사를 드린다. 또한, 바쁜 일상에도 불구하고 도움을 주신 분들께 특별한 감사를 드린다. 책 초기 단계부터 원고와 문제를 검토하면서 멋진 아이디어를 아낌없이 선물해준 KB금융 경영연구소 손은경 연구원께 감사드린다. 창의성에 대한 많은 이야기를 나누면서 실전적인 창의적 발상에 대해서 많은 조언을 준 삼성전자 손종희 수석연구원께 감사를 드린다. 마지막까지 원고 갈무리를 도와주면서 응원을 해 준 갤러리 치과 김태영 원장께 감사를 드린다. 책의 디자인에 대해서 많은 조언을 주면서 책 작업을 격려해 준 박성진 교수께 감사를 드린다. 독자의 관점에서 많은 조언을 해 준 방송인 배서윤씨께 감사를 드린다. 책 내용을 꼼꼼이 검토하고 교정을 도와주신 동덕여고 서민영 선생님과 바쁘신 일정 속에서도 마지막 교정을 도와주신 정내현 편집장님께 감사드린다. 이 책이 실제 세상에 나올 수 있도록 편집과 디자인을 도와준 COD의 허혜순 실장님께 감사를 드린다. 책을 쓰다가 항상 새벽에 들어오는 형을 보면서 씩 웃으며 말없이 응원해 주고 아침에는 내가 좋아하는 국을 끓여주던 동생에게 감사한다. 책 작업으로 매일 악전고투하는 아들을 사랑으로 격려해 주신 어머니께 진심으로 감사드린다. 가족들의 절대적 사랑으로 모든 것을 극복할 수 있었다.

지면을 핑계로 모두 열거할 순 없지만, 이 책을 위해서 많은 분들께서 도와 주셨다. 그분들 모두에게 진심으로 감사를 드린다.

# 참고문헌

강동화, 《나쁜 뇌를 써라》, 위즈덤하우스, 2011.
강신장, 《오리진이 되라》, 쌤앤파커스, 2010.
김광희, 《미친 발상법》, 넥서스BIZ, 2013.
김광희, 《창의력은 밥이다》, 넥서스BIZ, 2011.
김시래, 《잭팟 아이디어》, 이른아침, 2011.
김영식, 《나는 왜 그 생각을 못했을까》, 타임스퀘어, 2011.
김용운, 김용국, 《아이디어 깨우기》, 김영사, 1995.
김종성, 《뇌과학여행자》, 사이언스북스, 2011.
김종안, 《아! 좋은생각 오른쪽뇌》, 길벗, 1993.
김준섭, 《과학철학 산고》, 서울대학교출판부, 1997.
김홍종, 《문명, 수학의 필하모니》, 효형출판, 2009.
노경원, 《생각 3.0》, 엘도라도, 2010.
박범익, 《창의성, 네 머리를 깨워라 2》, 산소리, 2007.
박부성, 《재미있는 영재들의 수학퍼즐 1》, 자음과모음, 2012.
박상곤, 《상상력 발전소》, 미래와경영, 2011.
박상곤, 《숨겨진 99% 진짜 나를 깨우는 하루 10분 두뇌 사용법》, 미다스북스, 2013.
박서원, 《생각하는 미친놈》, 센추리원, 2011.
박영훈, 《아무도 풀지 못한 문제》, 지호, 2000.
박종하, 송명진, 《수학의 재미》, 랜덤하우스코리아, 2009.
범상규, 송균석, 《NON 호모이코노미쿠스》, 네시간, 2010.
새터 교육도서개발팀, 《70일 간의 수학여행》, 새터, 2012.
손철주, 《그림 보는 만큼 보인다》, 생각의나무, 2010.
손호성, 《매일매일 두뇌트레이닝 인도 베다수학》, 아르고나인, 2008.
이규영, 《네 탓이 아니라 뇌 탓이야》, 초록물고기, 2012.
이명옥, 김흥규, 《명화속 신기한 수학 이야기》, 시공아트, 2005.
이재진, 《수학 교과서 영화에 딴지 걸다》, 푸른숲, 2007.
이주헌, 《리더를 위한 미술 창의력 발전소》, 위즈덤하우스, 2008.
이지성, 《18시간 몰입의 법칙》, 맑은소리, 2004.
임익, 《니가 수학을 못하는 진짜 이유》, 이지북, 2002.

장재윤, 박지영, 《내 모자 밑에 숨어 있는 창의성의 심리학》, GASANBOOKS, 2007.

정갑수, 《BRAIN SCIENCE》, 열린과학, 2009.

정재승, 《정재승의 과학 콘서트》, 동아시아, 2003.

지상현, 《뇌, 아름다움을 말하다》, 해나무, 2005.

최윤규, 《그러니까 상상하라》, 고즈윈, 2012.

A. K. Dewdney, A Mathematical Mystery Tour, 1998. (A.K. 듀드니 지음, 박범수 옮김, 《수학이 세상을 지배한다》, 끌리오, 2000.)

A. Herscovici, La Spiral de l'Escargot, 2000. (아르망 에르스코비치 지음, 문선영 옮김, 《수학 먹는 달팽이》, 까치, 2012.)

A. M. Ludwig, The Price of Greatness, 1995. (아놀드 루드비히 지음, 김정휘 옮김, 《천재인가 광인인가》, 이화여자대학교출판부, 2007.)

A. Benjamin and M. Shermer, Secrets of Mental Math: The Mathemagician's Guide to Lightning Calculation and Amazing Math Tricks, 2006. (아서 벤져민, 마이클 셔버 지음, 김명남 옮김, 《빠른 암산으로 수학을 정복한다 마법 수학》, 민음in, 2008.)

B. Fischer and S. Lehre, Brain Jogging, 1993. (베른피셔, 사이프리드 레어를 지음, 김영근 옮김, 《두뇌개발 소프트》, 한밭, 1996.)

B. Bolt, The Amazing Mathematical Amusement Arcade, 1984. (브라이언 볼트 지음, 강동호 옮김, 《놀면서 수학이 쑥쑥1》, 푸른미디어, 2001.)

B. Yorihuji, Suji No Monosashi – E De Miru Suji No Kanjikata, 2008. (요리후지 분페이 지음, 이은정 옮김, 《숫자의 척도》, 스펙트럼북스, 2010.)

C. Alsina and R. B. Nelsen, Math Made Visual: Creating Images for Understanding Mathematics, 2006. (클라우디 알시나, 로저 넬센 지음, 권창욱 옮김, 《눈으로 보며 이해하는아름다운 수학》, 한승, 2011.)

C. Hildebrand, J. Kenedy, The Geometry of Pasta, 2010. (카즈 힐드브란드, 제이콥 케네디 지음, 차유진 옮김, 《파스타의 기하학》, 미메시스, 2011.)

C. Drosser, Der Mathematikverfuhrer: Zahlenspiele fur alle Lebenslagen, 2008. (크리스토프 드뢰서 지음, 전대호 옮김, 《수학 시트콤》, 해나무, 2012.)

C. A. Pickover, The Mobius Strip, 2006. (클리퍼드 픽오버 지음, 노태복 옮김, 《뫼비우스의 띠》, 사이언스북스, 2011.)

D. Kahneman, Thinking Fast and Slow, 2011. (대니얼 카너먼 지음, 이진원 옮김, 《생각에 관한 생각》, 김영사, 2012.)

E. Regis, Who Got Einstein's Office?, 1986. (에디 레지스 지음, 과학세대 옮김, 《아인슈타인 방의 사람들》, 웅진출판, 1994.)

E. B. Burger and M. Starbird, Coincidences, Chaos, Infinity, and All That Math Jazz, 2005. (에드워드 B. 버거, 마이클 스타버드 지음, 승영조 옮김, 《수학 재즈》, 승산, 2009.)

E. Behrends, Funk Minuten Mathematik, 2008. (에르하르트 베렌츠 지음, 김진아 옮김, 《침팬지도 이해하는 5분 수학》, 살림MATH, 2012.)

H. Hemme, Mathematischer Denkspal, 1998. (하인리히 헴메 지음, 안영란 옮김, 《수학악마》, 푸른숲주니어, 2012.)

H. Uzawa, Sansuu Kara Suugaku He, 1998. (우자와 히로후미 지음, 홍성민 옮김, 《원리로 깨치는 수학》, 자음과모음, 2001.)

H. Kojima, Sugaku No Idenshi, 2003. (고지마 히로유키 지음, 허명구 옮김, 《세상은 수학이다》, 해나무,

2008.)

H. Dambeck, Numerator, 2009. (홀거 담베크 지음, 배명자 옮김, 《모든 이를 위한 수학》, 라이프맵, 2011.)

H. Dambeck, Je mehr Löcher, desto weniger Käse: Mathematik verblüffend einfach, 2012. (홀거 담베크 지음, 권세훈 옮김, 《앵무새도 덧셈을 한다》, 이지북, 2013.)

J. Derbishy, UNKNOWN QUANTITY: A Real and Imaginary History of Algebra, 2006. (존 더비셔 지음, 고중숙 옮김, 《미지수, 상상의 역사》, 승산, 2009.)

J. Ouellette, The Calculus Diaries, 2010. (제니퍼 울렛 지음, 박유진 옮김, 《미적분 다이어리》, 자음과모음, 2011.)

J. Akiyama and K. Matsunaga, Akiyamajin No Konna Tokoro Nimo Sugakuga, 2009. (아키야마 진, 마쓰나가 기요코 지음, 황소연 옮김, 《앗, 이런 곳에도 수학이!》, 다산에듀, 2013.)

J. D. Barrow, 100 Essential Things You Didn't Know You Didn't Know, 2008. (존 D. 배로 지음, 전대호 옮김, 《당신이 모르는 줄도 모르는 100가지 수학이야기》, 마젤란, 2010.)

J. H. Conway and R. K. Guy, The Book of Numbers, 1996. (존 콘웨이, 리처드 가이 지음, 이진주, 황용석 옮김, 《수의 바이블》, 한승, 2003.)

J. Horstman, Scientific American Day in the Life of Your Brain, 2009. (주디스 호스트먼 지음, 이문영 옮김, 《나의 두뇌가 보내는 하루》, 쌤앤파커스, 2010.)

M. Csikszentmihalyi, CREATIVITY: Flow and the Psychology of Discovery and Invention, 1996. (미하이 칙센트미하이 지음, 노혜숙 옮김, 《창의성의 즐거움》, 북로드, 2003.)

M. Gardener, Mathematical Puzzles of Sam Loyd, 1959. (마틴 가드너 지음, 김옥진 옮김, 《마틴가드너가 들려주는 샘 로이드 수학 퍼즐》, 보누스, 2011.)

M. Gardener, Mathematical Puzzle Table, 2000. (마틴 가드너 지음, 윤금현 옮김, 《마틴가드너 수학자의 노트》, 보누스, 2013.)

M. E. Lines, Think of Numbers, 1990. (맬컴 E. 라인스 지음, 이충호 옮김, 《놀랄만한 수학 아이디어와 문제들》, 가람기획, 2004.)

M. Gladwell, Outliers, 2008. (말콤 글래드웰 지음, 노정태 옮김, 《아웃라이어》, 김영사, 2009.)

M. Iacoboni, Mirroring People, 2008. (마르코 야코보니 지음, 김미선 옮김, 《미러링 피플》, 갤리온, 2009.)

M. Benecke, Warum man Spaghetti nicht durch zwei teilen kann, 2009. (마르크 베네케 지음, 박승재 옮김, 《크레이지 사이언스》, 프로네시아, 2010.)

M. Michalko, Thinkertoys, 1991. (마이클 미칼코 지음, 박종안 옮김, 《창의적 자유인》, 푸른솔, 2003.)

M.l Michalko, Creative Thinkering, 2011. (마이클 미칼코 지음, 박종하 옮김, 《생각을 바꾸는 생각》, 끌리는 책, 2013.)

M. Byster, GENIUS: Ignite Your Brain's Full Potential Using the Brainetics Approach, 2012. (마이크 바이스터 지음, 이형진 옮김, 《왜 뇌는 생각하는 대로 움직이는가》, 서울문화사, 2013.)

N.Carr, The Shallows, 2010. (니콜라스 카 지음, 최지향 옮김, 《생각하지 않는 사람들》, 청림출판, 2011.)

P. Logan and R. Logan, Inspiration Shakes the World, 2005. (필립 로건, 리처드 로건 지음, 전소영 옮김, 《세계를 뒤흔든 영감》, 휘닉스, 2005.)

R. Root-Bernstein and M. Root-Bernstein, Spark of Genius, 1999. (로버트 루트번스타인, 미셸 루트번스타인 지음, 박종성 옮김, 《생각의 탄생》, 에코의서재, 2007.)

R. Restak, Mozart's Brain and the Fighter Pilot: Unleashing Your Brain's Potential, 2001. (리처드 레스택 지음, 이경민 옮김, 《두뇌운동 천재를 만드는 두뇌 훈련법》, 이레, 2003.)

R. Carter, Mapping the Mind, 1999. (리타 카터 지음, 양영철, 이양희 옮김, 《뇌 맵핑마인드》, 말글빛냄, 2007.)

R. J. Sternberg, Cognitive Psychology, 2003. (로버트 J. 스턴버그 지음, 김민식 외 옮김, 《인지심리학》, 박학사, 2005.)

R. Snowden, P. Thomson, and T. Troscianko, Basic Vision: An Introduction to Visual Perception, 2012. (로버트 스노덴, 피터 톰슨, 탐 트로시안코 지음, 오성주 옮김, 《시각심리학의 기초》, 학지사, 2013.)

S. D. Levitt and S. J. Debner, Freakonomics, 2005. (스티븐 레빗, 스티븐 더브너 지음, 안진환 옮김, 《괴짜 경제학》, 웅진지식하우스, 2005.)

S. Hodge, 50 Art Ideas You Really Need to Know, 2011. (수지 하지 지음, 이경희 외 옮김, 《반드시 알아야 할 50 위대한 예술》, 지식갤러리, 2012.)

T. Papas, Math-A-Day, 1999. (시오니 파파스 지음, 김흥규 옮김, 《영재들을 위한 365일 수학여행》, 승산, 2007.)

T. Byrne and T. Cassidy, The Electric Toilet Virgin Death Lottery, 2009. (톰 캐시디, 토머스 번 지음, 제효영 옮김, 《러시안룰렛에서 이기는 법》, 보누스, 2012.)

T. G. West, In the Mind's Eye, 2009. (토머스 웨스트 지음, 김성훈 옮김, 《글자로만 생각하는 사람 이미지로 창조하는 사람》, 지식갤러리, 2011.)

W. Poundstone , Are You Smart Enough to Work at Google?, 2012. (윌리엄 파운드스톤 지음, 유지연 옮김, 《당신은 구글에서 일할 만큼 똑똑한가?》, 타임비즈, 2012.)

Y. Moon, DIFFERENT, 2010. (문영미 지음, 박세연 옮김, 《디퍼런트》, 살림Biz, 2011.)

Y. Ikegaya, Shinka Shisugita Nou-Chukousei To Kataru 〈Dainou Seiri-Gaku〉 No Saizensen, 2004. (이케가야 유지 지음, 이규원 옮김, 《교양으로 읽는 뇌과학》, 은행나무, 2005.)

수지 개블릭 지음, 천수원 옮김, 《르네 마그리트》, 시공아트, 2000.

야마모토 미토시 지음, 이서연 옮김, 《심리학이 경제학을 만나다》, 토네이도, 2008.

구리타 데쓰야 지음, 홍영의 옮김, 《수학으로 사고력 키우기》, 리빙북스, 2006.

다무라 사부로 지음, 한명수 옮김, 《수학 퍼즐 랜드》, 전파과학사, 1994.

쥬구지 가오루 지음, 이창우 옮김, 《수학통이 되는 책》, 한국산업훈련연구소, 1998.

도모노 노리오 지음, 이명희 옮김, 《행동 경제학》, 지형, 2007.

NHK아인슈타인 팀 지음, 현문식 옮김, 《아인슈타인의 세계 1》, 고려원미디어, 1993.

다케우치 가오루 지음, 홍성민 옮김, 《천재의 시간》, 뜨인돌출판사, 2009.

M. Giaquinto, Visual Thinking in Mathematics, Oxford University Press, 2007.

M. S. Gazzaniga, R. B. Ivry, and G. R. Mangun, Cognitive Neuroscience, 2/E, Norton, 2002.

J. Ward, The Student's Guide to Cognitive Neuroscience, Taylor & Francis, 2010.

B. Uzzi and J. Spiro, Collaboration and Creativity: The Small World Problem, AJS Vol 111, 2005.

B. J. S. Barron, Doing with Understanding: Lessons from Research on Problem and Project Based Learning, The Journal of the learning sciences Vol 7, 1998.

A. L. Brown, Knowing When, Where, and How to Remember: A Problem of Metacognition, Technical Report No 47, 1977.

C. R. Gallistel and R. Gelman, Mathematical Cognition, Cambridge University Press, 2005.

C. Lemer, S. Dehaene, E. Spelke, and L. Cohen, Approximate Quantities and Exact Number Words: Dissociable Systems, Neurophycologia, 2003.

E. Papaleontiou-louca, The concept and Instruction of metacognition, Teacher Development, 2003.

J. D. Balakrishnan, Is Subitizing a Unique Numerical Ability?, Perception & Psychophysics Vol 50(6), 1991.

J. Low, E. Goddard, and J. Melser, Generativity and Imagination in Autism Spectrum Disorder: Evidence from Individual Differences in Children's Impossible Entity Drawings, British Journal of Developmental Psychology, 2009.

J. Wilson and D. Clarke, Towards the Modeling of Mathematical Metacognition, Mathematics Education Research Journal Vol 16, 2004.

J. Garofalo, Metacognition, Cognitive Monitoring, and Mathematical Performance, Journal for Research in Mathematics Education Vol 16, 1985.

K. Adams, The sources of Innovation and Creativity, National Center on Education and Economy, 2006.

M. V. J. Veenman, Metacognition and Learning: Conceptual and Methodological Considerations, Metacognition Learning, 2006.

S. Dehaene, E. Spelke, and P. Pinel, Sources of Mathematical Thinking: Behavior and Brain-imaging Evidence, Science Vol 284, 1999.

S. Cotterall and G. Murray, Enhancing Metacognitive Knowledge: Structure, Affordances and Self, System Vol 37, 2009.

S. G. Paris and P. Winograd, Promoting Metacognition and Motivation of Exceptional Children, Remedial and Special Education, 1990.

S. Bailin, Critical Thinking and Science Education, Science & Education, 2002.

S. Dehaene, The Number Sense, Oxford University Press, 1997.

S. Dehaene, M. Piazza, and P. Pinel, Three Parietal Circuits for Number Processing, Cognitive Neuropsychology, 2003.

T. B. Ward, M. J. Parrerson, and C. M. Sifonis, The Role of Graded Category Structure in Imaginative Thought, Memory & Cognition Vol 30(2), 2002.

T. C. Hales, The Jordan Curve Theorem, Formally and Informally, The Mathematical Association of America Monthly, 2007.

V. Venkatraman and D. Ansari, Neural Correlates of Symbolic and Non-symbolic Arithmetic, Neuropsychologia, 2005.

W. Schneider, The Development of Metacognitive Knowledge in Children and Adolescents: Major trends and Implications for Education, Mind, Brain, and Education Vol 2, 2008.

백기자, 이선규, 정수현, BCI을 이용한 바둑 전문인의 뇌 기능 특성 분석 연구, 한국산학기술학회논문지 Vol 9, 2008.